Gregor Schöllgen

DIEHL

Ein Familienunternehmen
in Deutschland
1902–2002

Propyläen

© 2002 by Econ Ullstein List Verlag GmbH & Co. KG
Berlin · München
Propyläen Verlag
Alle Rechte vorbehalten
Satz und Lithographie: Utesch GmbH, Hamburg
Druck und Verarbeitung: Druckerei Uhl, Radolfzell
ISBN 3 549 07170 1
Printed in Germany 2002

Inhalt

Vorwort — 7

Vom Ziseleur zum Munitionsfabrikanten
DIE ÄRA HEINRICH DIEHL
1902–1938 — 9

Durchbruch und Zusammenbruch
EIN RÜSTUNGSUNTERNEHMEN IN GROSSDEUTSCHLAND
1938–1947 — 61

Wecker und Patronen
KONSOLIDIERUNG IM WIRTSCHAFTSWUNDER
1947–1959 — 122

Mut und Motivation
KARL DIEHL UND SEINE MITARBEITER
1959–1971 — 167

Fehler und Fortune
»DEUTSCHLANDS DISKRETESTER MILLIARDEN-KONZERN«
1971–1983 — 207

Rat und Tat
EIN MISCHKONZERN IM WELTPOLITISCHEN UMBRUCH
1983–1992 _____ 252

Von der Mechanik zur Elektronik
DIE DRITTE GENERATION
1992–2002 _____ 290

ANHANG _____ 321

Zur Quellenlage _____ 322
Abkürzungen _____ 331
Bildnachweis _____ 333
Personenregister _____ 334

Vorwort

Eine Unternehmensgeschichte? Gar eine Unternehmerbiographie? Lange Zeit hat Karl Diehl, der 1907 geborene Patriarch des Hauses Diehl, dieses Thema mit spitzen Fingern zur Seite gelegt. Als er dem Vorhaben seiner Söhne schließlich doch zustimmte, tat er das unter einer Bedingung, die er bereits vierzig Jahre zuvor, anläßlich des einhundertjährigen Firmenjubiläums des Uhrenbauers Junghans, damals eine Tochterfirma von Diehl, so formuliert hatte: Er halte das Ganze zwar für »höchst überflüssig«; wenn es aber gemacht werde, dann in einer Fassung, die »objektiv« sei und nicht »in eine Lobhudelei ausarte«.
Auch ich hatte eine Bedingung, als ich vor einigen Jahren gefragt wurde, ob mich diese Aufgabe reizen würde: uneingeschränkter Zugang zu sämtlichen Materialien, insbesondere des »Karl-Diehl-Archivs«, für meine Mitarbeiter und für mich. Diese Zusage wurde gegeben, und daran haben sich Familie und Firma ohne jede Einschränkung gehalten. Das verdient Erwähnung und Respekt, weil es für eine Familie wie ein Unternehmen keineswegs selbstverständlich ist, Fremden Einblick in ihr Innenleben zu gewähren.
Also gilt mein Dank für die Förderung des Vorhabens und für zahlreiche Gespräche an erster Stelle den Mitgliedern der Nürnberger Unternehmerfamilie Diehl. Als unverzichtbar hat sich die Unterstützung durch zahlreiche,

auch ehemalige Firmenangehörige sowie durch eine Reihe
führender Persönlichkeiten der deutschen Wirtschaft erwiesen, die dem Hause Diehl über viele Jahre verbunden
gewesen sind – als Geschäftspartner, als Konkurrenten
oder auch als Berater.

Ein besonderer Dank ist namentlich abzustatten: Daß
sich Karl Diehl bereit gefunden hat, mit mir während einer
Reihe von Begegnungen über sich, seine Familie und sein
Unternehmen zu sprechen, war keineswegs selbstverständlich. Einmal wegen des hohen Alters – immerhin
hatte der Patriarch die Neunzig deutlich überschritten;
aber auch wegen der besagten Einstellung zu meinem Vorhaben. Beide Umstände, das salomonische Alter und die
reservierte Haltung zu einer Jubiläumsschrift, haben sich
dann freilich als ideale Voraussetzungen für eine nüchterne, durchaus selbstkritische, bemerkenswert souveräne
Sicht der Dinge erwiesen.

Schließlich habe ich meinen wissenschaftlichen Mitarbeitern zu danken. Ohne die zuverlässige Unterstützung, insbesondere bei der Inventarisierung und Sichtung
der Materialien des »Karl-Diehl-Archivs«, und die darauf
aufbauenden eigenständigen Recherchen von Dr. Claus
Schäfer, Dr. Alexander Troche und Dr. Emmanouil Za-
charioudakis wäre es nicht möglich gewesen, die Aufgabe
zu bewältigen.

Erlangen, im Mai 2002   Gregor Schöllgen

Vom Ziseleur zum Munitionsfabrikanten

Die Ära Heinrich Diehl
1902–1938

Sogar den Kaiser hat er noch gesehen. Denn Karl Diehl ist mit von der Partie, als die Nürnberger Bevölkerung dem Deutschen Kaiser und König von Preußen am 22. September des Jahres 1915 einen jubelnden Empfang bereitet. Inmitten der Schüler der dritten Grundschulklasse steht der achteinhalbjährige Sohn des Nürnberger Ziseleurs Heinrich Diehl an jener Wegstrecke Spalier, die Wilhelm II. in Begleitung des bayerischen Königs Ludwig III. im Kraftwagen vom Bahnhof zur Burg zurücklegt. Dort wird dem Kaiser durch den König in einer feierlichen Zeremonie der »bayerische Feldmarschallstab« übergeben. Nach »dreistündigem Zusammensein« verlassen die Fürstlichkeiten Nürnberg, wie die Stadtchronik zu berichten weiß, »auf dem Weg zum Bahnhof mit der gleichen Begeisterung der Bevölkerung begrüßt wie bei der Ankunft«. Das alles findet bei »herrlichstem Sonnenschein«, Kaiserwetter eben, statt.

Dabei gibt es eigentlich nicht viel zu jubeln; denn Deutschland befindet sich im Krieg: Während die Nürnberger Bevölkerung die beiden Monarchen hochleben läßt, beginnt unter dem Kommando des französischen Marschalls Joseph Joffre in der Champagne die »große Offensive« der Alliierten gegen die Mittelmächte. Seit das Deutsche Reich am 1. beziehungsweise 3. August 1914 seinen Nachbarn Rußland und Frankreich den Krieg erklärt hat, marschieren die Völker Europas in eine der größten Katastrophen der neueren Geschichte.

Auslöser des Dramas, an dessen Ende man zehn Millionen Tote zählen wird, sind die Verwicklungen auf dem Balkan, die mit der Ermordung des österreich-ungarischen Thronfolgers Franz Ferdinand am 28. Juni 1914 eine neue Dimension bekommen haben. Nachdem sich Deutschland bedingungslos hinter seinen einzig noch verbliebenen Bündnispartner Österreich-Ungarn gestellt und Rußland ebenso konsequent die Position Serbiens, des eigentlichen Gegners der Donaumonarchie, bezogen hatte, galt der Kriegsausbruch vielen als unvermeidlich, manchen als willkommen und, wenn man den Bildern der ersten Augusttage trauen darf, nicht wenigen geradezu als Erlösung. Niemand konnte oder wollte damit rechnen, daß dieser Krieg am Ende mehr als vier Jahre dauern, daß er spätestens mit der Kriegserklärung der Vereinigten Staaten von Amerika an das Deutsche Reich vom 6. April 1917 als Weltkrieg geführt und daß er aus der rückschauenden Perspektive des Kalten Krieges als die »Urkatastrophe« des 20. Jahrhunderts gelten würde.

All das ist im Spätsommer des Jahres 1915 noch nicht absehbar, auch nicht in Deutschland: Noch gehen die meisten davon aus, daß der Krieg an allen Fronten siegreich beendet werden könne, spätestens im Verlauf des kommenden Jahres; noch ist man davon überzeugt, daß Deutschland, äußerlich und innerlich gestärkt, als Großmacht aus diesem Krieg hervorgehen werde; und noch profitieren viele von der Situation, auch ein kleiner metallverarbeitender Betrieb in Nürnberg, der aufgrund rigoroser Rohstoffbewirtschaftung dazu übergegangen ist, seinen Betrieb durch Heereslieferungen zu sichern.

Jedenfalls gibt ein Denunziant im Januar 1916 zu Protokoll, daß die Firma Heinrich Diehl, die im Frieden eine »kleine Metallgießerei« gewesen sei, jetzt »behufs Kriegsspekulation« expandiere. Tatsächlich sucht »Heinrich

Diehl, Spezialf[abrik] für Kriegsmaterial« im Sommer 1915 durch Anzeigen im *Fränkischen Kurier* »Messing-, Kupfer- und Rotgußspäne, Abfall- und Altmetall«. Er kaufe, läßt der Inhaber der jungen Firma verbreiten, »jedes Quantum für Heereszwecke«. Hier wird erstmals greifbar, daß die dynamische Firma in ihrer einhundertjährigen Geschichte entscheidende Impulse für ihre weitere Entwicklung immer auch durch Rüstungsaufträge bekommen hat. Das gilt für den Ersten Weltkrieg ebenso wie für den Zweiten und auch für den Kalten Krieg.

Heinrich Diehl, der Firmengründer, hatte am 3. August 1878 im hessischen Kölschhausen als dritter von vier Söhnen der Landwirtseheleute Ferdinand und Katharina Diehl das Licht der Welt erblickt. Wenige Tage zuvor war in Berlin jener große internationale Kongreß beendet worden, mit dem der russisch-türkische Krieg und die orientalische Krise der Jahre 1877/78 beigelegt werden konnten. Mit der Ausrichtung des Kongresses in der Hauptstadt des gerade erst, im Januar 1871, gegründeten Deutschen Reiches stellte der eigentliche Gründungsvater und amtierende Reichskanzler Otto von Bismarck eindrucksvoll unter Beweis, daß sich das junge Reich inzwischen als allgemein respektiertes Mitglied im Kreis der Großen etabliert hatte: Die Gründerjahre hatten enorme Energien freigesetzt und erhebliche Kräfte mobilisiert. Nicht nur militärisch war Deutschland nach den drei sogenannten Einigungskriegen im Begriff, an die Spitze zu stürmen, sondern auch wirtschaftlich, technisch oder auch bildungspolitisch. Solche Erfolge ließen übersehen, daß sich das Reich wie Europa insgesamt in einer von den Zeitgenossen so genannten »Großen Depression« befand. Dabei handelte es sich zwar nicht um eine schwere Krise im strengen Sinne des Wortes, wohl aber um eine Periode verlangsamten Wachstums.

Als diese Mitte der neunziger Jahre von einem erneuten rasanten wirtschaftlichen Aufschwung abgelöst wird, beginnt Heinrich Diehl den Aufbau seines Geschäfts. Im November 1892 hatte der Fünfzehnjährige eine dreijährige Lehre auf der Neuhoffnungshütte Ernst Haas & Sohn in Sinn an der Lahn angetreten, etwa fünf Kilometer von Kölschhausen entfernt. Nachdem Heinrich Diehl seine Kenntnisse, vermutlich in der metallverarbeitenden Industrie, durch Stellungen in Mainz und Kaiserslautern erweitert und 1898/99 seinen Militärdienst im Infanterieregiment 116 »Kaiser Wilhelm« in Gießen abgeleistet hat, kommt er im Verlauf des Jahres 1901 nach Nürnberg. Hier, in der »Unmittelbaren Stadt«, gelegen »an der Pegnitz, in einer sandigen, aber wohl angebauten Ebene«, wie man damals in *Brockhaus' Konversations-Lexikon* lesen kann, wird Heinrich Diehl bleiben, eine Familie gründen und mit dem Aufbau eines Industrieimperiums beginnen. Zunächst arbeitet er als Modelleur- und Ziseleurgeselle bei dem Kunstgießermeister Johann Brand, der sein Handwerk von einem am Gewerbemuseum angestellten Franzosen gelernt und unter anderem die Auslaufrohre am Schönen Brunnen auf dem Nürnberger Hauptmarkt gegossen hat.

Am 10. September 1902 gibt Heinrich Diehl im lokalen *Fränkischen Kurier* die Eröffnung einer eigenen »kunstgewerblichen Modellwerkstätte« bekannt, die sich auf die »Anfertigung von Modellen für Oefen, Kunst- und Bauguß« sowie »Epitaphien« spezialisiere. Tatsächlich hatte sich Heinrich Diehl wenige Tage zuvor, am 6. September 1902, als »Ciseleur« ins Handelsregister der Stadt Nürnberg eintragen lassen und als Firmensitz den Hummelsteinerweg 20 angegeben. Man darf also davon ausgehen, daß die kleine Kunstgießerei ihren Betrieb am 5. September 1902 aufgenommen hat.

Über die ersten Jahre des jungen Unternehmens wissen wir wenig. Das gilt für die Produkte ebenso wie für die Mitarbeiter und die wirtschaftlichen beziehungsweise finanziellen Grundlagen der Firma. Wir wissen aber, daß die

Der Grundstein: Eintrag ins Handelsregister, 6. September 1902.

Auf Kundensuche: Inserat im *Fränkischen Kurier*, 10. September 1902.

Heirat Heinrich Diehls mit Friederike Anna Margarete Schmidt auch in dieser Hinsicht einen wichtigen Schritt bedeutet. Die Hochzeit findet am 16. Juli 1904 in der Nürnberger Dreieinigkeitskirche statt. Margarete war am 25. November 1880 als Tochter des Unternehmers Johann Friedrich Schmidt geboren worden, der vor dem Ersten Weltkrieg einige Jahre lang Obermeister der Schmiedeinnung Nürnberg für das Stadt- und Bezirksamt Nürnberg gewesen ist. Tochter Margarete, die die Handels- und Gewerbeschule besucht und im elterlichen Geschäft eine kaufmännische Ausbildung erhalten hat, bringt nicht nur das Geld in die junge Familie Diehl mit, sie wird sich auch als treibende Kraft des Unternehmens erweisen.

Am 4. Mai 1907 erblickt Ferdinand Friedrich Wilhelm Karl Diehl als einziges Kind von Margarete und Heinrich Diehl in der Nürnberger Geuderstraße das Licht der Welt. Zwei Wochen später, am 19. Mai, findet im Königlich Protestantischen Pfarramt zu Wöhrd die Taufe nach dem »Ritus der evangelisch-lutherischen Kirche« statt. Taufpate ist der Bruder seiner Mutter, Karl Schmidt. Etwa dreißig Jahre lang wird Karl Diehl der evangelischen Kirche angehören, bis er sich 1937 oder 1938 aus Gründen »steuerlicher und religionsanschaulicher Art«, wie er nach dem Zweiten Weltkrieg zu Protokoll gibt, den Methodisten anschließt. Unabhängig von seiner kirchlichen Bindung hat sich Karl Diehl jedoch zeitlebens eine religiöse Grundeinstellung bewahrt.

Über seine frühen Jahre geben die uns erhaltenen Quellen wenig preis. Sicher ist, daß Karl vom September 1913 an für drei Jahre die Volksschule in Nürnberg besucht, »zuletzt in der 4. Klasse der Simultanschule Bartholomäusstraße 75 mit hervorzuhebendem Fleiße«, und daß er dabei ein »sehr lobenswürdiges Betragen gepflogen« hat, wie das Austrittszeugnis festhält. Bei »guten« Anlagen bekommt Karl Diehl durchweg gute oder sehr gute Noten, nur im »Singen« ist's gerade »noch genügend«.

Als der junge Diehl das Licht der Welt erblickt, kann die Firma des Vaters die ersten geschäftlichen Erfolge vorweisen: Die Metallverarbeitung ist damals eine Industrie mit Zukunft. 18 574 von knapp 100 000 Beschäftigten der Nürnberger Industrieunternehmen finden 1907, im Geburtsjahr Karl Diehls, hier ihr Auskommen. In Heinrich Diehls Firma sind inzwischen etwa 30 Mitarbeiter beschäftigt. Nachdem Johann Brand im August 1905 verstorben war, hatte Diehl am 26. Mai 1906 seinen Lehrbetrieb einschließlich des Wohnhauses und des Inventars gekauft. Das Haus in der Geuderstraße 13 ist aus der Mitgift der Ehefrau und einer Hypothek finanziert worden.

Damit ist der erste Schritt zur späteren Verlagerung des Produktionsprogramms vom künstlerischen auf den technischen Bereich getan. Neben der Gießerei und der Bearbeitungswerkstatt, wo Beschläge, Türklinken und Kunstguß hergestellt werden, wird jetzt eine Handelsabteilung für Schlösser, Türbänder und andere Baubeschläge eingerichtet. Jedenfalls hält ein am 25. August 1909 veröffentlichter Handelsregistereintrag fest, daß der »Kunstgießereibesitzer Heinrich Diehl in Nürnberg« neben der Herstellung von »Modellen und Kunstgießereierzeugnissen« auch die »Herstellung und den Vertrieb von Baubeschlägen« betreibe.

Vorerst bleibt das Profil der Firma jedoch vom Kunstschmiedehandwerk geprägt. Das liegt in erster Linie an den künstlerischen Neigungen des Firmengründers, von dessen Fähigkeiten Epitaphien, Bronzereliefs, Gedenktafeln, Ornamente oder Engelsfiguren zeugen. Der Ausbruch des Krieges bringt die entscheidende Umstellung des Produktprogramms: An die Stelle des Kunstgusses tritt jetzt endgültig der Messing-Stangenguß und das Auspressen der Stangenabschnitte zu Rohteilen, die in einer eigenen Dreherei weiterverarbeitet werden. Zu diesem Zweck wird 1914 in der Geuderstraße eine Gesenkschmiede für die Pressung von Rohteilen eingerichtet.

Der Stammhalter: Karl Diehls schulische Anfänge, September 1913.

Hier liegen die Anfänge des Engagements der Firma Diehl im Halbzeugbereich, der bis heute eines der wichtigsten Standbeine des Unternehmens bildet.

Der Kriegsausbruch konfrontiert auch die Familie und das Unternehmen Diehl mit einer neuen, schwierigen Situation: Nach allen verfügbaren Informationen war Heinrich Diehl jedenfalls bis zum Separatfrieden mit Sowjetrußland im März 1918 als Soldat an der Ostfront. Wie sich Sohn Karl an seinem Lebensabend erinnert, habe der Vater von dort »russische Pelzstiefel« und »komische Bajonette« geschickt. Was die Abwesenheit des Chefs für das Unternehmen bedeutet, zeigt sich bereits am 3. August 1914. Unter diesem Datum, seinem Geburtstag, findet sich im Handelsregister der Stadt Nürnberg der Eintrag: »Der Kunstgießereibesitzersehefrau Grete Diehl in Nürnberg ist Prokura erteilt« worden. Mithin übernimmt Margarete Diehl bei Kriegsausbruch faktisch die Geschäftsführung des Unternehmens, die sie ausüben wird, bis diese nach dem Tod ihres Mannes Heinrich ein Vierteljahrhundert später an den gemeinsamen Sohn übergeht. Grete Diehls Wirken für die weitere Entwicklung des Unternehmens und insbesondere für seinen Übergang zur Massenproduktion ist kaum hoch genug einzuschätzen. Deshalb hat Karl Diehl immer Wert auf die Feststellung gelegt, daß beide Eltern, und nicht nur der Vater, als Gründer des Industrieunternehmens zu gelten hätten.

Bereits wenige Monate nach Kriegsausbruch reichen die verfügbaren Produktionskapazitäten der Firma nicht mehr aus, um den neuen Erfordernissen gerecht zu werden. Daher wird 1915 ein Teil der vormaligen Feuerlöschmaschinen- und Metallgusswaaren-Fabrik des Justus Christian Braun in der Waechterstraße gepachtet. Die Firma war im Zuge des allgemeinen Konjunkturrückgangs Ende August 1913 in »Liquidation« gegangen, und noch im gleichen Jahr hatte Karl Schmidt, der Bruder Margarete Diehls, in den stillgelegten Fabrikanlagen mit seiner

Die Gründer:
Margarete
und Heinrich
Diehl,
Oktober 1903.

Nürnberger Feuerlöschgeräte & Fahrzeugfabrik die Produktion von Lastwagen aufgenommen. Nach der Fusion mit einer Ansbacher Fahrzeugfabrik wird dieses Unternehmen dann kurz nach Kriegsende, Mitte Januar 1919, als »Fahrzeugfabriken Ansbach und Nürnberg AG« ins Gesellschaftsregister eingetragen, um dann ab 1920 als »Faun-Werke AG« zu firmieren.

Die Pachtung der Braunschen Fabrik, aber auch der Anstieg der Belegschaft auf etwa dreihundert Mann deuten darauf hin, daß die Firma Heinrich Diehl im Verlauf des Krieges deutlich expandiert. Tatsächlich markiert der Erste Weltkrieg den Einstieg des Unternehmens in die Produktion von Rüstungsgütern, die, von zeitbedingten Unterbrechungen abgesehen, bis heute ein wichtiges Standbein bildet. Seit dem sogenannten Hindenburg-Programm und der Schaffung des Kriegsamtes, die seit 1916 die Mobilisierung der wirtschaftlichen Ressourcen für den Krieg forcieren, wird es für den metallverarbeitenden Nürnberger Betrieb auch wenige Alternativen gegeben haben.

Was die Rüstungsproduktion angeht, war die Firma während des Krieges offensichtlich vor allem als »Unterlieferant« bei der Munitionsproduktion tätig. Anfänglich scheint Diehl für die Nürnberger Firma Eichmüller & Co. sowie für das Nürnberger MAN-Werk, spätestens seit August 1916 dann vor allem für die Friedrich Krupp AG in Essen produziert zu haben. Für Krupp »umringt« Diehl durch das Aufpressen von Kupferführungsbändern sogenannte Aushilfsmunition des Typs K Granate 15 T.G. Durch die Protokolle des Geschoßabnahmekommandos Nürnberg I sicher belegt ist die Lieferung von monatlich 15 000 »füllfertigen Geschossen« an Krupp bis zum März 1917, was einem Produktionsumfang von insgesamt 100 000 Stück entspricht. Verglichen mit anderen Produzenten oder auch Unterlieferanten sind diese Zahlen eher bescheiden; so produziert das Nürnberger MAN-Werk zeitweilig 338 000 Stück monatlich. Indessen haben solche Vergleiche nur eine bedingte Aussagekraft, beginnt die Firma Diehl doch, was die Rüstungsproduktion angeht, gewissermaßen bei Null.

Wie rasant der Aufstieg tatsächlich ist, zeigt eine Meldung des *Fränkischen Tages* vom 24. September 1917, die den Erwerb der ehemaligen Fränkischen Maschinenfabrik GmbH durch die Firma bekannt gibt, die sich fortan »Metall-, Guß- und Preßwerk Heinrich Diehl« nennt. Mit der Fabrik erwirbt Heinrich Diehl zugleich die angrenzenden Bauplätze mit insgesamt 115 000 Quadratfuß »zur Erweiterung seines Betriebes«. Auf diesem Grundstückskomplex an der Äußeren Bayreuther Straße entsteht jetzt das Werk 1. Hier wendet die Firma bei der Bearbeitung von Messing eine Technik an, die sie von der Polte Armaturen- und Maschinenfabrik in Magdeburg übernimmt. Das »Kaltziehen« beziehungsweise »Abdrehen« von Messing ist auch noch in der Erinnerung des betagten Karl Diehl die entscheidende Voraussetzung für den Durchbruch zur industriellen Massenproduktion gewesen. Wie groß dabei der Anteil der Rüstungsproduktion gewesen ist, läßt sich nicht mehr eindeutig sagen. Jedenfalls sucht Diehl Ende des Jahres 1917 per Anzeige für die »Abteilung Eisenpresserei (z. B. Zünder) durchaus erfahr. Werkmeister«, der gelernter Werkzeugmacher sein müsse und den Betrieb mustergültig leiten könne.

Der Waffenstillstand zwischen Deutschland und den alliierten Gegnern des Ersten Weltkriegs am 11. November 1918 trifft die Metallwarenfabrik Heinrich Diehl wie die meisten vergleichbaren Unternehmen ohne Verzögerung und wohl auch ohne Vorbereitung. Im Dezember schaltet Heinrich Diehl in der Lokalpresse sechsmal eine Anzeige: »Ich übernehme alle einschlägigen Arbeiten zur saubersten und schnellsten Ausführung in meiner vorzüglich eingerichteten Metall- und Eisendreherei, Bohrerei u. Ge-

Rekorde: Die 100 000. Granate, Juni 1918. In der Mitte der elfjährige Karl Diehl; dahinter Vater Heinrich.

windefräserei, Warmpresserei für Messing, Eisen, Aluminium und Zink sowie in meiner neuzeitl., bedeut. Metallgießerei alle Arten Formenguß in Messing, Rotguß, Bronze, Zink und Aluminium-Legierung. Anfragen und Bestellungen erbeten.«

Daß jetzt, anders als während des Krieges, nicht mehr die Waechterstraße 2, sondern erstmals die Äußere Bayreuther Straße 124 als Firmensitz angegeben wird, hat mit Spannungen zwischen Heinrich Diehl und Karl Schmidt zu tun, könnte aber auch darauf hindeuten, daß die Firma eine kriegsbedingte Überkapazität aufgebaut hat, die nun anderweitig ausgelastet werden muß: Tatsächlich wird am 2. Januar 1919, nicht einmal zwei Monate nach Kriegsende, im soeben fertiggestellten Werk 1 die Arbeit aufgenommen. Ein Betriebsprüfungsbericht aus dem Jahr 1924 hält fest, daß die Zahl der Arbeiter damals auf 85 zurückgegangen ist. Die Zahl der Angestellten, die immer deutlich unter derjenigen der Arbeiter lag, wird nicht genannt. Wie andere vergleichbare Betriebe ist also auch die Firma Diehl vom Einbruch der industriellen Produktion betroffen, die 1919 in Deutschland nicht einmal 40 Prozent des Vorkriegsniveaus erreicht.

Die Firmenentwicklung in den folgenden Jahren können wir aus den Akten der Firma oder anderer Archive nur punktuell nachzeichnen. Allerdings verfügen wir über eine Quelle, mit deren Hilfe sich einige Lücken schließen lassen. Wegen des großen zeitlichen Abstands ist sie zwar mit Vorsicht zu lesen, doch wird der Bericht, wo wir auf zeitgenössische Belege zurückgreifen können, ganz und gar bestätigt. Im Jahre 1966 nämlich hat Georg Hutzler seinen »Lebenslauf bei Firma Heinrich Diehl« zu Papier gebracht. Anlaß für die Niederschrift dieses höchst lesenswerten Dokuments ist das fünfzigjährige Arbeitsjubiläum, das der Verfasser damals als erster Mitarbeiter in der Geschichte der Firma Diehl überhaupt begeht. Mitte November 1916 ist er dort als Arbeiter eingetreten. Eigentlich wollte er die Firma nach einigen Wochen »wieder verlassen. Herr Heinrich Diehl verweigerte mir den Austritt. Damals brauchte man einen Abkehrschein«.

Also bleibt Georg Hutzler – schließlich länger als ein halbes Jahrhundert – und erlebt auch den Neuanfang seines Arbeitgebers in der Äußeren Bayreuther Straße: »Das neue Werk war vollkommen mit neuen Maschinen eingerichtet wie Drehbänke, Fräsmasch., Bohrmaschinen u. vieles mehr. Diese Maschinen mußten wir demontieren da diese Maschinen alle für Reparationen beschlagnahmt wurden. Auch eine neue Gießerei war vorhanden in der Herr Diehl seine ersten Gußteile herstellte. Herr Heinrich Diehl stammte ja aus diesem Fach. Es wurden einige Spindelpressen gebraucht sowie neue Pressen u. Stanzen angekauft. Einige Maschinen sind heute [1966] noch in Betrieb. Auch ein Werkzeugbau für die Herstellung von Gesenken wurde neu eingerichtet. Von jetzt ab wurden Guß u. Preßteile hergestellt. Für die Bearbeitung hatten wir noch einige ältere Automaten, Revolverbänke, Bohr u. Fräsmaschinen welche nicht unter die Reparationen fielen zur Verfügung. Als erstes wurden Wasserleitungshahnen sowie andere Preßteile hergestellt. Die Wasserhahnen waren ein begehrter Artikel. Arbeit war genug vorhanden. Im Jahre 1920 wurde eine eigene 300t Strang u. Rohrpresse angeschafft um Vormaterial für Preßteile sowie Rohre für die Bleistiftindustrie herzustellen.«

Über die Abnehmer und die Märkte schweigen die Quellen. Immerhin beschäftigt die Firma Diehl 1922 insgesamt wieder 98 Arbeiter und 14 Angestellte und erwirtschaftet auf dem Fabrikations- und dem Devisenkonto wieder einen Gewinn. Offensichtlich profitiert auch das Nürnberger Unternehmen zunächst von den inflationsbedingt niedrigen Lohn- und Produktionskosten. Dann aber wird auch das Metall-, Guß- und Preßwerk Heinrich Diehl von der politischen und wirtschaftlichen Entwicklung eingeholt: Es war, erinnert sich Georg Hutzler, »für Betriebe wie

Diehl schwer, [sich] in der Inflation zu behaupten. Auch wir hatten ganz schwere Zeiten durchzumachen. Wenn wir unseren Lohn bekamen mußten wir laufen ... für unser verdientes Geld noch etwas zu bekommen ... Die schlimmste Zeit war vom Januar [19]23 bis November 1923.«

Die Weimarer Republik hat in den ersten Jahren ihres kurzen Lebens einen schweren Stand. Das liegt einmal an den äußeren Rahmenbedingungen ihrer Entstehung: Gewiß, der Krieg war mit dem massiven Eingreifen der Amerikaner, vor allem im Verlauf des Jahres 1918, nicht mehr zu gewinnen, und selbst die Oberste Heeresleitung hatte seine Fortführung am 29. September für aussichtslos erklärt. Allerdings standen die deutschen Truppen bei Abschluß des Waffenstillstands am 11. November 1918 immer noch in Belgien und Frankreich, vor allem aber kontrollierten sie im Osten riesige Gebiete Rußlands, wo inzwischen die Bolschewiki den Ton angaben.

Deshalb, aber auch weil die deutsche Reichsregierung am 3. Oktober ihr Waffenstillstandsangebot auf der Basis der sogenannten vierzehn Punkte des amerikanischen Präsidenten Woodrow Wilson unterbreitet hatte, galten die Bestimmungen schon des Waffenstillstands, erst recht aber des Friedensvertrages den meisten Deutschen als nicht akzeptabel. Vor allem die Tatsache, daß die alliierten Sieger das Deutsche Reich in dem am 28. Juni 1919 in Versailles unterzeichneten Vertrag zwangen, gemeinsam mit seinen Verbündeten die alleinige Verantwortung »für alle Verluste und Schäden« zu übernehmen, stieß auf tiefe Empörung. Von Anfang an firmierte daher der Artikel 231 des Vertrages als »Kriegsschuldparagraph«. Und natürlich trugen die hohen Reparationszahlungen, die mit diesem Artikel legitimiert wurden und fortan von Deutschland an die vormaligen Kriegsgegner zu leisten waren, nicht gerade zur Stabilisierung der wirtschaftlichen und politischen Verhältnisse in Deutschland bei.

Anderes kam hinzu, insbesondere die rigide Auslegung des Versailler Vertrages durch Frankreich, das seine Sicherheitsbedürfnisse gegenüber Deutschland durch ihn keineswegs befriedigt sah. Den vorläufigen Höhepunkt der sich seit 1919 zuspitzenden Entwicklung bildete die Besetzung des Ruhrgebiets durch französische und belgische Truppen am 11. Januar 1923, die eine der schwersten inneren Krisen der Weimarer Republik auslöst. Trägt der »passive Widerstand« gegen die französischen Besatzer das Seine dazu bei, Wirtschaft und Finanzen des Landes zu zerrütten, so mobilisiert der Abbruch dieses ruinösen »Ruhrkampfes« durch die Regierung neun Monate darauf die radikalen Kräfte unterschiedlichster Couleur.

So sieht dieser heiße Herbst sowohl kommunistische Aufstandsbewegungen, namentlich in Thüringen und Sachsen, als auch radikale Aktionen der Rechten, die am 8. und 9. November im sogenannten Hitler-Ludendorff-Putsch in München eskalieren. Ende 1923 steht auch die deutsche Wirtschaft vor dem Zusammenbruch. Die Arbeitslosigkeit nimmt dramatisch zu, und der Dollarkurs steigt von knapp 18 000 Mark im Januar auf 4,2 Billionen Mark im November. Ob die am 15. November mit der Währungsreform beschlossene Einführung der Rentenmark eine grundlegende Wende herbeiführen wird, ist am Jahresende noch nicht absehbar. Immerhin kann Mitte Februar des folgenden Jahres der Ausnahmezustand in Deutschland beendet werden.

Natürlich lassen diese dramatischen Verwerfungen die Zeitgenossen nicht unberührt, auch nicht den jungen Karl Diehl. Der gehört in den Jahren 1923/24 der Schülerabteilung des Bundes Oberland an. Der Bund war aus einem Freikorps hervorgegangen und hatte Ende Mai 1921 in der Krise um Oberschlesien zusammen mit dem oberschlesischen Selbstschutz den Annaberg gestürmt. Unter der Führung von Friedrich Weber zählt er zu den Verbündeten der NSDAP und beteiligt sich dann auch mit einigen seiner Ortsgruppen Anfang November 1923 am Hitler-Ludendorff-Putsch in München. Danach verboten, besteht der Bund Oberland bis zu seiner Wiederzulassung Mitte Februar 1925 unter der Tarnbezeichnung »Deutscher Schützen- und Wanderbund« weiter. Seine politischen Ziele sind der Kampf gegen das »Versailler Diktat« sowie gegen die Linke, insbesondere die Kommunisten, die man für die katastrophale Entwicklung in Deutschland an vorderster Stelle verantwortlich macht. Daß dieser »Kampf« durch einen von den Bund-Mitgliedern durchaus positiv verstandenen Nationalismus motiviert ist, ist heute schwer nachvollziehbar, für viele Zeitgenossen indessen folgerichtig. Zu ihnen zählt auch Joseph E. Drexel, der nach dem Krieg die *Nürnberger Nachrichten* gründen wird und damals dem Bund Oberland angehört, allerdings – anders als der zehn Jahre jüngere Karl Diehl – nicht als Schüler, sondern als Vollmitglied.

Für den sechzehnjährigen Karl Diehl ist die Förderung der nationalen Idee der eigentliche Grund, sich der Bewegung anzuschließen. »Angesichts der Zustände in der Republik«, sagt er noch an seinem Lebensabend, habe man damals »national« gefühlt. Vielleicht wird der junge Diehl Anfang September 1923 auf den Bund Oberland aufmerksam, als dieser sich in Nürnberg am »Deutschen Tag« beteiligt und gemeinsam mit der NSDAP, der Reichskriegsflagge und dem Deutschen Kampfbund einen »Marsch auf Berlin« vorbereitet. Ohne Zweifel ist Diehls Zugehörigkeit zur Schülerabteilung des Bundes Oberland eine »Episode« gewesen, wie Wolfgang Benz festgestellt hat. Einiges spricht sogar dafür, daß vor allem diese frühe Erfahrung Diehl dazu gebracht hat, für den Rest seines Lebens auf Distanz zur Politik zu gehen.

Insgesamt hat Karl Diehl die Zugehörigkeit zum Bund in späteren Lebensphasen eher geschadet, zumal nicht auszuschließen ist, daß nach dem Zweiten Weltkrieg erhobene Vorwürfe wegen diverser politischer Aktivitäten auch auf einer Verwechselung beruhen: Im November 1926 tritt Karl Diehl der gleichnamigen Sektion »Oberland« des Alpenvereins bei. Im übrigen hat er selbst sein Engagement im Bund Oberland nie verleugnet. Vermutlich geht eine 1923 verhängte »Strafe« wegen »unerlaubten Flugblattverteilens« in Höhe von fünf Mark auf jene Aktivitäten zurück. Die Strafe erwähnt Karl Diehl in einem handschriftlichen Entwurf für seine Antworten auf dem Fragebogen der Militärregierung nach dem Zweiten Weltkrieg. Ohne diesen Hinweis, der sich dann auf der eingereichten Fassung vom 8. Februar 1947 nicht mehr findet, wüßten wir vermutlich nichts davon. Denn der Polizeidirektion Nürnberg-Fürth ist nichts »Nachteiliges« bekannt, als sie Karl Diehl im Oktober 1926 ein Leumundszeugnis ausstellt.

Hingegen stellt ein nicht datierter, wahrscheinlich 1946 verfaßter amerikanischer Bericht über die Firma Diehl fest, daß Karl gerüchteweise bereits in den zwanziger Jahren Kontakte zu »radical Rightest circles«, also zu rechtsradikalen Kreisen, besessen und mit einem Lastkraftwagen der Firma sonntags Fahrten für die SA und die Reichskriegsflagge unternommen habe. Ein offenkundiges Problem bildet schon die vage Datierung. Immerhin gibt es eine eidesstattliche Erklärung, die über die vermutlich einzige Fahrt dieser Art aufklärt, und die fand 1933 statt. Bei aller Skepsis, die grundsätzlich gegenüber solchen Aussagen angebracht ist, spricht in diesem Falle einiges für den Wahrheitsgehalt.

Am 9. Juli 1947 gibt Josef Edmeier zu Protokoll, seit 1928 bei der Firma Diehl beschäftigt und bis 1936 der »einzige Kraftfahrer der Firma« gewesen zu sein: »Der Inhaber der Firma Herr Heinrich Diehl ... sowie sein Sohn ... Karl Diehl wohnten zu jener Zeit mit mir und meiner Familie auf dem Werksgelände.« Was Josef Edmeier nicht erwähnt, weil er es offenbar in diesem Zusammenhang für nicht erwähnenswert hält, ist die Tatsache, daß Karl Diehl am 19. Mai 1925, wenige Tage nach seinem achtzehnten Geburtstag, den Führerschein der Klassen 1, 2 und 3b erworben hat.

In der Zeit seiner Betriebszugehörigkeit, so der Firmenchauffeur in seiner Erklärung weiter, »habe ich niemals und wurden, soweit mir bekannt auch von anderen, nie mit Wagen der Firma oder des Herrn Diehl Propaganda-, Wahlschleppfahrten oder Fahrten für Parteiredner gemacht. Lediglich zum 1. Mai fuhr ich den Lastwagen beim Umzug, jedoch ohne politische Propaganda zu machen.« Davon berichtet auch Georg Hutzler, und auch eine Abbildung dieses Wagens vom 1. Mai 1933 ist erhalten. Zudem macht Josef Edmeier die wahrscheinliche Quelle der Gerüchte und Vorwürfe gegen Karl Diehl namhaft: einen Gastwirt, der »früher für die Fabrik das Bier lieferte und diese Lieferungen entzogen erhielt. Er lieferte nämlich das abends in seiner Gastwirtschaft übrig gebliebene Bier in Flaschen gefüllt am anderen Tage in die Fabrik und das Bier war so schlecht, daß die Arbeiter sich weigerten, es zu trinken.« Auch Grete Diehl hat von dieser Geschichte berichtet.

Schließlich kann nicht ausgeschlossen werden, daß sich die vagen Gerüchte in einem nicht minder vagen amerikanischen Bericht auf die Aktivitäten des Schülers im Bund Oberland, möglicherweise aber auch auf seine Mitgliedschaft in der Alpenvereinssektion gleichen Namens beziehen. Dieses kurzzeitige Engagement im Bund Oberland hat Karl Diehl schon in seiner schulischen Laufbahn nicht gerade genutzt. In diesem Jahr sei er fast durchgefallen, erinnert er sich an seinem Lebensabend, weil »andere Einflüsse« den »national gesinnten Lausbuben« abgelenkt hätten.

Der Junge besucht damals die Oberrealschule in Nürnberg, nachdem er zunächst auf die Volksschule und dann auf die Militärberechtigte Real- und Handelslehranstalt (Institut Gombrich) Nürnberg gegangen war. Hier hatte

Die Ära Heinrich Diehl 29

Maifahrt 1933: Der Wagen des Metall-, Guß- und Preßwerks Heinrich Diehl.
Mit an Bord: Karl Diehl (oberste Reihe rechts).

er von 1916 bis 1918 die »IV. Vorschulklasse« und dann die »erste Klasse« der Real- und Handelslehranstalt besucht. Das Jahreszeugnis der ersten Klasse attestiert ihm bei »großem Fleiß ... durchwegs gute Ergebnisse. Sein Betragen war sehr lobenswert.« Warum er zunächst für zwei Jahre auf das unter jüdischer Leitung stehende Institut Gombrich geschickt worden ist, läßt sich nicht mit letzter Sicherheit sagen. Gombrich scheint damals die einzige Ganztagsschule Nürnbergs gewesen zu sein, und die Mutter hatte ja alle Hände voll zu tun, die Firma als Geschäftsführerin durch den Krieg zu bringen. Ausschlaggebend für die Wahl waren allerdings wohl disziplinarische Erwägungen, und es ist gewiß kein Zufall, daß Karl mit der Rückkehr des Vaters aus dem Feld auf die Kreis-Oberrealschule wechselt, zumal diese, anders als das Institut Gombrich, seinen Schülern die Möglichkeit bietet, das Abitur zu machen.

Noch in hohem Alter erinnert sich Karl Diehl lebhaft und mit Respekt an das Institut Gombrich, an seine Lehrer und deren Grundsätze. Die Prinzipien der zunächst von Max, dann von seinem Bruder Julius Gombrich geleiteten Anstalt hatte der Gründer 1890 so formuliert: »... strenge Zucht und Disziplin unter den Schülern, stete Wahrung der Autorität des Lehrers, Gewöhnung des Schülers an fleißiges, selbständiges Arbeiten, Gewöhnung an Pünktlichkeit und Ordnung, an Wahrheit und Offenheit, Erhaltung eines heiteren, munteren Sinns unter der Jugend, sorgfältige Pflege des religiösen Sinnes und gegenseitige Achtung der Angehörigen der verschiedenen Konfessionen ...«

Am 25. März 1926 erreicht Karl Diehl auf der Oberrealschule das Abitur als mittelmäßiger Schüler, ohne eine Klasse wiederholen zu müssen. Die erhaltenen Zeugnisse bescheinigen ihm in den ersten Jahren durchweg gute, später befriedigende Leistungen, wobei er offenbar in Fächern wie Mathematik, Naturkunde oder auch Chemie besser reüssiert als in Sprachen und in geisteswissenschaftliche Disziplinen. Sein Betragen wird durchweg als »lobenswert« oder auch »sehr lobenswert« bezeichnet, sein Fleiß als »groß«. Eine Ausnahme fällt allerdings ins Auge. Die Klasse VIIa, die Karl Diehl 1923/24, also in seiner politisch bewegten Zeit, besucht, schließt er tatsächlich nur mit Mühen ab. »Bei mäßigem Fleiße«, so das Zeugnis, »hat der Schüler in mehreren Fächern nur mangelhafte Leistungen aufzuweisen, so daß er das Ziel der Klasse nur knapp erreichte. Sein Betragen war lobenswert.«

Insgesamt ist Karl Diehl ein unauffälliger Schüler gewesen. Ihm selbst ist die Schulzeit in guter Erinnerung geblieben. Das gilt nicht nur für das Institut Gombrich, sondern auch für die Kreis-Oberrealschule, der er über Jahrzehnte hinweg verbunden bleibt und später gelegentlich eine Spende zukommen läßt. Charakteristisch ist auch die lebenslange Verbundenheit zu einigen Klassenkameraden jener Tage. Mit dem einen steht er noch nach dem Zweiten Weltkrieg wegen geschäftlicher Interessen in Spanien und Südamerika in Kontakt; ein anderer geht ihm Anfang der fünfziger Jahre mit parapsychologischen Gutachten ziemlich auf die Nerven; einen dritten, Ernst Reindler, beschäftigt er später als Ingenieur in der Firma.

Bemerkenswert, wenn auch nicht überraschend ist, daß Karl Diehl, wohl auf maßgebliches Betreiben des Vaters, sich schon während seiner Schulzeit um Praktikantenstellungen in der Industrie bemüht hat. So arbeitete er von Ende Juli bis Ende August 1925 als »Werkstättenpraktikant« in der Schlosserei der Faun-Werke seines Onkels, und im Februar des kommenden Jahres versuchte Heinrich Diehl seinem Sohn bei den MAN-Werken Nürnberg eine Praktikantenstelle zu vermitteln. Allerdings konnte Karl Diehl lediglich »an erster Hand« vorgemerkt werden, da alle Stellen vergeben waren.

Nur vier Tage nachdem er sein Abitur bestanden hat, bewirbt er sich bei den Siemens-Schuckert-Werken in

Lehrjahre: Karl Diehl als Werkstattpraktikant bei Siemens-Schuckert in Nürnberg, 1926.

Nürnberg um ein halbjähriges Praktikum. Für das beabsichtigte Maschineningenieurstudium benötigt er einen entsprechenden Nachweis. Am 15. April, um 7.30 Uhr, tritt Karl Diehl die Praktikantenstelle an; in den kommenden Monaten ist er in der Schmiede, der Flaschnerei, der Gießerei, der Modellschreinerei, der Werkzeugmacherei, der Dreherei und den Montagewerkstätten beschäftigt. Das Zeugnis, das ihm am 15. Oktober ausgestellt wird, führt elf versäumte Arbeitstage auf und attestiert im übrigen: »Er war pünktlich, fleissig und zeigte Interesse und Verständnis für die ihm zugewiesenen Arbeiten. Seine Führung war durchweg einwandfrei.«

Sosehr er als Schüler gegen das »Versailler Diktat« protestiert beziehungsweise auf seine Art »gekämpft« hatte, so sehr kommen Karl Diehl in dieser Lebensphase einige Bestimmungen des Friedensvertrages zupaß: Weil durch sie die allgemeine Wehrpflicht in Deutschland abgeschafft und das Heer auf eine Berufsarmee von 100 000 Mann reduziert worden ist, kann der Neunzehnjährige, kaum daß er das Abitur in der Tasche hat, geradewegs zur Hochschule gehen und sich am 26. Oktober 1926 an der Technischen Universität München als »Studierender der Maschineningenieur Abteilung« einschreiben. Ende November 1928 beziehungsweise Mitte März 1929 passiert er die beiden Teile der Vordiplomprüfung mit dem Gesamturteil »bestanden«, also der schlechtest möglichen Note. Nach einem halbjährigen Intermezzo, das er an der Technischen Hochschule Berlin mit dem Studium des Maschinenbaus verbringt, kehrt er zur Fortsetzung und zum Abschluß seiner Studien in die bayerische Hauptstadt zurück. Dort besteht er Anfang August 1930 die Diplom-Hauptprüfung mit dem Gesamturteil »gut«. Als »allgemeinbildendes Fach« gibt er übrigens »Englische Landeskunde« an.

Indessen hat sich der Kandidat nicht nur auf sein Studium konzentriert, sondern sich auch Freiräume für andere Tätigkeiten und Aktivitäten geschaffen. Dazu zählen berufliche Erfahrungen im weitesten Sinne. Zwar scheitert sowohl im Sommer 1927 als auch im Sommer 1928 ein Versuch, eine »Ingenieur-Aspiranten Stelle« auf einem Schiff zu bekommen, an der hohen Nachfrage. Dafür bewirbt er sich erfolgreich um ein Volontariat bei der Bayerischen Vereinsbank in Nürnberg und durchläuft dort von Anfang August bis Ende September 1929 mehrere Abteilungen, um sich »allgemeine bankgeschäftliche Kenntnisse anzueignen«. Weniger überraschend ist die Praktikantentätigkeit in der väterlichen Firma, dient sie doch sowohl der Erfüllung von Erfordernissen der Studienordnung als auch der Vorbereitung auf den Eintritt in das Familienunternehmen. So arbeitet der Junior im Sommer 1927 im Betriebsbüro der Metallpresserei (Arbeitsüberwachung und Kalkulation) und im Jahr darauf in der Presserei und im Werkzeugbau des Metall-, Guß- und Preßwerks Heinrich Diehl in Nürnberg, jeweils für etwa drei Monate.

Im übrigen nimmt Karl Diehl in vollen Zügen am studentischen Leben teil. Dazu gehört, in dieser Zeit ganz selbstverständlich, die Mitgliedschaft in einer Verbindung. Am 13. Dezember 1926, also unmittelbar nach Aufnahme seines Studiums, tritt der Neunzehnjährige dem Corps Cisaria bei, das heißt, er wird im äußeren Corpsverband als »Fuchs« akzeptiert. Das im März 1851 am Polytechnikum Augsburg von drei Auslands-Schweizern gegründete Corps Cisaria ist die älteste deutsche Studentenverbindung der Technischen Universität. Von seinem Selbstverständnis her war es einem »freiheitlichen und rebellischen Geist« verpflichtet, der sich in der Mitte des 19. Jahrhunderts unter anderem im Aufbegehren gegen die Mißachtung des technischen Studiums und in seinem Engagement zur Gründung der Technischen Universität München geäußert hat. Folgt man der corpseigenen Darstellung, so hat sich die Verbindung 1935 aufgelöst, um die Überführung in eine NS-Kameradschaft zu verhindern:

Karl Diehl ist offenbar Mitglied im Corpshausverein Cisaria geblieben und hat überdies der Altherrenschaft »Graf Spee« angehört. Die lädt ihre Mitglieder auf seine Initiative hin im März 1941 nach Nürnberg ein, allerdings ist der Initiator selbst dann verhindert. Nach Auskunft des Corps-Chronisten verwandelt sich die Altherrenschaft »Graf Spee« seit 1941 schrittweise wieder in das Corps Cisaria zurück.

Das Corps Cisaria ist eine schlagende Verbindung, und so bestreitet Karl Diehl am 5. März 1927 im Hinterzimmer des Kreuzbräu in München seine erste »Paukpartie«. Dabei erhält er drei blutende Wunden, die mit fünf Nadelstichen genäht werden müssen. Vermutlich ist darauf jener »Schmiß«, also die Narbe zurückzuführen, die man noch jahrzehntelang auf Fotos erkennen kann. Bis zu seiner Inaktivierung Ende Oktober 1928 ficht Karl Diehl noch weitere acht Partien. Obgleich er danach nicht mehr verpflichtet ist, die »Ehre« seines Corps durch Fechtpartien zu verteidigen, hat er, der im Juni 1927 »recipiert«, also als Corpsbruder in den inneren Verband aufgenommen worden ist, Anfang 1929 noch zwei weitere Paukpartien absolviert. So fremd dem heutigen Betrachter derartige Aktivitäten erscheinen müssen, so deutlich spiegeln sie ein Selbstverständnis wider, das in seiner Zeit, bevor es durch andere politische Kräfte instrumentalisiert und mißbraucht worden ist, einen hohen Stellenwert besessen hat: Mut, Standfestigkeit und Ehrgefühl sind Maximen, die für Karl Diehl zeitlebens verbindlich geblieben sind und ohne Zweifel in seiner Corpszugehörigkeit eine frühe Ausformung und Bestätigung gefunden haben.

Naturgemäß schweigen sich die uns verfügbaren, ohnehin sehr dürren Quellen über die Lebensgewohnheiten und das gesellschaftliche Leben des Studenten Karl Diehl fast vollständig aus. Man darf aber davon ausgehen, daß der junge Mann kein Kostverächter gewesen ist und sowohl den Umgang mit hübschen Frauen zu schätzen wußte

Gezeichnet: Der »Fuchs« des Corps Cisaria nach seiner ersten Paukpartie, 6. März 1927.

als auch gutem Essen und einem ordentlichen Tropfen nicht abgeneigt war. Noch der Neunzigjährige, für den es hier nichts mehr zu kokettieren gibt, hat seine Münchener und Berliner Jahre immer auch im Lichte solcher Erfahrungen und Erlebnisse betrachtet.

Und so gibt es im Leben des Studenten Karl Diehl eine Besonderheit, die verschiedene Rückschlüsse zuläßt, unter anderem den auf eine vergleichsweise aufwendige Lebensführung: Am 22. Oktober 1927 nämlich bittet er das Rektorat der Technischen Universität zu München erstmals um »Stundung der Unterrichtsgebühr« in Höhe von 181,50 Reichsmark. Tatsächlich gewährt ihm das Büro bis Mitte Januar des kommenden Jahres einen Aufschub der Beitragszahlung, die dann allerdings bereits Mitte Dezember 1927 erfolgt. Nachdem die Zahlungen für die nächsten Semester pünktlich erfolgt sind, bittet Karl Diehl Mitte November 1928 erneut um Stundung der fälligen Unterrichtsgebühren, die er »durch missliche finanzielle Verhältnisse zur Zeit« nicht aufbringen könne. Und ein Jahr später, also nach seiner Rückkehr aus Berlin, muß er der Universität erneut die Mitteilung machen, daß er »zur Zeit nicht in der Lage« sei, »die fällige Unterrichtsgebühr zu bezahlen«, und um Stundung bitten. Soweit aus den einschlägigen Unterlagen ersichtlich, hat Karl Diehl dann, innerhalb der festgesetzten Zeiträume, die ausstehenden Studiengebühren nachgezahlt.

Welche Gründe zu diesen finanziellen Engpässen geführt haben, läßt sich nicht mehr feststellen. Immerhin habe er, wie Karl Diehl in hohem Alter erzählt, einen Monatswechsel in Höhe von 300 Reichsmark erhalten. Das wäre eine üppige Apanage gewesen. Wie er bei dieser Gelegenheit weiter berichtet, will er das Geld zum Teil auf einem Sparbuch angelegt haben. Das wäre ihm zuzutrauen. Denkbar ist auch, daß der Lebenswandel des jungen Mannes seinen Tribut gefordert hat, wenn das auch angesichts des hohen Pflichtbewußtseins, das er zeitlebens erkennen läßt, wenig wahrscheinlich ist. Natürlich ist nicht auszuschließen, wenn auch mit den vergleichsweise hohen monatlichen Zahlungen schwer vereinbar, daß sich das väterliche Geschäft während der zwanziger Jahre in einer schwierigen Lage befunden hat. Da uns hierzu sämtliche Unterlagen fehlen, muß die Antwort offen bleiben.

Sicher ist, daß Karl Diehl mit dem Abschluß seiner Studien zum 1. August 1930 als Technischer Angestellter in das väterliche Unternehmen eintritt. Seit dem 1. September 1930 ist er auch wieder polizeilich in Nürnberg gemeldet und wohnt bei seinen Eltern in der Äußeren Bayreuther Straße 138. Dem Selbstverständnis des Firmeninhabers und, soweit sich zu diesem Zeitpunkt schon von einer solchen sprechen läßt, der Unternehmensphilosophie entsprechend, wird er vorerst nicht besser als andere Ingenieure mit vergleichbarer Qualifikation und in ähnlichem Alter behandelt: Bis 1933 verdient er zwischen 2 000 und 3 000 Reichsmark im Jahr. Auch seine Ernennung zum Prokuristen und die Übernahme der »technischen Leitung eines Teilbetriebes« im Mai 1931 ändern daran vorerst nichts. Erst 1935, mit der Übernahme des neuen Werks 2 in der Stephanstraße, aber eben auch nach Überwindung der Folgen der Weltwirtschaftskrise in Deutschland, steigt sein Gehalt signifikant auf 18 000 Reichsmark jährlich an, um seit 1938 67 000 Reichsmark – einschließlich einer Jahresabschlußtantieme von 40 000 RM – zu erreichen.

Als Karl Diehl in das väterliche Unternehmen eintritt, hat soeben die Weltwirtschaftskrise Deutschland voll erfaßt. Damit endet auch für die Nürnberger Firma vorerst eine Zeit der Prosperität. Denn die Folgen der Krise fressen gewissermaßen die Fortschritte und Vorteile auf, die man während der zweiten Hälfte der zwanziger Jahre in Deutschland hatte verbuchen können, weil sich Berlin gegenüber den alliierten Siegern des Krieges äußerst kooperationsbereit gezeigt hatte.

Insbesondere in der Ära des Außenministers Gustav Stresemann war die Reichsregierung den Erwartungen und Bedürfnissen ihrer Nachbarn in einem Maße entgegengekommen, das in Deutschland erheblichen Unmut erregt hatte. Allerdings hatten sich die Alliierten im Gegenzug gegen die Bereitschaft, 1925 in den Locarno-Verträgen die Nachkriegsgrenzen zu Frankreich und Belgien sowie den entmilitarisierten Status des Rheinlandes nochmals zu bestätigen, ihrerseits konzessionsbereit gezeigt und waren Deutschland im Rahmen der sogenannten Dawes- beziehungsweise Young-Pläne auf dem Gebiet der Reparationszahlungen entgegengekommen.

Eine wichtige Begleiterscheinung dieser Regelungen hatte darin bestanden, daß nunmehr insbesondere amerikanische Kredite in beträchtlicher Höhe nach Deutschland flossen und zur Stabilisierung der deutschen Wirtschaft beitrugen. In Verbindung mit anderen Maßnahmen, wie beispielsweise der Aufhebung der Handelsbeschränkungen des Versailler Vertrages oder auch dem im Juli 1927 verabschiedeten neuen Kriegsgerätegesetz, hatte dieser Geldzufluß einiges zur Stabilisierung und Belebung der deutschen Wirtschaft beigetragen.

Daß auch das Metall-, Guß- und Preßwerk Heinrich Diehl von der allgemeinen Erholung der politischen wie der wirtschaftlichen Konjunktur während der zwanziger Jahre profitiert, ist offenkundig. Inwieweit das auf einzelne Rahmenbedingungen, wie das Kriegsgüterexportgesetz, zurückzuführen ist, wissen wir nicht, weil die Quellen weder etwas über die betriebswirtschaftliche Verfassung der Firma noch etwas darüber sagen, ob und gegebenenfalls in welchem Ausmaß das Unternehmen wieder in der Rüstungsproduktion tätig gewesen ist. Immerhin läßt das besagte Gesetz für die »Durchführung eines geregelten Ausfuhrgeschäfts« unter anderem auch Halbfabrikate zum Export zu.

Da für die zwanziger Jahre praktisch keinerlei firmeneigenen oder amtlichen Informationen über die Entwicklung des Unternehmens überliefert sind, würden wir weder etwas über die Mitarbeiterzahlen noch über die Bilanzen oder über die Fortschritte auf dem für Diehl traditionell wichtigen Gebiet der Technik und der Produktentwicklung wissen, könnten wir nicht auch hier auf den Bericht Georg Hutzlers zurückgreifen. Danach hat die Firma, als die Folgen der Inflation an der Jahreswende 1923/24 überwunden sind, konsequent jene Richtung weiterverfolgt, die man 1920 mit der Errichtung der ersten, von der Firma Schloemann gebauten Strangpresse eingeschlagen hatte.

»... etwa 60 Mann hatten Arbeit u. auch wir Arbeiter konnten [für] unser verdientes Geld etwas kaufen ... Von der damaligen Reichsbahn bekamen wir große Aufträge in Lagerschalen u. Armaturenteile für Lokomotiven die größtenteils als Pressteile bearbeitet u. hergestellt wurden. Wir hatten soviel zu tun daß wir zwei Schichten zu je 11 Stunden arbeiten mußten um einigermaßen die Liefertermine einzuhalten. Dadurch daß die Reichsbahn mit den Lieferungen sehr zufrieden war bekamen wir noch mehr Aufträge an Lukenfutter Einschraubstutzen mit konischen Gewinden u. sehr viele Überwurfmuttern von 20–76-Millimeter Gewinde. Auch in der Abt. Strangpresse ging es voran u. es wurde eine 1200 t Presse angeschafft. Hierzu mußte ein Turm erst gebaut werden um den Gewichtsacumulator unterzubringen ... Die Belegschaft wuchs ständig so daß wir die 100 Mann Grenze sogar überschritten.«

Schaut man näher hin, ist auch die Firma Diehl von jenem allgemeinen, aus den USA kommenden Rationalisierungstrend des Produktionsprozesses erfaßt worden, der durch die Inflation und ihre Folgen zunächst verzögert worden war, jetzt aber zu einem Charakteristikum der Industriekultur in der Weimarer Republik wird. So werden, wie es in einem nach 1945 angefertigten Bericht heißt, unter anderem »interessante Serienfertigungen« aufgenommen, wie zum Beispiel die Herstellung von Wassermeß-

Das Angebot: Produktpalette nach dem Ersten Weltkrieg.

körpern für Siemens & Halske. Um die Kapazitäten der Firma nicht zu überfordern, werden gleichzeitig andere, betriebswirtschaftlich weniger rentable Verfahren deutlich reduziert, so der Formguß, der mit Ausnahme der Lagerschalenfertigung für die Reichsbahn weitgehend eingestellt wird.

Das also ist die Lage, in der die Firma Diehl von den Folgen der Weltwirtschaftskrise eingeholt wird, deren Auslöser in Amerika zu finden ist: Am 24. Oktober 1929 brechen an der New Yorker Wall Street die Aktienkurse ein. Bis zum November sinkt der Dow-Jones-Index um fast 50 Prozent des Jahreshöchststandes vom September. Dieser Kurssturz ist der Anlaß, wenn auch nicht die Ursache für die große Bankenkrise in Deutschland, die ihrerseits durch den Zusammenbruch der österreichischen Creditanstalt im Mai 1931 ausgelöst wird. Die Reaktionen ausländischer Gläubiger und Investoren erfolgen postwendend, und sie treffen vor allem das Deutsche Reich: Neue Dollars gibt es nicht mehr, und die bereits geflossenen Kredite werden zurückgefordert.

In dieser Situation tritt der dreiundzwanzigjährige Karl Diehl in das elterliche Unternehmen ein. Mitte August 1930 meldet der *Fränkische Kurier* einen »weiter erheblichen Auftragsrückgang« in der Eisen- und Stahlwarenindustrie und prognostiziert für Süddeutschland »weitere Einschränkungen der Arbeitszeit bei den meisten Werken«. Anfang des Jahres 1931 gibt es in Deutschland bereits fünf Millionen Arbeitslose, und im Herbst 1932 muß vorsorglich der gesamten Belegschaft des väterlichen Betriebs einschließlich der Angestellten gekündigt werden.

Daß diese Erfahrung einer tiefgreifenden Krise und eines drohenden Zusammenbruchs Karl Diehl in seiner unternehmerischen Tätigkeit grundlegend und dauerhaft geprägt hat, kann nicht überraschen. Noch Jahrzehnte später, im Umkreis des fünfundsiebzigjährigen Firmenjubiläums, hat er die Erfahrung seiner »Anfangs-Berufsjahre von 1930–1933« so beschrieben: »Nur mit äußerster Sparsamkeit und Bedürfnislosigkeit konnte ein kleines Unternehmen mit 50 Mitarbeitern diese Krisenjahre überstehen. Man mußte bei allen Dingen persönlich mit Hand anlegen, das reichte bis zum Handwagenfahren. Jeder Kundenwunsch wurde über Nacht erfüllt. Man war sparsam, keine überflüssige Lampe durfte z. B. brennen.«

Im übrigen scheint Heinrich Diehl, unabhängig von der kaum rekonstruierbaren Entwicklung seines Geschäfts während der Weltwirtschaftskrise, persönlich in ausreichendem Maße liquide zu sein. Jedenfalls ersteigert er Mitte November 1931 das »Meder'sche Anwesen« in der Nürnberger Johannisstraße 15, auf dem zu diesem Zeitpunkt eine Hypothek von 27 500 Reichsmark lastet. Diehl läßt das unbewohnte Einfamilienhaus vom Dezember 1931 bis Ende 1932 zu einem Mehrfamilienhaus umbauen, das er anschließend vermietet. Daß Heinrich Diehl mit der Stadtsparkasse Hersbruck, bei der das Anwesen mit einer Hypothek belastet ist, um 1,75 Prozentpunkte der Zinslast feilscht, ist nicht nur auf die finanziell und wirtschaftlich schweren Zeiten zurückzuführen, sondern auch auf seinen Geschäftssinn.

Die Zeit, in der Karl Diehl in das väterliche Unternehmen eintritt, ist allerdings nicht nur wirtschaftlich bewegt, sondern auch politisch, gerade in Deutschland: Am 27. März 1930 hat das letzte parlamentarisch getragene Kabinett des Sozialdemokraten Hermann Müller demissioniert, unter anderem wegen unüberbrückbar scheinender Gegensätze in der Frage der Deckung der Arbeitslosenversicherung. Daß damit der Anfang vom Ende der ersten deutschen Demokratie eingeläutet worden ist, ahnen damals nur wenige. Vieles läßt sich mit den tatsächlich oder vermeintlich katastrophalen wirtschaftlichen, politischen und sozialen Umständen dieser Zeit erklären. Daß der folgenreiche Übergang von der zusehends diskreditierten, weil kaum mehr zum inneren Kompromiß fähigen parlamentarischen Regierung zu den Präsidialkabinetten weniger eine unmittelbare Reaktion auf die schwere Krise als das Ergebnis einer regelrechten Planung gewesen ist, wissen wir heute. Schon damals ist allerdings nicht zu übersehen, daß vielen Zeitgenossen, auch in den Kreisen von Wirtschaft und Industrie, die faktische Übernahme der politischen Macht durch den greisen Reichspräsidenten Paul von Hindenburg und die ihn tragende Kamarilla ebenso gelegen kommt wie deren Versuch, auf diesem Weg in der Armee, der Bürokratie und nicht zuletzt auch der Wirtschaft die alten Kräfte wieder ans Ruder zu bringen.

Daß die Nationalsozialistische Deutsche Arbeiterpartei (NSDAP) unter ihrem »Führer« Adolf Hitler in ebendieser Zeit, also in der Ära der Kabinette Heinrich Brüning, Franz von Papen und Kurt von Schleicher, ihren kometenhaften Aufstieg erlebt und in den Reichstagswahlen vom Juli 1932 gut 37 Prozent der Stimmen auf sich vereinigen kann, hat allerdings nur mittelbar mit Strategie und Taktik der alten Eliten zu tun. Unmittelbar sind die Wahlerfolge der Nazis eine Reaktion weiter Teile der Bevölkerung auf die desaströse Lage in Deutschlands, vor allem auf die wirtschaftliche Entwicklung, auf deren Konto auch das Riesenheer der Arbeitslosen geht, das schließlich sechs Millionen zählt.

Immerhin beginnen Ende 1932 beziehungsweise Anfang 1933 die Maßnahmen des sogenannten Papen-Plans vom Sommer 1932 zur Ankurbelung der Wirtschaft und zum Abbau der Arbeitslosigkeit zu greifen; am Horizont sind erste Anzeichen für eine Aufhellung der Konjunktur zu sehen; und bei den Novemberwahlen 1932 verlieren die Nazis rund vier Prozent der Stimmen und mehr als dreißig Sitze im Reichtag. Inzwischen fehlen der NSDAP auch die nötigen Finanzmittel, und wir wissen nicht, was aus Hitler und seiner Partei geworden wäre, hätte nicht eine Gruppe von Honoratioren um den intriganten Altkanzler Franz von Papen geglaubt, Hitler und seine Bewegung für die eigenen Zwecke »engagieren« zu können. So wird am 30. Januar durch den Reichspräsidenten ein neues Kabinett installiert, dem neben den Nationalsozialisten Adolf Hitler als Reichskanzler, Wilhelm Frick als Innenminister, Hermann Göring als Minister ohne Portefeuille sowie, seit dem 13. März, Joseph Goebbels als Minister für »Volksaufklärung und Propaganda« mehrheitlich Konservative oder Parteilose angehören.

Zum Zeitpunkt des Machtwechsels hat die NSDAP 849 000 Mitglieder, unter ihnen noch nicht Heinrich und Karl Diehl. Bis zur umfassenden Festigung ihrer Macht nach dem 30. Januar 1933 gibt es weder für den einen noch für den anderen eine Veranlassung, der Partei beizutreten, im Gegenteil: Ideologie, Programmatik, äußeres Erscheinungsbild und Auftreten der NSDAP kollidieren in vieler Hinsicht mit dem Selbstverständnis der mittelfränkischen Unternehmer.

Heinrich Diehl ist seit dem 5. September 1925 Mitglied der Nürnberger Loge zur Burg Hohenzollern des Deutschen Druidenordens. Der 1781 in London gegründete Druidenorden, der seit 1872 auch Logen in Deutschland unterhält, ist kein Geheimorden; seine Ziele sind die gegenseitige Unterstützung der Mitglieder, eine Humanisierung des täglichen Lebens und der Völkerfriede. Spätestens mit ihrer Machtübernahme befinden sich die Nazis mit dem Druidenorden auf Kollisionskurs. Nach zweimaliger Umbenennung löst sich der Orden am 19. Mai 1935 selbst auf. Wann Heinrich Diehl die Konsequenz aus dieser schwierigen Situation gezogen hat, läßt sich nicht mit letzter Sicherheit bestimmen; wahrscheinlich ist er irgendwann zwischen Januar 1933 und März 1934 ausgetreten. In einer eidesstattlichen Erklärung hat Grete Diehl am 3. Dezember 1945 zu Protokoll gegeben, daß ihr Mann nach dem 30. Januar 1933 wegen seiner Logenmitgliedschaft in große Schwierigkeiten mit dem neugebildeten »Vertrauensrat« der NSDAP geraten sei. Es gibt keinen Grund, daran zu zweifeln.

So unbestimmt das genaue Austrittsdatum Heinrich Diehls aus der Nürnberger Loge bleiben muß, so vergleichsweise sicher läßt sich der Zeitpunkt seines Eintritts in die NSDAP bestimmen. Das gilt auch für seinen Sohn Karl. Fest steht, daß beide Mitglieder der NSDAP und des Nationalsozialistischen Kraftfahrkorps (NSKK) gewesen sind. Fest steht auch, daß die Mitgliedskarte Heinrich Diehls als Eintrittsdatum in die NSDAP zunächst den 28. April 1933 und dann, nachdem dieses Datum durchgestrichen worden ist, den 1. Mai 1933 festhält. Fest steht schließlich, daß die Mitgliedsnummer Karl Diehls (2 714 742), dessen Karte nicht erhalten ist, in unmittelbarer Nähe der Mitgliedsnummer des Vaters (2 714 738) angesiedelt ist, so daß von einem zeitgleichen Eintritt der beiden in die NSDAP ausgegangen werden kann.

Einiges spricht dafür, daß der Beitrittszeitpunkt mit der Beitrittssperre zusammenhängt, die der Schatzmeister der NSDAP am 19. April mit Wirkung vom 1. Mai 1933 an verhängt. Über die Beitrittsmotive sagt das wenig aus; man darf aber annehmen, daß auch hier, wie in zahlreichen ähnlichen Fällen, pragmatische beziehungsweise opportunistische Erwägungen ausschlaggebend gewesen sind. Drei Monate nach der Übernahme der politischen Macht in Deutschland muß man davon ausgehen, daß die Nazi-Herrschaft mehr als ein kurzfristiger Spuk sein wird. Das gilt für das Reich, für die Länder und auch für die Kommunen: Am 27. April, einen Tag bevor Heinrich und Karl Diehl ihre Aufnahmeanträge stellen, hat der Nürnberger Stadtrat den Nationalsozialisten Willy Liebel zum Oberbürgermeister gewählt; lediglich die verbliebenen 14 SPD-Stadträte hatten einen leeren Stimmzettel abgegeben. Damit ist auch die traditionsreiche fränkische Arbeiterstadt fest in der Hand der Nazis.

Die Frage, inwieweit Heinrich und Karl Diehl über den Parteieintritt hinaus die Sache der Nationalsozialisten in den folgenden Jahren zu der Ihren gemacht haben, ist für Vater und Sohn nicht mit gleichem Ergebnis zu beantworten. Daß Heinrich Diehl mit Blick auf die Zukunft des Familienunternehmens stärker die Nähe zu den Machthabern gesucht haben wird, ist wahrscheinlich. Allerdings gehen weder das Kondolenzschreiben Julius Streichers, mit dem der »Gauleiter« im November 1938 »telegraphisch sein Beileid« zum Tod Heinrich Diehls zum Ausdruck bringt, noch der Nachruf der Lokalzeitung über den Rahmen des damals in solchen Fällen Üblichen hinaus. »Heinrich Diehl«, so ist am 17. November 1938 im *Fränkischen Kurier* zu lesen, »hat die Nationalsozialistische Bewegung seit ihrem Bestehen jederzeit opferfreudig und tatkräftig unterstützt.« Schließlich spricht einiges dafür, daß beim gleichzeitigen Beitritt Heinrich und Karl Diehls zur NSDAP der Vater die treibende Kraft gewesen ist. »Erst nach längerem Drängen«, so gibt Grete Diehl im Dezember 1945 in einer eidestattlichen Erklärung zu Protokoll, »erklärte sich mein Sohn bereit, sich zur Partei anzumelden, und tat dies dann anschliessend widerwillig.«

Eine bedingte Aussagekraft haben schließlich die Mitgliedschaften der beiden im NSKK. Einmal abgesehen davon, daß die Mitgliedschaft in solchen Sonderorganisationen, selbst in der SS, nicht zwangsläufig die Mitgliedschaft in der NSDAP voraussetzte, boten Organisationen wie das NSKK unter Umständen auch die Möglichkeit, sich unter Verweis auf diese Mitgliedschaft bei anderen NS-Aktivitäten zurückzuhalten. Fest steht, daß Heinrich Diehl im NSKK Karriere macht und mit Brigade-Befehl Nr. 5 vom 4. April 1935 zum »Sturmhauptführer« der »Motorstandarte 78« ernannt wird. Das Eintrittsdatum läßt sich in diesem Falle nicht mehr ermitteln.

Karl Diehl tritt wahrscheinlich im Juli 1933 in das NSKK ein. Jedenfalls ist das einer handschriftlichen Notiz zum bereits erwähnten Fragebogen der Militärregierung zu entnehmen. 1947 gibt er auch zu Protokoll, daß er seit 1937 keine Veranstaltung des NSKK mehr besucht und sich »als ausgeschieden betrachtet«, aber zu Weihnachten 1941 nochmals 50 Reichsmark gespendet habe. Nach den verfügbaren Informationen ist er 1938 endgültig ausgetreten, und man darf vermuten, daß ihm dieser Schritt nach dem Tod des Vaters leichter gefallen ist.

Die Mitgliedschaft Karl Diehls, der im NSKK unter anderem als »Obertruppführer« fungiert, ist in engem Zusammenhang mit seinen motorsportlichen Neigungen und Leistungen zu sehen: Bis ins hohe Alter hinein ist er ein Autonarr geblieben. Im Juli 1934 nimmt er am Belastungsrennen »2000 km durch Deutschland« teil, dem zweiten seiner Art. 1088 Motorräder und 650 PKW aus dem In- und Ausland gehen an den Start. Die Route beginnt in Baden-Baden und führt über Freiburg, Ulm, München, Nürnberg, Leipzig, Berlin, Kassel, Dortmund, Köln, Frankfurt am Main und Karlsruhe zurück zum Ausgangsort. Karl Diehl und sein Beifahrer gehen mit einem BMW 315 an den Start. Am Ende des Rennens, bei dem rund um die Uhr gefahren wird und das fünf Todesopfer fordert, erhält Karl Diehl auf dem BMW-Sportwagen für seine hervorragende sportliche Leistung eine goldene Medaille. Offenbar ist das Rennen gemeinsam vom NSKK und vom Automobilclub von Deutschland organisiert worden.

Das Jahr, in dem Karl Diehl diesen motorsportlichen Erfolg feiert, sieht auch eine beträchtliche Ausweitung des väterlichen Geschäfts: Nachdem die Auswirkungen der Weltwirtschaftskrise die Firma Diehl mit voller Wucht getroffen hatten, ging es 1933 »sofort wieder aufwärts«, und die Belegschaft wuchs auf 130 Mann an, wie Georg Hutzler sich erinnert. Im Verlauf des Jahres 1934 mietet Heinrich Diehl einen Teil des Komplexes der Spielzeugfabrik Bing AG, die Ende August 1932 in Konkurs gegan-

Die Ära Heinrich Diehl 49

»Hervorragende sportliche Leistung«: Karl Diehl am Steuer eines BMW 315 beim Motorwettbewerb »2000 km durch Deutschland«, 1934.

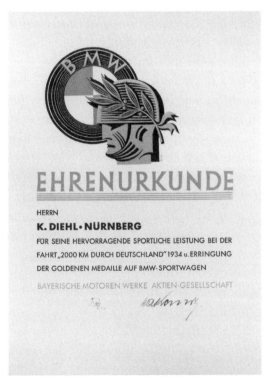

gen ist. Vermutlich 1935 folgt die Anmietung des sogenannten H-Baus, und im Mai 1937 erwirbt Heinrich Diehl das gesamte Fabrikgelände von rund 40 000 Quadratmetern an der Stephanstraße, Vordere Cramergasse. Hier entsteht das Werk 2. Damit unterhält die Firma neben dem Stammwerk am Nordostbahnhof nun eine Metallbearbeitungswerkstätte, die von der wirtschaftlich günstigen Vorlieferung von Werk 1 profitiert und »wachsende Ausdehnung« gewinnt.

So heißt es in einem Gutachten, das zwei Jahre nach Kriegsende, am 2. Mai 1947, durch den vereidigten Buchprüfer und Wirtschaftstreuhänder Karl Eigenhüller vorgelegt wird und als Quelle für die Firmengeschichte jener Jahre von hoher Bedeutung ist. Der Gutachter war auf Vorschlag des Vorsitzenden des Allgemeinen Deutschen Gewerkschaftsbundes von Karl Diehl beauftragt worden, Auskunft über eine Nutznießerschaft im Sinne des »Gesetzes zur Befreiung von Nationalsozialismus und Militarismus«, also eine Antwort auf die Frage zu geben, ob die Firma Diehl ihre im Dritten Reich erzielten Gewinne in erster Linie oder gar ausschließlich Verbindungen, Parteizugehörigkeit oder »Ausnützung von politischen Beziehungen« zu verdanken hatte. Die Antwort des Gutachters ist eindeutig und bestätigt den allgemeinen Eindruck: Die Gewinne seit 1934/35 gehen vor allem auf das Konto von Leistungsfähigkeit, Flexibilität und Präzision des mittelständischen Unternehmens. Gleichzeitig profitiert dieses unmittelbar von der zunächst verdeckt, spätestens seit dem 16. März 1935, dem Tag der Wiedereinführung der allgemeinen Wehrpflicht, offen betriebenen Aufrüstung Deutschlands durch die Regierung Hitler. Gehen 1933 220 Millionen Reichsmark in die Rüstung, sind es 1935 schon 3,5 Milliarden.

Die Fertigung im Werk 2 wird offenbar bereits im November 1934 aufgenommen. Mit der Ausdehnung der Fertigungsstätten erfährt auch die Produktpalette eine erhebliche Erweiterung. Neben Armaturteilen, zu denen die Preßteile aus Werk 1 im neuen Werk weiterverarbeitet werden, wird jetzt die Produktion von Munitionsteilen wiederaufgenommen.

Wann genau die Produktion von Munitionsteilen, insbesondere für Zünder, bei Diehl beginnt, läßt sich nicht mit letzter Sicherheit sagen. Hutzler datiert die allmähliche Umstellung »auf Rüstung« auf das Jahresende 1934. Fest steht, daß Oberingenieur Eilers vom Heereswaffenamt im Verlauf des Jahres 1935 von der Munitionsbeschaffungsabteilung des Reichswehrministeriums und vom Rüstungskommando Nürnberg beauftragt wird, festzustellen, ob die Firma Diehl technisch zur Zünderfertigung in der Lage sei. Nachdem diese Frage bejaht worden ist, weil den Experten vom Waffenamt die hohe technische Leistungsfähigkeit der Firma auffällt, beginnt Diehl mit der Produktion von 2-Zentimeter-Teilen für Kopfzünder, Schlagzündschrauben C 12 und C 13, Stahlkartuschhülsen 10,5-Zentimeter und vor allem dem Aufschlagzünder AZ 23 aus Messing. 1936 sind bereits 300 Mitarbeiter in der Munitionsproduktion tätig, und in einem nach dem Zweiten Weltkrieg durch die Firma in Auftrag gegebenen Gutachten stellt der Ex-General Heydenreich fest, daß die Firma »nicht nur völlig einwandfreie Zünder, sondern auch in erstaunlich hohen Stückzahlen« habe liefern können. Deshalb habe er sich entschlossen, neben Spezialfirmen auch die Firma Heinrich Diehl mit der Fertigung der Thielschen Uhrwerkzeitzünder zu beauftragen, die vermutlich im Laufe des Jahres 1941 aufgenommen wird.

Mit der Errichtung des neuen Werks beginnt auch die Unternehmerkarriere Karl Diehls. Die Leitung des Werks 2 liegt von Anfang an bei ihm, und folglich hat der Juniorchef auch entscheidenden Anteil am schnellen Wachstum des Unternehmens seit 1934. Daß die Firma in diesen Jahren »grosse Staatsaufträge« verbuchen kann, die der Ge-

Die
industriellen
Anfänge:
Werk 1.

senkpresserei mit der Bearbeitung gegossener und gepreßter Teile neue Impulse geben, geht wesentlich auf die »straffe, energische und vor allem bewegliche Leitung durch Herrn Dipl.Ing. Karl Diehl« zurück, wie es nach dem Krieg in dem bereits zitierten Gutachten Heydenreichs heißt.

Kein Zufall, daß Karl Diehl jetzt auch in den diversen Interessenverbänden aktiv wird, soweit sich von solchen sprechen läßt. Am 1. August 1935 tritt er der Deutschen Arbeitsfront (DAF) bei, die nach der Zerschlagung der Gewerkschaften durch die Nationalsozialisten am 10. Mai 1933 gegründet worden ist. Praktisch handelt es sich dabei um eine Organisation mit Zwangsmitgliedschaft, in der, wie es in einem Aufruf vom 27. November 1933 heißt, alle »im Arbeitsleben stehenden Menschen ohne Unterschied ihrer wirtschaftlichen und sozialen Stellung«, also Arbeiter, Angestellte und eben auch Unternehmer gleichermaßen, zusammengefaßt sind. Sechs Wochen später, Mitte September 1935, wird Karl Diehl in den Verband Deutscher Ingenieure (VDI) und 1937 dann mit diesem korporativ in den Nationalsozialistischen Bund Deutscher Technik (NSBDT) aufgenommen.

Allerdings läßt das zunehmende Engagement Karl Diehls im Unternehmen nicht den Umkehrschluß auf einen nachlassenden Einfluß des Seniors zu, im Gegenteil: Der Kampf gegen den Versuch des Messing-Syndikats, die Preispolitik der Firma zu bestimmen, wird noch maßgeblich von Heinrich Diehl geführt; erst Anfang 1936 gibt er nach und tritt der Wirtschaftlichen Vereinigung Deutscher Messingwerke (WVDM) bei. Damit ist auch das Nürnberger Familienunternehmen grundsätzlich verpflichtet, seine Produkte zu den höheren »Kartellpreisen« zu verkaufen und mithin auf die »Aussenseiterpreise« zu verzichten, die über Jahre etwa zehn bis fünfzehn Prozent unter den Verbandspreisen gelegen haben. Immerhin ist es Diehl gelungen, auch nach dem erzwungenen Beitritt seiner Firma zur WVDM noch einige Großabnehmer zu niedrigeren Preisen zu beliefern. Das wiederum deutet darauf hin, wie es in dem Gutachten Eigenhüllers vom Mai 1947 heißt, »daß Diehl technisch und wirtschaftlich schon damals ausserordentlich leistungsfähig gewesen sein muß«.

Und auch bei der Ausweitung der Produktionskapazitäten in den Jahren 1936 bis 1938 gibt Heinrich Diehl noch den Ton an. Weil die Produktion von Leichtmetallhalbfabrikaten, kaum daß sie 1936 auf der 1 200-Tonnen-Presse im Werk 1 aufgenommen worden ist, schon an ihre Grenzen stößt, entschließt er sich zur Anschaffung einer 3 500-Tonnen-Presse. Damit setzt er sich gegen seinen Sohn und den Diplomingenieur Ernst Reindler durch, den früheren Mitschüler und Corpsbruder Karl Diehls, der im April 1931 in das Unternehmen eingetreten ist und dort fortan eine wichtige Rolle spielt. Anders als die beiden ist der Seniorchef der Überzeugung, die Riesenpresse mit ausreichendem Material versorgen zu können. Die Leichtmetall-Strangpreßhalle soll auf einem Gelände neben dem Werk 1 errichtet werden; Baubeginn ist im Herbst 1936.

Nachdem es wegen der Verlegung einer Ausweichschleife für die Straßenbahn zu Meinungsverschiedenheiten mit der Stadt Nürnberg gekommen ist, entscheidet sich Heinrich Diehl 1937, den Bau zu stoppen, obgleich die Hallenfundamente sowie zwei Drittel des Pressenfundaments bereits fertiggestellt sind. Bei der Suche nach einem neuen, geeigneten Gelände wird er schließlich in der Gemarkung »In der alten Hut« der Gemeinde Röthenbach an der Pegnitz fündig, wo in den folgenden Monaten und Jahren ein Halbzeugwerk nach modernen Gesichtspunkten mit Gießerei, Strangpresserei und Gesenkschmiede entsteht: das Werk 3. Dort geht auch die neue Strangpressenhalle Mitte des Jahres 1938 in Betrieb, und am 6. Juni 1938 erfolgt die erste Pressung auf der 3 500-Tonnen-Presse, der größten ihrer Art in Deutschland.

Brotzeit in Werk 1: Ernst Reindler (Mitte), Mitschüler, Corpsbruder und Mitarbeiter Karl Diehls.

Die anfänglichen Bedenken Karl Diehls gegen die Investitionen sind bald ausgeräumt, nimmt das Unternehmen in den kommenden Monaten und Jahren doch einen kometenhaften Aufstieg: Bereits 1938 beginnen die Planungen für Werk 4 in Röthenbach. Sie sehen 8 400 Quadratmeter für die Massenfertigung von Munition sowie von Kleinteilen vor, zum Beispiel Lagerschalen für die Reichsbahn. Der Erfolg spiegelt sich auch in den Umsatzzahlen wider. Nach einer Erklärung aus dem Jahr 1942 steigt der Gesamtumsatz von 7,57 Millionen Reichsmark im Jahr 1936 auf 17,56 Millionen im Jahr darauf, um 1938 bereits bei 29,29 Millionen Reichsmark zu liegen. Entsprechend stellt sich, wie bei anderen vergleichbaren Unternehmen, die Gewinnentwicklung dar: Von 899 000 über 1,6 Millionen auf ansehnliche 5,2 Millionen Reichsmark innerhalb von nur zwei Jahren. 1938 hat das Unternehmen bereits 2 800 Beschäftigte.

Diese spektakuläre Entwicklung läßt sich nicht nur mit den unternehmerischen Fähigkeiten und Instinkten der Nürnberger Unternehmer erklären. Vielmehr zieht auch das Metall-, Guß- und Preßwerk Heinrich Diehl Vorteile aus der neuen Prioritätensetzung in Politik und Wirtschaft: Wenn auch vorerst nur für die wenigsten erkennbar ist, daß die ersten Aktionen der nationalsozialistischen Außen-, Rüstungs- und Wirtschaftspolitik immer auch Schritte sind auf dem Weg zum eigentlichen Ziel, der Eroberung deutschen »Lebensraums« im Zuge eines rassenideologischen Vernichtungskrieges, kann es doch an der radikalen Gangart der deutschen Politik keinen Zweifel geben. Ermutigt durch die Schwäche der Herausgeforderten und Betroffenen und bestärkt durch ein von Anfang an selbstbewußtes Auftreten, etwa beim Rückzug aus dem Völkerbund und von der Abrüstungskonferenz im Oktober 1933, kann die deutsche Außenpolitik einen Erfolg nach dem anderen verbuchen: Der Wiedereinführung der allgemeinen Wehrpflicht 1935 folgen, ein Jahr darauf, die Wiederbesetzung der entmilitarisierten Zonen des Rheinlandes durch deutsche Truppen, die militärische und politische Einverleibung Österreichs im März 1938 sowie, ein halbes Jahr später und mit mittelbarer Unterstützung Großbritanniens, Frankreichs und Italiens, der Anschluß der sudetendeutschen Gebiete der Tschechoslowakei.

Zu diesem Zeitpunkt, im Oktober 1938, steht die deutsche Industrie zu weiten Teilen bereits in den Diensten dieser Expansionspolitik. Am 9. September 1936 ist auf dem Nürnberger Reichsparteitag der NSDAP ein »Vierjahresplan« verkündet worden. Nach außen dient er der Vorbereitung der Bevölkerung auf zum Teil schmerzliche Engpässe beim Konsum oder beim Wohnungsbau; tatsächlich wird mit ihm die deutsche Industrie in die Pflicht genommen, ihre Produktion stärker noch als zuvor auf die Kriegsvorbereitung auszurichten. Die Machthaber wissen, daß sie mit ihren zum Teil planwirtschaftlich angelegten Methoden beim Unternehmertum nicht nur auf Gegenliebe stoßen, aber sie haben, wie sie meinen, ein attraktives Angebot zu machen: »Wenn wir siegen«, erklärt Hermann Göring, jetzt auch »Beauftragter für den Vierjahresplan«, am 17. Dezember 1936 vor führenden Vertretern der deutschen Wirtschaft und Industrie, »wird die Wirtschaft genug entschädigt werden ... Ich verlange, daß Sie alles tun und beweisen, daß Ihnen ein Teil des Volksvermögens anvertraut ist. Ob sich in jedem Fall die Neuanlagen abschreiben lassen, ist völlig gleichgültig. Wir spielen jetzt um den höchsten Einsatz. Was würde sich wohl mehr lohnen als Aufträge für die Aufrüstung?«

Nimmt man alle kriegsrelevanten Wirtschaftszweige zusammen, fließen in den kommenden drei Jahren, also bis zum Ausbruch des europäischen Krieges, etwa sechzig Prozent aller Ausgaben in diesen Bereich, und natürlich profitiert auch das auf diesem Gebiet erfahrene Nürnberger Unternehmen von der Entwicklung. Das festzustellen heißt allerdings nicht, eine Aussage über das Verhältnis Heinrich Diehls zum Nationalsozialismus und der ihn tragenden Ideologie zu treffen. Daß auch seine Firma von den außen- und wirtschaftspolitischen Maßnahmen der neuen Machthaber profitiert, steht außer Frage und kommt ihm gewiß nicht ungelegen. Andererseits ist er zu sehr, gewissermaßen mit Herz und Seele, Entrepreneur, um sich mit den zusehends dirigistischen Maßnahmen und Eingriffen des Staates, wie insbesondere der Rohstoffbewirtschaftung, in seine unternehmerische Tätigkeit anfreunden zu können. Die noch wesentlich tiefergreifenden Maßnahmen der Kriegswirtschaft sollte er nicht mehr erleben.

Im übrigen nimmt er sich, soweit das möglich ist und seine Geschäfte nicht gefährdet werden, bei der Umsetzung mancher Anordnungen und Vorgaben Zeit. So erläßt er erst zum 1. Februar 1938, etwa vier Jahre nachdem das Gesetz »zur Ordnung der nationalen Arbeit« in Kraft getreten ist, eine entsprechende Betriebsordnung. Danach bilden »Führer und Gefolgschaft des Betriebes« gemeinsam eine »nationalsozialistische Betriebsgemeinschaft«. »Gefolgschaftsmitglied« kann nur sein, wer Mitglied der DAF ist; das Arbeitsverhältnis kann ohne Einhaltung der Kündigungsfrist gelöst werden; Kündigungsgrund kann, neben »Trunkenheit« und anderem Fehlverhalten, auch »nationale Unzuverlässigkeit« sein; die Arbeitszeit wird auf 48 Stunden festgelegt.

Auch hier gilt, daß der schließlich unumgängliche Erlaß einer Betriebsordnung keine Rückschlüsse auf das Betriebsklima oder die Unternehmenskultur zuläßt. Vielmehr gehört es zu den Stärken des Familienunternehmens bis in die Gegenwart, seine Mitarbeiter über viele Jahre, nicht selten ein Arbeitsleben lang, an sich binden zu können. Das gilt auch schon für die dreißiger Jahre, als Heinrich Diehl einige Männer in die Firma holt, die ihr über alle Zeitläufte hinweg treu bleiben werden. So treten 1936/ 37 Friedrich Schöppel als Leiter des Metalleinkaufs und des Halbzeugverkaufs, Richard Spellge als technischer Betriebsleiter des Werks 2 für die Zünderfertigung und Friedrich Schnellinger als Leiter der Betriebs- und Finanzbuchhaltung in die Firma ein. Schnellinger, der Älteste von ihnen, bleibt der Firma bis Ende 1955 treu, Schöppel und Spellge bis 1964 beziehungsweise 1969.

Das spricht zugleich für das hohe Maß an Kontinuität in der Führung des Unternehmens, die möglich wird, weil Karl Diehl, als er beim unerwartet frühen Tod des Vaters die Leitung des Ganzen übernimmt, bestens auf diese Aufgabe vorbereitet ist. Zur Vorbereitung auf die künftige Leitung des Geschäfts gehört im weitesten Sinne auch eine Studienreise in die Vereinigten Staaten von Amerika. Auf dem Weg dorthin besucht Karl Diehl zunächst mit der Wirtschaftsgruppe Nichteisenmetall-Industrie am 7. und 8. Oktober 1937 die Weltausstellung in Paris, um sich einen Tag später in Cherbourg auf dem Dampfer »Europa« nach New York einzuschiffen. Auf dem Programm des insgesamt dreizehntägigen USA-Aufenthalts stehen neben Ausflügen und einem Empfang beim deutschen Botschafter in Washington, Hans Heinrich Dieckhoff, diverse Fabrikbesichtigungen, unter anderem bei den Ford-Werken. Während der Reise wird Karl Diehl Mitglied in der *American Society for Metals* in Cleveland, Ohio.

Als er am 27. Oktober auf der »Bremen« mit »sehr guten Kontakten im Gepäck« die Rückreise antritt, ist er tief beeindruckt, und an dieser Einstellung hat sich zeitlebens nichts geändert. Auch an seinem Lebensabend ist Karl Diehl davon überzeugt, daß die Vereinigten Staaten, mit denen er über die Jahrzehnte vielfältige geschäftliche Verbindungen geknüpft hat, für Deutschland »kein Vorbild« sein könnten; dafür sei der »Vorsprung einfach zu groß«. Im übrigen könnten amerikanische Partner und Konkurrenten es nicht zulassen, in einer Zusammenarbeit mit deutschen Firmen, gerade auf dem Gebiet der Hochtechnologie, nicht die führende Rolle zu spielen.

Die Horizonterweiterung seiner Amerikareise kommt ihm ebenso wie seine inzwischen beachtliche praktische Erfahrung zugute, als er im Herbst des Jahres 1938 unerwartet früh die Führung der enorm expandierenden väterlichen Firma übernehmen muß: Nachdem Heinrich Diehl schon seit einigen Jahren wegen einer bösartigen Erkrankung des Lymphdrüsensystems in Behandlung ist, greift diese im Frühjahr 1938 auf den Magen über. Die zurückhaltend gestalteten Feiern zu seinem sechzigsten Geburtstag sind bereits von seinem schweren Leiden überschattet, und nachdem erstmals Ende Oktober eine bedrohliche Magenblutung aufgetreten ist, stirbt Heinrich Diehl am 7. November 1938 an einem Magensarkom. Drei Tage später findet auf Wunsch des Verstorbenen »in aller Stille« die Einäscherung statt.

Mit dem Tod übernimmt Karl Diehl nicht nur das eine oder andere Privileg, wie zum Beispiel die väterliche Jagd, so daß er Mitglied im Reichsbund der Deutschen Jägerschaft wird und kurz nach dem Tod des Vaters den Inländer-Jahresjagdschein erhält, der im ganzen Reich gültig ist. Vielmehr wird er auch Haupterbe des väterlichen Vermögens: Der Erbschein bestimmt Grete Diehl zu einem Viertel und Karl Diehl zu drei Vierteln als gesetzliche Erben Heinrich Diehls. Das Finanzamt bescheinigt ihm am 10. März 1942 eine Erbmasse von 4,3 Millionen Reichsmark, die allerdings lediglich den »fortgeschriebenen Realwert« ohne stille Reserven und ohne den Geschäftswert des Unternehmens umfaßt. Insgesamt, so das Ergebnis des Eigenhüller-Gutachtens vom Mai 1947, erbt Karl Diehl ein Gesamtvermögen von rund 13,5 Millionen Reichsmark. Bereits am Tag nach dem Tod des Vaters fungiert er als selbständiger Geschäfts- und »Betriebsführer« des Metall-, Guß- und Preßwerks Heinrich Diehl.

Durchbruch und Zusammenbruch

Ein Rüstungsunternehmen in Grossdeutschland 1938–1947

Die Herausforderung ist enorm. Mit dem Tod des Vaters findet sich der erst einunddreißigjährige Karl Diehl zwar nicht unvorbereitet, aber doch unerwartet früh in der Rolle eines selbständigen Unternehmers, dem die Verantwortung für eine stürmisch expandierende Firma und einige tausend Mitarbeiter obliegt. Alles spricht dafür, daß der Jungunternehmer die Aufgabe sogleich im Bewußtsein der großen Verantwortung angenommen und die unternehmerische Arbeit im Sinne seines Vaters fortgesetzt hat. Daß die politischen und wirtschaftlichen Rahmenbedingungen des inzwischen innerlich und äußerlich gefestigten Dritten Reichs für ein Unternehmen dieses Zuschnitts und dieser Größenordnung sowohl eine große Chance als auch ein beträchtliches Risiko bedeuten, ist ihm bewußt. Und so nutzt er einerseits die hohe Abhängigkeit der auf Expansions- und Kriegskurs befindlichen Machthaber von der metallverarbeitenden und Rüstungsindustrie, um zunächst den Erfolgskurs des Unternehmens bis in den Krieg hinein fortzusetzen und dann 1944/45, als sich die deutsche Katastrophe abzeichnet, an unternehmerischer Substanz zu retten, was zu retten ist, und mit der Weichenstellung für die Zeit nach Beendigung des Krieges zu beginnen.

Andererseits erkennt Karl Diehl, wie sein Vater Heinrich mit Leib und Seele Unternehmer, sehr wohl, welche

Risiken die zunehmend planwirtschaftlichen Strukturen in Deutschland gerade für ein mittelständisches Unternehmen wie das seine mit sich bringen können. Und so lassen sich schon während der letzten Monate, in denen die Geschäftsführung formal noch bei Heinrich Diehl liegt, bemerkenswerte Versuche erkennen, die Unabhängigkeit der Firma innerhalb des NS-Staates, manchmal auch gegen dessen als unsinnig erkannte Vorhaben, zu behaupten.

Dazu ist auch die Ernennung Karl Diehls zum »Wehrwirtschaftsführer« am 20. April 1938 zu zählen. Zu diesem Zeitpunkt hat der Titel eine andere Bedeutung und einen anderen Stellenwert als nach Kriegsbeginn, als er mehr und mehr zur Auszeichnung besonderer Leistungen für die Kriegswirtschaft benutzt wird. Ursprünglich ist die Position eines Wehrwirtschaftsführers ersonnen worden, um sich gegen die Gleichschaltungstendenzen der Industrie durch Gauleiter und Gauwirtschaftsberater wehren zu können. Das hat jedenfalls General Georg Thomas nach dem Krieg zu Protokoll gegeben. Als Chef des Wehrwirtschaftsstabes hatte sich Thomas 1935 entschlossen, »einen ausgesuchten Kreis von politisch vernünftigen und überlegten Männern an meine Dienststelle zu binden«.

Daher ist der vergleichsweise frühe Zeitpunkt der Ernennung Karl Diehls zum Wehrwirtschaftsführer nicht ohne Bedeutung, läßt er doch einen wichtigen Rückschluß auf die Einstellung des Nürberger Unternehmens zur wirtschaftspolitischen Ideologie der Nazis zu. Zu ähnlichen, gut begründeten Schlußfolgerungen ist man jüngst im Falle des in vieler Hinsicht vergleichbaren Lübecker mittelständischen Unternehmers Heinrich Dräger und des Drägerwerks gekommen. Daß im übrigen nicht der noch amtierende Chef des Unternehmens, Heinrich Diehl, im April 1938 zum Wehrwirtschaftsführer ernannt worden ist, hat wohl weniger mit gegensätzlichen Auffassungen der beiden in dieser Frage als vielmehr mit dem Gesundheitszustand des Seniors zu tun.

Auf eigenen Füßen: Seit 1935 leitet Karl Diehl Werk 2.

Noch die »Nr. 2«: Werksausweis für Karl Diehl, 12. November 1937.

Der dürfte auch dafür verantwortlich sein, daß nicht Heinrich, sondern Karl Diehl am 2. Juni 1938 der Aufforderung entgegentritt, sich an der Zeichnung von Aktien zur Kapitalerhöhung der Reichswerke Aktiengesellschaft für Erzbergbau und Eisenhütten »Hermann Göring«, Berlin zu beteiligen. Vorgesehen ist ein Betrag von 50 Reichsmark pro Belegschaftsmitglied, und es wird erwartet, daß alle Mitglieder »ohne Ausnahme« zeichnen. Auf dem Schreiben, mit dem er durch die Wirtschaftsgruppe Eisen-, Stahl- und Blechwarenindustrie zur Zeichnung aufgefordert wird, berechnet Karl Diehl, daß er gut 90 000 Reichsmark investieren müsse, lehnt eine Beteiligung in vollem Umfang ab und begründet das mit den großen, staatlicherseits gewünschten Investitionen und Betriebsverlagerungen, die die Aufnahme eines weiteren Bankkredits nicht zuließen. Als Geste bietet er eine Beteiligung von 10 000 Reichsmark an. Die errechnete Summe würde übrigens einen Mitarbeiterstand von 1800 entsprechen, der deutlich unter der zu ermittelnden Gesamtbelegschaft des Unternehmens liegt. Denkbar, daß Karl Diehl lediglich für das Werk 2 Stellung bezieht, dessen Leitung ja bei ihm liegt.

Anfang des Jahres 1939 macht Karl Diehl im eigenen Unternehmen nähere und, wie es aussieht, länger anhaltende Bekanntschaft mit den Prinzipien einer bürokratischen Planwirtschaft: Am 9. Januar beginnt das Oberkommando der Wehrmacht, vertreten durch den Wehrwirtschaftsprüfer Schneider, mit einer Untersuchung der »Betriebsergebnisse aus Wehrmachtsaufträgen und der kalkulatorischen Zuschlagsätze«. Grundlage sind die »Leitsätze« beziehungsweise die »Verordnung über die Preisermittlung auf Grund der Selbstkosten bei Leistungen für öffentliche Auftraggeber«. Hinter der Prüfung steckt nichts anderes als die Frage, ob der betriebswirtschaftliche Gewinn, in diesem Falle der Firma Diehl, mit dieser und anderen Vorschriften in Einklang steht. Im Ergebnis handelt es sich dabei um eine Art Dauerprüfung auf Basis immer neuer Verordnungen und widersprüchlicher Berechnungen.

Der Vorgang ist schon deshalb von Interesse, weil eine Reihe handschriftlicher Notizen Karl Diehls zu der Betriebsprüfung einiges über sein Selbstverständnis als Unternehmer auch in dieser Zeit aussagen. So kommentiert er die Bestimmung »tarifliche Stücklohn- und sonstige Lohnzuschläge dürfen nicht durch Erhöhung der Fertigungszeiten (Zeitzuschläge), sondern müssen in den Lohnsätzen verrechnet werden. Der tatsächliche Zeit- und Lohnaufwand ist durch Belege nachzuweisen« mit der lakonischen Frage: »Arbeiten 2 Arbeiter gleich rasch?« Und im November 1941 notiert er, offenbar als Argumentationshilfe für die Begründung seiner betrieblichen Gewinne, folgende Stichworte: »Wirtschaftl. Unternehmerleistung/ Investitionen ohne Amtshilfe/Entwicklungsarbeiten … Bisherige Preisgebarung (Moral)/Bestätigung, daß wir immer Munition zu den niedrigsten Preisen (führend auf Gebiet der Preise) angeboten u. geliefert haben … Erzielte Gewinne ausschließlich z. Anlagenausbau benutzt. Anlagen die jetzt Existenzberechtigung erweisen … Durch Abführung Schwächung eines gesunden entwicklungsfreudigen und dringendsten Bedarf deckenden Betriebes. Beeinträchtigung des vorhandenen Unternehmergeistes!«

Insgesamt hat die Überwachung der Preisbildung, die im Herbst 1936 mit der Verkündung des »Vierjahresplanes« beginnt, Unternehmen von der Größe und marktwirtschaftlichen Positionierung Diehls sowohl Nach- als auch Vorteile beschert: Einerseits zwingt sie die Firmen zu aufwendigen Selbstkostenermittlungen. Andererseits eröffnet der zur Überwachung installierte aufwendige bürokratische Apparat auch »bemerkenswerte unternehmerische Handlungsspielräume gegenüber dem Staat«, wie Bernhard Lorentz für das Drägerwerk nachgewiesen hat. Die kontinuierliche Auseinandersetzung bei Preis- und Wirtschaftsprüfungen bietet den Unternehmern nämlich unter anderem auch die Möglichkeit, gezielt und nachdrücklich Forderungen zu erheben, zumal dann, wenn die staatlichen Instanzen bei der Vorbereitung und Durchführung ihrer Kriegs- und Eroberungszüge auf deren Produkte angewiesen sind.

So läßt Karl Diehl bereits Anfang Dezember 1938 dem Heereswaffenamt eine ganze Liste notwendiger beziehungsweise geplanter Investitionen zukommen. Zu diesen zählen unter anderem eine Werkssiedlung mit etwa 200 Wohnungen, der Bau einer neuen Stromleitung, eine Verbesserung der Eisenbahnanbindung, ein Anschluß an die Reichsautobahn oder auch ein verbesserter Vorortverkehr zur Optimierung der Postzustellung. Natürlich weiß der Unternehmer, daß derartige Investitionen allenfalls zu Teilen durch staatliche Subventionen beziehungsweise Vorschüsse unterstützt, im wesentlichen aber nur durch eigene Investitionen zu realisieren sind; und für die wiederum sind eine ordentliche betriebswirtschaftliche Bilanz und ein solider Gewinn unabdingbare Voraussetzungen.

Auch in anderer Hinsicht stehen Vor- und Nachteile nationalsozialistischer Außen-, Wirtschafts- und Kriegspolitik im Falle einer »reinen Rüstungsfirma«, wie Karl Diehl Anfang November 1939 formuliert, nahe beieinander. Zu diesem Zeitpunkt, also zwei Monate nach dem deutschen Überfall auf Polen und dem Beginn des europäischen Krieges, hält sich der Nürnberger Unternehmer zu einer Reihe von Gesprächen in Berlin auf, bringt erstmals den großen Mangel an Facharbeitern zur Sprache und knüpft daran entsprechende Forderungen. Hier beginnt jenes Kapitel der Unternehmensgeschichte, das aufs engste mit dem Thema »Zwangsarbeit«, also mit der Beschäftigung ausländischer Zivilarbeiter, Kriegsgefangener und Häftlinge, verbunden ist.

Ob und in welchem Maße eine weitere bemerkenswerte Episode dieser Zeit durch die »Wehrwirtschaftsprüfung« und andere Maßnahmen der NS-Bürokratie ausge-

Der Unternehmer und seine Familie: Heinrich Diehl mit Frau Margarete und Sohn Karl, Anfang der dreißiger Jahre.

löst worden ist, läßt sich nicht mehr feststellen: Jedenfalls nehmen Ende August 1939 die Unternehmensberater der Gesellschaft für Wirtschaftsberatung Dr. Horst und Schlindwein aus Berlin ihre Tätigkeit in der Stephanstraße auf. Sie untersuchen die Arbeitsabläufe in verschiedenen Abteilungen und schlagen eine Reihe von Veränderungen vor, wie zum Beispiel die Einführung des »Leistungslohnes« in der Werkskontrolle. Ende April/Anfang Mai 1940 wird die Arbeit der Unternehmensberater für eine Zwischenbilanz unterbrochen, dann allerdings nicht wiederaufgenommen, weil sie bezeichnenderweise auf erhebliche betriebsinterne Widerstände stößt. Aber auch ohne Beratung kann die Firma Diehl mit soliden Bilanzen abschließen: Nach einer Auflistung vom September 1940 hat das Unternehmen 1939 einen Umsatz von beinahe 29 Millionen Reichsmark erwirtschaftet und insgesamt 4339 Mitarbeiter beschäftigt.

Seit dem Tod Heinrich Diehls gehört die Firma der Erbengemeinschaft Karl und Grete Diehl, denen der Unternehmensgewinn des Jahres 1939 in Höhe von rund 2,1 Millionen Reichsmark nach Steuern als Einkommen angerechnet wird. In dieser Zeit wird die Firma als offene Handelsgesellschaft (OHG) geführt. Erst am 14. Dezember 1939 erfolgt nach einigen Verzögerungen der Eintrag des »Metall-, Guß- und Preßwerks Heinrich Diehl« als »Gesellschaft mit beschränkter Haftung« (GmbH) ins Handelsregister der Stadt Nürnberg (HR B 429). Vom 1. Januar 1940 an ist die Gründung steuerlich wirksam; erster und alleiniger Geschäftsführer ist Carl (sic!) Diehl; Margarete Diehl hat Einzelprokura. Karl Diehls Einkommen aus Kapitalerträgen schwankt bis 1945 zwischen 300000 und 1,2 Millionen Reichsmark; sein Lohneinkommen liegt bis Kriegsende fast konstant bei 112000 Reichsmark.

Seine Tätigkeit als Geschäfts- beziehungsweise »Betriebsführer eines k[riegswichtigen] Betriebes« bringt es mit sich, daß Karl Diehl dort »unabkömmlich« ist. So heißt es in den Unterlagen, die er beim Abschluß einer Lebensversicherung Mitte Dezember 1940 ausfüllt. Die Versicherung über 50 000 Reichsmark mit einer Laufzeit von zwanzig Jahren tritt rückwirkend zum 1. November in Kraft und begünstigt die Firma Diehl, »unter Vorbehalt des Widerrufs im Einvernehmen mit der Firma«, die auch die Beiträge zahlt. Zwar ist Karl Diehl wiederholt vom Wehrbezirkskommando Nürnberg gemustert und als »tauglich« eingestuft worden, doch wird er, wegen der besagten Unabkömmlichkeit, der Ersatz-Reserve I zugeteilt.

Daß er wegen seiner Geschäftsführertätigkeit nicht eingezogen wird, kommt Karl Diehl auch deshalb gelegen, weil sein Privatleben eine neue Richtung nimmt. Seit seiner Rückkehr aus München nach Nürnberg hat er bei den Eltern in der Äußeren Bayreuther Straße 138 gewohnt. Am 1. Mai 1939 mietet er für monatlich 300 Reichsmark die zweite Etage des Hauses Ernst-vom-Rath-Allee 26 mit Herren-, Speise-, Musik-, Wohn-, Fremden-, Kinder-, Schlaf-, Mädchen- und Bügelzimmer sowie Küche, Badezimmer und zwei Toiletten. Für über 45 000 Reichsmark läßt er sie komplett renovieren und stattet sie unter anderem mit einem Kühlschrank aus. Im Januar 1941 wird das Haus von einer Firma gekauft, die »Eigenbedarf« anmeldet. Mit Hilfe seines Rechtsbeistandes, Justizrat Josef Müller, vermutlich der »Ochsensepp«, und mit dem Argument, »er habe ein Interesse daran, die Wohnung zu behalten, da er im Laufe des Jahres heiraten wolle«, erwirkt Karl Diehl einen Vergleich. Danach darf er die Wohnung bis zum Abschluß der Kampfhandlungen in Europa behalten. Aus der Hochzeit ist dann zwar nichts geworden, aber Karl Diehl hat einen guten Grund, der seinen Heiratsantrag wahrscheinlich erscheinen läßt. Mag sein, daß er deshalb die beglaubigte Kopie des Heiratseintrags seiner Eltern benötigt, die er sich Mitte Mai 1939 auf dem Standesamt in Nürnberg besorgt hat.

Zu der Zeit, als er nach dem frühen Tod des Vaters an die Spitze des Unternehmens tritt und auch sein privates Leben eine neue Richtung nimmt, deuten die Zeichen in Europa nach nicht einmal einem Vierteljahrhundert wieder auf Sturm: Seit dem März 1939 wird eine Auseinandersetzung zwischen Deutschland und den Westmächten immer wahrscheinlicher. Die endgültige »Zerschlagung« der Tschechoslowakei, die am 15. März 1939 mit dem Einmarsch deutscher Truppen in Prag ihren Höhepunkt erreicht, aber auch diverse Initiativen des Dritten Reiches gegenüber Litauen, Polen und Rumänien veranlassen die britische Regierung, ein deutliches Zeichen zu setzen. Am 31. März 1939 garantieren Großbritannien und Frankreich zwar nicht die Grenzen, wohl aber die Unabhängigkeit Polens. Die folgenden Monate sind von einer Fülle diplomatischer Initiativen geprägt, bei denen die Sowjetunion eine zusehends wichtige Rolle spielt.

Daß es schließlich nicht zu einem Bündnis Moskaus mit London und Paris, sondern zu einem sowjetisch-deutschen Nichtangriffs- und Neutralitätsvertrag kommt, liegt unter anderem an dem gemeinsamen Interesse Hitlers und Stalins an einer grundlegenden Neuordnung der politischen und militärischen Verhältnisse in Nordost-, Ost- und Ostmitteleuropa, die in einem geheimen Zusatz zu ihrem Pakt fixiert wird. Und so beginnt mit dem Überfall zunächst Deutschlands, später auch der Sowjetunion auf Polen am 1. beziehungsweise 17. September 1939 ein neuer europäischer Krieg, der sich im Dezember 1941, mit dem Kriegseintritt der Vereinigten Staaten von Amerika gegen Japan und der deutschen Kriegserklärung an die USA, zum Zweiten Weltkrieg und zugleich zur größten Katastrophe der Geschichte ausweiten wird.

Daß am Ende die totale Niederlage und völlige Zerschlagung Deutschlands stehen wird, ist im Spätsommer 1939 nicht absehbar. Vorerst sieht es so aus, als würden die deutschen Armeen von einem Erfolg zum nächsten stürmen. Das gilt für die deutschen Feldzüge gegen Dänemark und Norwegen im April 1940, für den anschließenden Krieg gegen Belgien, die Niederlande und Frankreich, der am 22. Juni 1940 mit dem deutsch-französischen Waffenstillstand abgeschlossen wird, und es gilt nicht zuletzt für die Niederwerfung Jugoslawiens und Griechenlands, die im April 1941 beginnt und mehr oder minder nahtlos in den deutschen Überfall auf die Sowjetunion übergeht. Daß diesem Feldzug, der in den Morgenstunden des 22. Juni 1941 beginnt, ein rassenideologisch motivierter Vernichtungswille, insbesondere am europäischen Judentum, zugrunde liegt, ist anfangs für die Mehrzahl der in- und ausländischen Beobachter ebensowenig zu erkennen wie der strategische Befund, daß mit der Schlacht vor Moskau im Dezember 1941 die Wende des Krieges und der Anfang der deutschen Niederlage eingeleitet wird.

Für die deutsche Wirtschaft und Industrie hat die Serie politischer, vor allem aber militärischer Erfolge vom Frühjahr 1938 bis zum Winter 1941, die selbst viele Militärs anfänglich nicht für möglich gehalten haben, durchaus zwiespältige Folgen. Gewiß stellt sich zunächst jene »Entschädigung« ein, die Hermann Göring im Dezember 1936 für den Fall des Sieges vorausgesagt hatte. Allerdings macht sich für die Unternehmen sehr rasch auch die Kehrseite der Kriegswirtschaft bemerkbar. Denn es herrscht Mangel – an Rohstoffen wie an Arbeitskräften. Was die Rohstoffe angeht, versucht Karl Diehl durch die ihm angetragene Übernahme diverser Funktionen die zunehmend dramatische Entwicklung in diesem Bereich aufzufangen. Von 1940 bis 1944 ist er »Sparstoffkommissar« für den Wehrkreis XIII, zu dessen Aufgaben unter anderem die technische Beratung in Fragen des Werkstoffaustausches steht. Außerdem ist er Leiter des Arbeitsausschusses II b im Sonderausschuß M XVIII der Großzünderproduktion, und im Dezember 1940 erklärt er sich bereit, als Vertreter für Süddeutschland dem Arbeitskreis

4f für Vormaterialien aus Nichteisenmetallen und Harzstoffe in der Hauptgruppe 4 des Sonderausschusses »Waffen« als technischer Berater anzugehören. Im übrigen wirft die Vielzahl solcher Ausschüsse, Arbeitskreise, Gruppen etc. ein bezeichnendes Licht auf den hohen Stand der Bürokratisierung von Wirtschaft und Gesellschaft im Dritten Reich.

Das insgesamt noch größere Problem des Arbeitskräftemangels versucht die Firma Diehl wie alle anderen vergleichbaren Unternehmen in dieser Zeit zunächst durch massive Anwerbungen, dann durch Anforderungen ausländischer Arbeitskräfte zu lösen. Davon wird noch zu sprechen sein. Gleichzeitig setzt Karl Diehl auf das Anwerben und Anlernen junger Menschen, die noch nicht für den Kriegsdienst eingezogen werden können. Dahinter steckt eine weit über die zeitbedingten Notwendigkeiten hinausgehende Überzeugung, die für die Firma in ihrer einhundertjährigen Geschichte stets eine herausragende Bedeutung besessen hat, nämlich die Verpflichtung zur Lehrlingsausbildung. So gesehen, ist die Verleihung des Leistungsabzeichens für vorbildliche Berufserziehung durch den Leiter der DAF, Robert Ley, am 1. Mai 1940, die im Oktober 1942 wiederholt wird, nicht nur eine Quittung für ideologische Zuverlässigkeit.

Wie überhaupt arbeitspolitische Maßnahmen in dieser Zeit nicht schon deshalb als unsinnig oder bedenklich zu gelten haben, weil sie auf Anregungen staatlicher Institutionen zurückgehen. So läßt sich mit der Gründung einer »Übungsfirma« für den kaufmännischen Nachwuchs einerseits eine entsprechende Anregung beziehungsweise Aufforderung der DAF erfüllen, andererseits aber liegt der Gedanke ganz in der zitierten berufsbildenden Tradition der Firma und ist überdies eines der wenigen verbliebenen Mittel, um dem dramatischen Arbeitskräftemangel kurzfristig ein wenig gegenzusteuern und langfristig Mitarbeiter an die Firma zu binden. Kreisleiter Zimmermann wird

Investition in die Zukunft: Lehrlingsausbildung bei Diehl in den dreißiger Jahren.

wissen, warum er anläßlich der Verleihung des Leistungsabzeichens durch die DAF Karl Diehl »soziales Verständnis und die vorbildliche Haltung auf dem Gebiet der Lehrlingsausbildung« attestiert.

Und der solchermaßen Ausgezeichnete versichert bei dieser Gelegenheit, daß er »auch in Zukunft seine ganze Kraft für die nationalsozialistische Gestaltung und Ausrichtung des Werkes einsetzen wolle«. Es ist müßig zu spekulieren, ob und in welchem Maße Karl Diehl damit seiner innersten Überzeugung Ausdruck verleiht. Daß er lange Zeit von der Hochrüstungs- und dann auch Kriegspolitik der Machthaber profitiert, steht außer Frage; daß dem Vollblutentrepreneur die bürokratischen Strukturen nationalsozialistischer Planwirtschaft zuwiderlaufen, ist unübersehbar; daß Karl Diehl als einziger der anläßlich der Ehrung Versammelten keine Uniform, sondern Zivil trägt, fällt auf. »Ausser bei einigen motorsportlichen Veranstaltungen des NSKK in den Jahren 1933 bis 1938«, gibt Grete Diehl im Juli 1947 zu Protokoll, »ist mir nicht bekannt, daß mein Sohn Uniform getragen hat.« Allenfalls eine Mütze des Arbeitsdienstes setzt er gelegentlich auf.

Ähnliches gilt für das Parteiabzeichen: »Er legte es nur an, wenn er zu den Dienststellen befohlen war, und da mußte ich immer erst ein Abzeichen bei einem der Mitarbeiter von Herrn Diehl entlehnen.« Das hielt Anni Bischoff, die seit 1935 bei der Firma beschäftigt war, seit 1937 als Sekretärin Karl Diehls, Anfang Oktober 1945 in einer Erklärung fest. Das auch in anderer Hinsicht aufschlußreiche Dokument darf eine hohe Glaubwürdigkeit beanspruchen, weil es nicht angefordert worden ist, jedenfalls nicht von Karl Diehl, sondern seine Verfasserin ausdrücklich verfügt hat, daß es ihrem Chef erst nach ihrem Tode ausgehändigt werden dürfe.

Um die Ertragsentwicklung und vor allem das Unternehmen selbst nicht zu gefährden, meidet Karl Diehl jedwede Kollision mit der braunen Ideologie. Die *Werkszeitschrift der Betriebs-Gemeinschaft Metall- Guss- und Preßwerk Heinrich Diehl*, die von Oktober 1940 bis September 1943 in Zusammenarbeit mit dem Presseamt der DAF erscheint, sichert diese Linientreue öffentlich sichtbar nach außen ab. So trägt Karl Diehl, jedenfalls rhetorisch, die Ziele nationalsozialistischer Außenpolitik und Kriegführung weitgehend mit. »Wir wissen nicht«, schreibt er zu Weihnachten 1941 in der Werkszeitschrift, »wann der Kampf gegen Bolschewismus, Plutokratie und Judentum beendet wird, wir wissen nur, daß am Ende dieses Kampfes der deutsche Sieg steht. So reichen sich Front und Heimat stets die Hand und schreiten im tiefen Glauben und unerschütterlichen Vertrauen zu unserem geliebten Führer und unserer tapferen Wehrmacht einem neuen, siegreichen Jahr entgegen.« Derartige Äußerungen, sagt auch Wolfgang Benz, »gehörten zum Üblichen, sie wurden von einem Mann in der Stellung Diehls erwartet und galten wohl als Minimum; Nähe zum Regime oder Sympathien zur Partei Hitlers lassen sich daraus nicht ableiten«.

Beteiligt hat er sich an diesem »Kampf« gegen das Judentum jedenfalls nicht, im Gegenteil. Karl Diehls Verhalten in dieser Hinsicht ist eher untypisch. So hat er sich wiederholt für jüdische Mitbürger beziehungsweise für sogenannte Halbjuden eingesetzt: Am 4. Januar 1943 stellt er, nach einer persönlichen Fühlungnahme des Werkschutzleiters Billmeier bei der Gestapo, Walter Müller in der Buchhaltung ein. Der außereheliche Sohn eines jüdischen Vaters und einer deutschen Mutter, der 1942 »unehrenhaft« aus der Wehrmacht entlassen worden war, taucht auf Anraten Karl Diehls gegen Kriegsende für einige Zeit unter und bleibt dann bis 1960 in der Firma. Durch direkte Intervention bei der Nürnberger Polizeidirektion gelingt es ihm, einige »halbjüdische« Mitarbeiter vor der Deportation zu retten. Dabei hilft Karl Diehl, daß Benno Martin, seit Oktober 1934 Polizeipräsident und

»starker Mann« in der Stadt, dem gleichen Münchener Corpsverband angehört wie er selbst.

Weitere Fälle benennt Anni Bischoff, beispielsweise den des »Mischlings und Sozialdemokraten« Jakob Meyer, der nach seiner Entlassung aus den Diensten der Stadt Nürnberg vom 1. Mai 1937 an bis zu seinem Tode im April 1942 als Angestellter bei Diehl beschäftigt ist. Auch für den »Halbjuden« Heinz Rösinger, dessen Cousin Otmar Friedrich die Großküche der Firma leitet, setzt sich der Unternehmer ein. Obgleich Rösinger bis dahin den Betrieb nie betreten hatte, stellt Karl Diehl ihm in der Endphase des Krieges eine Bescheinigung aus, mit der er dessen »Freistellung vom Militär- und Volkssturmdienst« erwirkt und ihn, wie Rösinger später festgehalten hat, vor dem Zugriff der Gestapo rettet.

Es sagt einiges über das Selbstverständnis des Unternehmers Karl Diehl aus, daß er, soweit wir wissen, nach dem Krieg von seinen Initiativen und Interventionen zugunsten Gefährdeter keinen Gebrauch gemacht, sie also nicht zu seiner Entlastung oder Heroisierung zitiert hat. Das gilt übrigens bis ins höchste Lebensalter. Über die Motive für sein Verhalten hat er sich stets ausgeschwiegen.

Eindeutig pragmatische Überlegungen spielen eine ausschlaggebende Rolle, als Karl Diehl 1942 zur Unterbringung höherer Firmenangestellter unter anderem das Anwesen Virchowstraße 22 anmietet. Vermieter ist der Grund- und Hausbesitzerverband, der das »arisierte« Anwesen im Auftrag der Gestapo verwaltet. Im August 1944 kauft Karl Diehl das Anwesen für 100 000 Reichsmark. In seiner Lage sieht er keine Alternative, da die Arisierungsstelle andernfalls mit einer Veräußerung an Dritte und somit einem Verlust der Wohnungen für leitende Mitarbeiter droht. Dieser Zugzwang veranlaßt ihn offenbar auch, einen deutlich überhöhten Kaufpreis zu zahlen. Da übrigens weder er noch seine Firma als Käufer ins Grundbuch eingetragen werden, ist er, ähnlich wie die Erben der

Arisierungsopfer, nach Kriegsende zunächst Geschädigter der Transaktion. In einem Teilvergleich mit dem Freistaat Bayern, dem Rechtsnachfolger des Deutschen Reiches, verzichtet Karl Diehl schließlich auf seine Ansprüche. Die Kriegsschädenforderungen des durch Bomben zerstörten Hauses überträgt er den ursprünglichen Eigentümern; er selbst erhält den der Gestapo überwiesenen Betrag zurück.

Die politische Haltung Karl Diehls, der nicht zu Extremen neigt, sondern das Wachstum seines Unternehmens, später dessen Überleben im Blick hat, zahlt sich aus. Bis in das Jahr 1944 hinein legen die Produktion und mit ihr Umsatz und Gewinn noch einmal kräftig zu. Das gilt für die Metallverarbeitung – hier wird zum Beispiel im Januar 1941 im Werk 3 eine 5 000-Tonnen-Presse in Betrieb genommen, eine der größten ihrer Art in Süddeutschland –, und es gilt für die Munitionsproduktion. So wird Anfang des Jahres 1941 im Laborierwerk 3 der Ausstoß von 600 000 auf eine Million Munitionseinheiten gesteigert. Ursprünglich war die Fertigung für maximal 20 000 Patronen ausgelegt.
  Allerdings ist das noch nicht der Höhepunkt der Entwicklung. Der allgemeinen Intensivierung der Produktion während des Krieges entsprechend wird Anfang September 1944 auch Diehl aufgefordert, »sofort die Arbeitszeit auf 72 Stunden zu verlängern und den Ausstoß raschestens um 30 % zu steigern«. Das entspricht einer Ausbringung von 1,5 Millionen Patronen 20-Millimeter im Monat, die auch tatsächlich zeitweilig erreicht wird. Dafür werden eine Reihe von Maßnahmen angeordnet, so der Drei-Schichten-Betrieb für weibliche deutsche Arbeitskräfte, der Zwei-Schichten-Betrieb zu je zwölf Stunden für männliche und ausländische Arbeitskräfte und schließlich der Volleinsatz der Maschinen während der ganzen Woche.
  Es sind dann auch diese Produktionsziffern und die mit ihnen einhergehenden Innovationen bei der Entwicklung und Produktion neuer Munition, die Karl Diehl hohe De-

korierungen eintragen: Am 20. April 1941 wird ihm anläßlich des Geburtstags des »Führers« das Kriegsverdienstkreuz 2. Klasse verliehen; und am 29. Januar 1943 erhält er zum zehnten Jahrestag der Machtübernahme im Mosaiksaal der Neuen Reichskanzlei in Berlin das Kriegsverdienstkreuz 1. Klasse ohne Schwerter für »besondere Verdienste« bei der Durchführung von »Kriegsaufgaben, bei denen ein Einsatz unter feindlicher Waffenwirkung nicht vorlag«. Als herausragende Verdienste, die dem Unternehmen 1943 gleichzeitig die Ernennung zum »Kriegsmusterbetrieb« eintragen, werden im Januar 1943 hervorgehoben: die Übernahme der sehr schwierigen Zeitzünderfertigung, die Entwicklung des Einheitszünders AZ 1 und die Entwicklung einer neuen Zinklegierung unter Vermeidung von Sparstoffen.

Was die letztgenannte Zinklegierung angeht, so kann Diehl erfolgreiche Großversuche mit Strangpreßverfahren von Zinklegierungen im Röthenbacher Werk vorweisen, die im Heereswaffenamt auf großes Interesse als Ersatzstoff für das knappe, im Flugzeugbau verwandte Leichtmetall stoßen. Aber auch andere Stoffe, wie Messing und Aluminium, werden knapp, und so muß man sich im August 1942 bei Diehl mit einem Befehl Hitlers auseinandersetzen, der die Umstellung des Zünders S 30 auf Stahl und andere Ausweichstoffe vorsieht.

Die Massenfertigung des Zeitzünders S 30 ist im Januar 1941 aufgenommen worden. Dafür wurde Anfang März 1939 der Oberingenieur Herbert Seidel aus Düsseldorf als Betriebsleiter eingestellt. Die »Zeitzünder-Uhrwerkzünderfertigung« erfolgt nach dem System Thiel-Ruhla. Im November 1941 liegt der Ausstoß bei 50 000 Stück im Monat; ab Mai 1942 soll er auf 80 000 gesteigert werden. Im März 1943 droht der Produktion allerdings ein Rückschlag, weil der Vorsitzende des Sonderausschusses M VIII, Staatsrat Thiel, den Firmenchef wissen läßt, daß die Produktion des Zeitzünders S 30 bei Diehl auslaufen müsse.

Ein Rüstungsunternehmen in Großdeutschland 79

»Unser Betriebsführer«: Karl Diehl bei der betriebsinternen Feier zur Verleihung des Kriegsverdienstkreuzes 2. Klasse – wie stets ohne Uniform, Sommer 1941.

Der Hintergrund für diese Mitteilung läßt sich recht gut ausleuchten.

Reinhold Thiel gehört als »Betriebsführer« zu den Eigentümern jener Firma Gebrüder Thiel, die 1862 in Ruhla gegründet worden ist, sich zum bedeutendsten Uhrenhersteller Deutschlands entwickelt und im Ersten wie auch im Zweiten Weltkrieg auf die Produktion von Zeitzündern verlegt hat. Bereits 1925 hatte man die Entwicklungsarbeiten an neuen Typen mechanischer Zünder wiederaufgenommen; 20 Jahre später beschäftigt die Firma Thiel immerhin 10 000 Menschen.

Diehl arbeitet bei der Produktion des Zeitzünders S 30 mit einer Thielschen Lizenz, und es ist nicht auszuschließen, daß diese dem Nürnberger Unternehmen im März 1943 deshalb entzogen werden soll, weil Karl Diehl, inzwischen von der militärischen Niederlage Deutschlands überzeugt, damit beginnt, sich auf die Nachkriegszeit vorzubereiten, und in die Uhrenproduktion einsteigt. Das ist ein Grund unter anderen, warum Diehl 1943 die noch zu erläuternde Produktion in Peterswaldau aufnimmt. Nach dem Krieg hat er gegenüber dem Gutachter Eigenhüller zu Protokoll gegeben, Nürnberg habe »auf Grund Vertrag mit Thiel Uhren nicht fertigen«, dürfen. Peterswaldau sei hingegen »nicht an diesen Vertrag gebunden«, und die örtlichen Voraussetzungen seien »ebenfalls besonders günstig« für die Uhrenfertigung gewesen: »ähnlich wie Schwarzwald u. Glashütte«.

Der Einheitszünder AZ 1, die dritte anläßlich der Verleihung des Kriegsverdienstkreuzes im Januar 1943 erwähnte Leistung, ist eine Eigenentwicklung der Firma Diehl. Bemerkenswert ist die Konkurrenzsituation, in der sich Diehl hier selbst mitten im Krieg befindet. Aufgrund seiner Zuverlässigkeit, seiner hohen Präzision und seiner Leistungsfähigkeit kann sich der Einheitszünder des Nürnberger Unternehmens mit seinem Zünderkörper aus Tiefziehteilen offenbar gegen entsprechende Produkte der Firmen

Rheinmetall, Krupp oder auch Union in Fröndenberg durchsetzen. 1942 beginnt die Massenfertigung, und Ende 1943 übertrifft Diehl das Fertigungssoll von 200 000 Stück.

Produktionsstandorte der Firma Diehl im Krieg sind zunächst Nürnberg beziehungsweise Röthenbach, später Peterswaldau, Münchberg sowie Kopenhagen. Am 1. August 1943 übernimmt Diehl die Spinnerei Zwanziger in Peterswaldau von der Hydrometer AG in Breslau. Das Oberkommando des Heeres (OKH) signalisiert ein starkes Interesse an dieser Übernahme, da Hydrometer offenbar erhebliche Schwierigkeiten mit der Zünderproduktion hat und Diehl seinerseits bei der Produktion des Zünders S 30 Erfolge vorweisen kann. 1944 liefert Diehl die vorgeschriebene Menge. Neben der Produktionsausweitung und dem erwähnten Einstieg ins Uhrengeschäft geht es Diehl offenbar auch darum, die Fertigung in Gebiete auszulagern, die Flieger- und Bombenangriffen weniger stark ausgesetzt sind als der Hauptstandort Nürnberg. Ende 1943 erfolgt die Teilverlagerung der Produktion in verschiedene Textilbetriebe in Münchberg, unweit von Nürnberg. Die alten Standorte bleiben jedoch zunächst in Betrieb. Im übrigen steht die Verlagerung wohl auch in Zusammenhang mit einer Anfrage des OKH, ob Diehl den Ausstoß des Zünders AZ 23 umg. auf 300 000 Stück monatlich erhöhen könne.

Im August 1944 schließlich übernimmt Diehl beim Dänischen Munitions-Arsenal in Kopenhagen die »gesamte Auftragsangelegenheit AZ 1 und ZZ 42«. Bereits Ende Februar war die Firma vom Oberkommando des Heeres beauftragt worden, in Dänemark monatlich 50 000 Einheitszünder des Typs AZ 1 zu fertigen. Der Produktionsbeginn verzögerte sich indes durch Transportschwierigkeiten, Arbeitskräftemangel und Streiks. Immerhin stellen das OKH und die Firma Ende November 1944 fest, daß die Fertigung unter »Berücksichtigung der besonderen Umstände und Schwierigkeiten ... verhältnismäßig gut angelaufen« sei.

Diehl-Produkte im Zweiten Weltkrieg: Einheitszünder AZ 1, 2-Zentimeter-Patrone, Zeitzünder S 30, Zündschraube C/22 sowie diverse Aufschlagzünder.

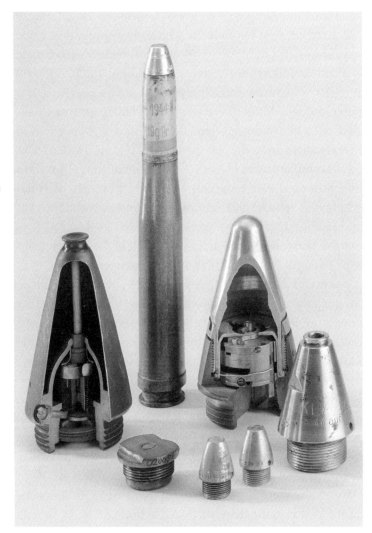

Solche Produktionserfolge bedeuten allerdings keinen Freibrief für die Preis- und Gewinnbildung, im Gegenteil: Während des Krieges nehmen die Kontrollen und Prüfungen noch zu. Mitte Juli 1941 läßt das Reichsluftfahrtministerium den Verband für Halbfabrikate aus Leichtmetall-Legierungen in Berlin und dieser wiederum die Firma Diehl wissen, daß aufgrund bestehender Vereinbarungen »Gewinne über 10 % vom Umsatz zurückzuerstatten« seien. Solche und andere Verordnungen beziehungsweise Vereinbarungen führen dazu, daß die Firma in der Gewinnerklärung für die Jahre 1936 bis 1940, die Diehl am 31. März 1942 abgibt, den berechtigten Betriebsgewinn durch diverse Gewinnabzüge so zu gestalten versucht, daß kein »Übergewinn« im Sinne der Vorschriften entsteht. Der zugrunde gelegte »Normalgewinn« ist damals für jeden Betrieb je nach Branche genau festgelegt. Bei Diehl beträgt er 3,9 Prozent des Umsatzes, zuzüglich einem Leistungszuschlag von drei Prozentpunkten.

Auf dieser Basis ermittelt Diehl für 1940 einen berechtigten Gewinn von etwa sechs Prozent des Umsatzes. Mithin hat die Firma keinen Übergewinn erwirtschaftet, sondern ist sogar um fast einen Prozentpunkt unter dem möglichen »angemessenen Gewinn« geblieben. Anders sieht es für den Zeitraum vom 1. Januar 1937 bis zum 31. Dezember 1939 aus. Hier bestehen Rückzahlungsverbindlichkeiten Diehls in Höhe von mehr als 1,8 Millionen Reichsmark. Bemerkenswerterweise verzichtet das OKH allerdings Ende April 1942 auf die freiwillig angebotene Zahlung und erkennt Karl Diehl den Betrag als »einmalige außerordentliche Leistungsanerkennung« persönlich zu. Schon im Vorfeld hatte das OKH Diehl signalisiert, daß seine Firma beim Leistungszuschlag mit den »besten Unternehmen« gleichgesetzt werde.

Damit ist das Problem allerdings nicht vom Tisch. Vielmehr wird Diehl bis Kriegsende immer wieder mit der Frage des angemessenen Gewinns konfrontiert, und zwar zusehends über die Preisbildung. Insbesondere durch die im Mai 1942 erlassene Hauptordnung über Einheits- oder Gruppenpreise sieht sich auch die Rüstungsindustrie mit einem hochkomplizierten Preissystem unter Druck gesetzt, das Richt-, Fest- und Gruppenpreise der Kategorien I bis III vorsieht und auf diesem Weg natürlich auch Einfluß auf die Gewinnentwicklung der Firmen zu nehmen versucht.

Indessen beschränken sich die Prüfungen und Kontrollen nicht nur auf die Gewinnerklärungen der Firma. Vor allem 1941 und 1942 kommen wiederholt Prüfungskommissionen des Wehrkreisbeauftragten beziehungsweise des Leiters des Hauptausschusses Munition beim Reichsminister für Bewaffnung und Munition, ja sogar die Kriminalpolizei für Untersuchungen ins Haus. Hintergrund sind Denunziationen und Vorwürfe, beispielsweise einiger »Gefolgschaftsmitglieder«, die bei Vernehmungen durch die Gestapo im April und Mai 1942 angegeben haben, daß die Uhrwerkzünderfertigung bei Diehl starke Mängel aufweise. Zwar kann keiner der Vorwürfe erhärtet oder gar bestätigt werden; vielmehr stellt sich heraus, daß die Fehlerquellen nicht, oder jedenfalls nicht nur, bei Diehl liegen. So geht aus einem Schreiben des Direktors des Sonderausschusses M III an Karl Diehl vom April 1943 hervor, daß die zeitweilig nicht ausreichende Frontversorgung mit Zündern, in diesem Fall des Typs AZ 23 Pr., offenbar durch fehlerhafte Unterlieferungen anderer Firmen verursacht worden ist. Dennoch wird damals, wie einige Zeitzeugen nach dem Krieg bestätigt haben, sogar die »Ausschaltung des Herrn D. und Einsetzung eines Kommissars« erwogen.

Auch unabhängig von diesem Fall bleibt Denunziation in der Firma ein Thema. Nach einer eidesstattlichen Erklärung, die Walter Weber, NSDAP-Mitglied und wie Diehl Träger des Kriegsverdienstkreuzes, im September 1945 abgegeben hat, unterrichtet Karl Diehl ihn im Juli

1943 über einen Spitzel im engsten Mitarbeiterkreis. Über diesen sei die Information zur Kreisleitung der NSDAP durchgedrungen, Diehl habe sich ungünstig über die militärische Lage geäußert. Überprüfen läßt sich das ebensowenig wie die von Weber bei gleicher Gelegenheit bezeugten abfälligen Äußerungen Karl Diehls über das »immer brutaler werdende politische System« und die »führenden Leute einschliesslich Hitler«. Unwahrscheinlich ist der Vorgang allerdings nicht.

Inzwischen haben sich nämlich die militärischen und politischen Rahmenbedingungen für die deutsche Kriegswirtschaft zu ändern begonnen. Im Januar und Februar 1943 zeichnet sich ab, daß die alliierten Gegner Deutschlands, zu denen seit der deutschen Kriegserklärung an die Vereinigten Staaten von Amerika vom 11. Dezember 1941 auch die USA gehören, entschlossen sind, das Dritte Reich bis zu dessen »bedingungsloser Kapitulation« zu bekämpfen. Das jedenfalls beschließen und verkünden der britische Premierminister Winston S. Churchill und der amerikanische Präsident Franklin D. Roosevelt in Januar 1943 bei einem Treffen im marokkanischen Casablanca. Der Dritte im Bunde, der sowjetische Diktator Josef Stalin, schließt sich später dieser Erklärung an, ist aber in Casablanca nicht mit von der Partie, weil sich eine der großen Schlachten des Krieges ihrer Entscheidung nähert.

Mit der Kapitulation der 6. Armee in Stalingrad wird Ende Januar beziehungsweise Anfang Februar 1943 die sowjetische Gegenoffensive durch die Rote Armee erfolgreich abgeschlossen. Die Verluste beider Seiten sind ungeheuer: Von den eingeschlossenen rund 195 000 deutschen Soldaten der 6. Armee können 25 000 meist Verwundete ausgeflogen werden, 60 000 sterben im Kessel von Stalingrad, 110 000 geraten in sowjetische Kriegsgefangenschaft, 5 000 von ihnen kehren 1955 nach Deutschland zurück. Stalingrad ist der vorläufige Tiefpunkt einer Serie von

Rückschlägen und Niederlagen, die seit dem Dezember 1941, seit der »Wende vor Moskau« und der Übernahme des Oberbefehls über das Heer durch Adolf Hitler persönlich, zusehends den Kriegsverlauf prägt.

Aber auch die Zivilbevölkerung in Deutschland weiß inzwischen, welche Dimensionen der vom Dritten Reich entfesselte Krieg angenommen hat: Am 30. und 31. Mai 1942 ist Köln als erste deutsche Stadt Ziel eines »Tausend-Bomber-Angriffs« geworden. Am 28. und 29. August trifft es Nürnberg, auch die Firma Diehl. Zwar fordert dieser Luftangriff dort keine Toten und Verletzten, doch sind die Schäden erheblich; Ende des Jahres 1942 werden sie auf 1,2 Millionen Reichsmark beziffert. Als Folge der Luftangriffe kommt es zu neuen Konflikten zwischen der Unternehmensleitung und den staatlichen Institutionen. In ihrem Mittelpunkt stehen die Frage nach einer Auslagerung der Produktionsstätten, beispielsweise nach Polen, die Forderung Diehls nach zusätzlichen Arbeitskräften für die Behebung von Bombenschäden und seine Weigerung, die Produktion auch bei »Fliegeralarm bei Tage« aufrechtzuerhalten, wie das Rüstungskommando Nürnberg fordert, und Leben und Gesundheit der Mitarbeiter zu gefährden.

Schwer zu sagen, seit wann Karl Diehl davon ausgegangen ist, daß der Krieg für Deutschland nicht mehr zu gewinnen sei. Einiges spricht dafür, daß er in der Schlacht um Stalingrad die entscheidende Zäsur gesehen hat. Immerhin ist er gut unterrichtet. Seit 1940 ist er Mitglied des Weltwirtschaftsinstituts in Hamburg und bezieht die dort gesammelten »Auslandsstimmen«. Schriftlich muß Diehl bestätigen, dieses Material absolut vertraulich zu behandeln und unter Verschluß zu halten. Die Weitergabe ist strengstens untersagt, auch im Betrieb. Gegebenenfalls sind die Unterlagen zu vernichten.

Solchermaßen vergleichsweise umfassend informiert, hat Karl Diehl offenbar schon im Verlauf des Jahres 1943 damit begonnen, sich Gedanken über die Zukunft seines

Hochkonjunktur in Großdeutschland: Rohbau der Halle für die 3500-Tonnen-Presse im neuen Werk 3, August 1938.

Unternehmens nach Kriegsende zu machen. Dafür sprechen Hinweise, wonach er seit 1943 die Widerstandsgruppe Freiheits- und Aufbau Aktion Bayern, Arbeitsgemeinschaft 07, unterstützt. Dafür spricht aber auch ein Aktenvermerk vom Mai 1943, der im Umkreis der fälligen KWVO-Erklärung entstanden ist: »Es ist von Diehl bekannt und amtlich auch anerkannt, daß in großem Umfange Forschungs- und Entwicklungsarbeiten derzeit für Kriegszwecke geleistet werden. Dieser Aufwand würde unter normalen Verhältnissen auf anderem Gebiet als der Rüstungsentwicklung der Friedensfertigung zugute gekommen sein. Es ist daher angebracht, diese unterlassenen Arbeiten angemessen in der KWVO zu berücksichtigen. Hierfür hatte Diehl seinerzeit 1 % des Umsatzes vorgeschlagen, ein Satz, der nach amtlicher Information als vertretbar bezeichnet worden ist.« Das hieß nichts anderes, als daß für die nach Kriegsende aufzuholenden Entwicklungen bei der Friedensfertigung schon jetzt Rückstellungen zu treffen seien.

Somit bestätigt der Fall Diehl eine Beobachtung, die sich in der Wissenschaft seit einiger Zeit durchsetzt: Bei allen kurzfristigen Profiten, welche Rüstung und Kriegswirtschaft vielen Unternehmen bescheren, behindern beziehungsweise verzögern sie gleichzeitig jene Modernisierung des Produktionsprozesses, die unter den Bedingungen der Friedenswirtschaft zu erwarten gewesen wäre. Insofern wird der Anschluß an die internationale Wettbewerbsfähigkeit, die in der Zwischenkriegszeit im Vordergrund stand, während des Krieges merklich verzögert.

Karl Diehl scheint das erkannt zu haben, und so sieht man ihn 1944/45 unter anderem intensiv damit beschäftigt, Vermögenswerte zu transferieren. In einem Schreiben an die Saarländische Kreditbank gibt er im November 1953 zu Protokoll: »Als 1944 klar wurde, wie der Ausgang des Krieges sein würde, entnahm ich trotz entgegenstehenden Verbotes der sogenannten Geldhortung, im Interesse der

Aufrechterhaltung meiner Betriebe entsprechend große Barbeträge aus meinen bei den Gesellschaftern geführten und persönlichen Guthaben. Diese Entnahme verfolgte das Ziel, den Weiterbestand meiner Betriebe auch über das Kriegsende hinaus möglichst zu sichern.« Offenbar wird ein Teil des Geldes in Sachwerte investiert. Jedenfalls taucht in einer Vermögensaufstellung Karl Diehls für die Jahre 1940 bis 1945, die nach dem Krieg angefertigt worden ist, erstmals eine Rubrik »Sonstige Werte« auf, zu denen Teppiche, Gemälde, Schmuck, Briefmarken und anderes gehören. Gleichzeitig nimmt das Barvermögen von 1943 auf 1944 signifikant von fast 2,2 Millionen auf 0,6 Millionen Reichsmark ab.

Vor allem aber bemüht sich Karl Diehl erfolgreich, den Peterswaldauer Maschinenpark vor den anrückenden Sowjetarmeen zu retten und nach Westen zu transportieren. Das stellt schon deswegen kein unüberwindbares Hindernis dar, weil Karl Diehl seit dem 15. Juni 1944 im Arbeitsbereich des Leiters des Hauptausschusses Munition beim Reichsminister für Rüstung und Kriegsproduktion tätig ist. Als »Arb. A. Ltr. 2i. SA M XVIII« ist er berechtigt, »innerhalb seines Aufgabengebietes Betriebe der Wirtschaft zu besichtigen und von mit der Rüstungsfertigung befaßten Stellen Auskünfte einzuholen … Alle militärischen und polizeilichen Organe werden gebeten, ihm ungehindert Durchlaß zu gewähren und ihm nötigenfalls Schutz und Hilfe angedeihen zu lassen.«

Am 22. Februar 1945 begründet Karl Diehl den Abzug von Maschinen aus Peterswaldau gegenüber dem Rüstungskommando Breslau mit der schwierigen Lage seiner Nürnberger Betriebe: Die Maschinen sollten in einem Stollen zum Einsatz kommen und die schweren Schäden der dortigen Produktionsstätten jedenfalls zum Teil ausgleichen. Immerhin sei der Monatsausstoß dort auf etwa dreißig Prozent des Solls gesunken. Für den Transport seien zehn bis zwölf Waggons notwendig. Bei Kriegsende befinden sich die solchermaßen geretteten Maschinen aus Peterswaldau auf Güterwagen im hessischen Kleinostheim. Im Verlauf des Jahres 1946 gelingt deren Verlagerung nach Illingen an der Saar. Hier wird die Firma »Karl Diehl« am 20. Mai 1948 ins Handelsregister eingetragen; seither ist das Saarland einer der Produktionsstandorte des Nürnberger Unternehmens.

Trotz des Abzugs von einem Teil der Produktionskapazitäten arbeitet das Werk Peterswaldau bis Ende April 1945 mit einer Belegschaft von 1800 Personen weiter, danach, wie Karl Diehl im Oktober 1946 an das Nürnberger Finanzamt schreibt, »bis Ende 1945 unter wechselnder Besatzung und Zwang mit noch rd. 800 Mann Belegschaft«. Die Produktion wird dabei auf zivile Güter wie Metallwaagen und Metallkinderspielzeug umgestellt, bis das Werk im Frühjahr 1946 schließen muß. Danach übernimmt der polnische Staat die Produktionsstätten und beginnt dort auch wieder mit der Munitionsfertigung. Offenbar haben viele ehemalige Zwangsarbeiter bis zur endgültigen Schließung beziehungsweise bis zur Übernahme durch andere Eigentümer auf freiwilliger Basis bei Diehl weitergearbeitet.

Die Zwangsarbeit zählt zu den brutalsten und zugleich folgenreichsten Kapiteln der Geschichte des Dritten Reiches. Bis 1945 werden im Großdeutschen Reich schätzungsweise 13,5 Millionen ausländische Arbeitskräfte eingesetzt, darunter zivile Fremdarbeiter, sogenannte Ostarbeiter, Kriegsgefangene und Häftlinge aus Konzentrationslagern. 1943/44, auf dem Höhepunkt des Krieges, stellen Zwangsarbeiter in der Landwirtschaft fast die Hälfte aller Arbeitskräfte, im Bergbau und in der Baubranche etwa ein Drittel, in der Industrie bis zu einem Viertel. Zum Einsatz kommen sie überdies auch bei den Kommunen und nicht zuletzt bei den Kirchen.

Schon bevor der Krieg mit dem deutschen Überfall auf Polen beginnt, hat die Reichsregierung systematisch Arbeitskräfte angeworben, um die steigende Nachfrage, insbesondere in der Rüstungsindustrie, decken zu können. Rekrutierungsgebiete waren zunächst Italien, Jugoslawien, Ungarn, Bulgarien und die Niederlande; nach dem »Anschluß« Österreichs und der »Zerschlagung« der Tschechoslowakei kamen dann etwa 200 000 Arbeitskräfte aus diesem Raum. Allerdings blieb die Zahl der durchweg auf freiwilliger Basis verpflichteten Fremdarbeiter deutlich hinter dem errechneten Bedarf zurück. Statt einer Million konnten nicht einmal 400 000 Ausländer für den Einsatz in Deutschland gewonnen werden.

Mit Kriegsbeginn ändert sich die Situation grundlegend, und das in mehrfacher Hinsicht. Zwar lassen sich noch bis 1942 eine Reihe Arbeitskräfte aus den verbündeten und besetzten Staaten von der Aussicht auf einen Arbeitsplatz und relativ guten Lohn nach Deutschland locken. Doch wächst gleichzeitig der Druck auf die Unternehmen, allen voran auf die Rüstungsindustrie. Auf der einen Seite fordert die staatliche Bürokratie einen immer höheren Ausstoß an Waffen und Munition, auf der anderen werden der Industrie mit den Einberufungsbefehlen zur Wehrmacht in immer rascherer Folge qualifizierte Arbeitskräfte entzogen. Binnen kurzem sinkt die Zahl der Beschäftigten um zehn Prozent.

Auch das Nürnberger Unternehmen Diehl, das 1939 mehr als 4 000 Mitarbeiter beschäftigt, ist davon betroffen. Bereits Anfang November 1939 klagt Karl Diehl bei mehreren Stellen in Berlin über den Mangel an geeigneten Arbeitskräften. Einerseits, so der Unternehmer, solle seine Firma bis April 1941 eine Zünderproduktion mit einem monatlichen Ausstoß von 100 000 Einheiten aufbauen; andererseits müsse Nürnberg insgesamt den Abzug von 700 Facharbeitern verkraften. Versuche, auswärtige Arbeiter anzuwerben, seien gescheitert, so daß er sich nunmehr gezwungen sehe, für die Fertigung des Zeitzünders S 30 in Berlin Facharbeiter anzufordern. Immerhin wird ihm zugesagt, daß seinen Betrieben keine weiteren Arbeitskräfte entzogen und sogar die bereits eingezogenen qualifizierten Facharbeiter wieder eingestellt werden sollen.

Die Intervention Karl Diehls ist keine Ausnahme. Sie zeigt beispielhaft, welchen Zwängen die Unternehmen nach Ausbruch des Krieges unterworfen sind. Nicht die Hoffnung auf profitable Arbeitssklaven oder gar der Wunsch nach Installierung eines staatlich kontrollierten Zwangsarbeitersystems erklären die Forderung nach neuen Arbeitskräften, sondern die Tatsache, daß die Lücken, die der Krieg in den Reihen der Beschäftigten reißt, rasch geschlossen werden müssen, wenn die staatlicherseits vorgegebenen Produktionszahlen erfüllt werden sollen. Wie Diehl reagieren viele Unternehmen auf diese Zwangslage zunächst mit eigenen Anwerbungsinitiativen, scheitern damit aber bald, weil die Behörden den Arbeitseinsatz monopolisieren und damit kontrollieren wollen und der Industrie schon 1940 eigene Anwerbungsmaßnahmen untersagen. Entsprechend wächst die Abhängigkeit von staatlichen Zuteilungen.

So geraten die Unternehmen immer stärker in die Fänge der Bürokratie, müssen nicht nur Rechenschaft ablegen über die Entwicklungskosten und die Stückpreisbildung, sondern auch über ihren Bedarf an Maschinen und eben Arbeitskräften. Erst wenn diese Kalkulation staatlicherseits überprüft und für plausibel befunden ist, erfolgt der Auftrag und mit ihm die Zuteilung von Rohstoffen und Maschinen sowie die Zuweisung von Arbeitskräften durch die zuständigen Arbeitsämter.

Diese Prozedur wird zusätzlich durch ein kaum mehr durchschaubares Kompetenzgerangel verschiedener Regierungs-, Amts- und Parteigremien erschwert, die zusehends Einfluß auf diesen wichtigen und nicht unprofitablen Bereich erhalten wollen. So ist anfangs für die rasch wachsende Zahl ausländischer Arbeitskräfte ein halbes Dutzend Behörden und Institutionen zuständig – neben dem Reichsarbeitsministerium die regionalen Arbeitsämter, das Wirtschaftsministerium, das Rüstungsministerium, die Deutsche Arbeitsfront, das Wirtschaftsrüstungsamt des Oberkommandos der Wehrmacht (OKW) sowie Hermann Görings Amt des Beauftragten für den Vierjahresplan. Erst als Albert Speer Anfang 1942 an die Spitze des Ministeriums für Bewaffnung und Munition rückt, werden durchgreifende Maßnahmen zur Koordination des Arbeitseinsatzes deutscher wie ausländischer Beschäftigter ergriffen. Fritz Sauckel fungiert fortan als »Generalbevollmächtigter für den Arbeitseinsatz«.

Das ist nicht zuletzt eine administrative Konsequenz aus dem Kriegsverlauf. Mit dem Überfall auf Polen und dem Feldzug gegen die skandinavischen und die westeuropäischen Staaten hatte das Regime potentiell Zugriff auf ein Riesenheer neuer Arbeitskräfte: Kriegsgefangene aus Polen, Belgien, den Niederlanden und vor allem aus Frankreich bilden die erste Welle von Zwangsarbeitern, die ins Deutsche Reich deportiert werden. Allein 1,58 Millionen Franzosen, die seit Mai 1940 in Gefangenschaft geraten, werden reichsweit in 82 000 Arbeitskommandos untergliedert und in Industrie, Handwerk und Landwirtschaft eingesetzt.
  Auf diese Weise gelangen mehr als 6 000 Kriegsgefangene nach Nürnberg, außerdem ein Heer ziviler Fremdarbeiter: Nach vorläufigen Schätzungen werden im Stadtgebiet etwa 100 000 Fremdarbeiter eingesetzt. Für sie entstehen in Nürnberg nach heutigem Kenntnisstand etwa 280 Arbeitslager. Allein für die Stadtverwaltung arbeiten 3 000 zivile Zwangsarbeiter und über 1 400 Kriegsgefangene, die unter anderem bei gefährlichen Bombenräumarbeiten eingesetzt werden.
  Das Gros der Zwangsarbeiter und Kriegsgefangenen kommt in Nürnberger Firmen zum Einsatz. Unter den etwa zweihundert Betrieben der Stadt, die Zwangsarbeiter

beschäftigen, ist auch das rasch expandierende Rüstungsunternehmen Diehl. Dessen Belegschaftsstruktur spiegelt jene allgemeine Rahmenbedingungen und Zwangslagen wieder, die der Kriegsverlauf diktiert. Zu keinem Zeitpunkt kann sich Diehl dem System der Zwangsarbeit entziehen, will das Familienunternehmen nicht das Risiko der Übernahme durch eine kommissarische Geschäftsleitung, der Beschlagnahmung des Maschinenparks oder gar des Zwangsverkaufs eingehen. Mit solchen Maßnahmen droht die Rüstungsbürokratie während des Krieges zum Beispiel für den Fall, daß deutsche Firmen nicht den geforderten Ausstoß oder die erwarteten Rationalisierungs- und Entwicklungsleistungen vorweisen können.

Im Sommer 1940 erhält Diehl zunächst 22 französische Gefangene, die im Maxfeldkeller in der Äußeren Bayreuther Straße interniert sind. Die Zuteilung der Kriegsgefangenen liegt in der Verantwortung des Arbeitsamtes Nürnberg. Nach der Zuweisung schließen die Unternehmen mit der Leitung der Stammlager, in denen die Gefangenen unter der Aufsicht der Wehrmacht untergebracht sind, Überlassungsverträge. An diese überweisen die neuen Arbeitgeber auch die sogenannte Entschädigung, die für jeden Kriegsgefangenen pro Tag fällig wird. Für die Verpflegung und die Unterbringung sind gleichfalls die Unternehmen finanziell verantwortlich. Im Falle Diehls wird dafür der Höchstsatz von täglich 1,20 Reichsmark in Rechnung gestellt. Der Betrag wird mit der »Entschädigung« verrechnet.

Obwohl die Unternehmen für den Einsatz von Kriegsgefangenen etwa zwei Drittel eines vergleichbaren deutschen Arbeitslohns abführen müssen, erhalten die Gefangenen durch die Lagerleitung lediglich einen Bruchteil ausgezahlt. Daß solche Hungerlöhne nicht gerade motivierend wirken, versteht sich von selbst. Stellt man noch die geringe Produktivität der in der Regel nicht für ihre neue Arbeit qualifizierten Häftlinge in Rechnung, ist der

Einsatz von Kriegsgefangenen unter Kostengesichtspunkten für die Firmen, auch für das Unternehmen Diehl, in aller Regel nicht lohnend. Da das Deutsche Reich mit der Bereitstellung von Kriegsgefangenen für die Rüstungsindustrie gegen die Auflagen der Genfer Konvention verstößt, bemühen sich die Behörden verstärkt, Kriegsgefangene in den Zivilstatus zu überführen. Daran haben auch die Unternehmer ein Interesse. Zwar müssen sie jetzt den neuen Zivilarbeitern einen höheren Lohn zahlen; dafür stehen ihnen aber Sanktionsmittel wie die Drohung mit der Einlieferung in ein Arbeitserziehungslager zur Verfügung. Für die Zwangsarbeiter ihrerseits bedeutet jede noch so geringfügige Erhöhung ihres Arbeitslohns begreiflicherweise einen zusätzlichen Leistungsanreiz.

Unter solchen Bedingungen arbeitende Kriegsgefangene haben also fortan im wesentlichen den Status ausländischer Zivilarbeiter, die im Lauf des Krieges die mit Abstand größte Gruppe der im deutschen Einzugsbereich eingesetzten Zwangsarbeiter bilden. Bereits im Frühjahr 1940 kommen die ersten zivilen Zwangsarbeiter aus Polen ins Reich. Bis Kriegsende sind es insgesamt 1,6 Millionen. Sie bilden damit eine der größten Gruppen innerhalb des Heeres ausländischer Zwangsarbeiter aus Bulgarien, Dänemark, Italien, Kroatien, Rumänien, der Slowakei, Spanien oder Ungarn.

Im Unterschied zu den Kriegsgefangenen unterstehen die zivilen Fremdarbeiter nicht der Wehrmacht. Mit Sonderzügen nach Deutschland gebracht, werden sie in Kontingenten den etwa 45 Auffang- und Durchgangslagern der Gauarbeitsamtsbezirke und von dort den Arbeitsamtsbezirken zugeteilt. Die sogenannten Bedarfsträger wie Unternehmen, Landwirte oder Kommunen sind für den Transport der ausländischen Arbeitskräfte von den Durchgangslagern zu ihren Einsatzorten verantwortlich. Die Fremdarbeiter sind durch einen Arbeitsvertrag bürgerlichen Rechts an ihren neuen Arbeitgeber gebunden. Eine

Dienstverpflichtung des Arbeitsamtes untersagt ihnen die Rückkehr in ihre Heimat.

Die Behandlung ausländischer Zivilarbeiter ist nicht einheitlich. Anders als Arbeitskräfte aus Polen oder später aus den besetzten Gebieten der Sowjetunion sind Fremdarbeiter aus verbündeten oder neutralen Staaten oder aus den besetzten Gebieten Nord-, West- und Südosteuropas den deutschen Arbeitern, jedenfalls bei der Versorgung, gleichgestellt, erhalten also dieselben Lebensmittelrationen wie ihre deutschen Kollegen. Außerdem muß das Unternehmen Lohn- und Bürgersteuern sowie Beträge für die Sozialversicherung abführen.

Wie in anderen Städten auch sind die Fremdarbeiter in Nürnberg in Barackenlagern, Turnhallen, Gaststättensälen und anderen provisorischen Behausungen untergebracht. Die Firma Diehl beschäftigt zivile Fremdarbeiter unter anderem aus Finnland, Holland, Kroatien, Rumänien und der Tschechoslowakei. Wie viele Fremdarbeiter dieser Kategorie während des Krieges bei Diehl beschäftigt sind, läßt sich den bekannten beziehungsweise erhaltenen Dokumenten nicht mehr mit Sicherheit entnehmen.

Vergleichsweise sichere Aussagen sind jedoch über den Anteil der insgesamt bei Diehl beschäftigten ausländischen Zivilarbeiter, Kriegsgefangenen und Häftlinge an der Gesamtbelegschaft des Unternehmens möglich. Eine Betriebsrevision vom September 1940 zeigt, daß die Beschäftigtenzahl von 4 339 im Jahr 1939 inzwischen auf 7 092 Mitarbeiter angewachsen ist. Da zu diesem Zeitpunkt die Anwerbung oder gar Einstellung deutscher Arbeitskräfte ausgeschlossen werden muß, wird man davon ausgehen können, daß insgesamt etwa 2 750 ausländische Zivilarbeiter und Kriegsgefangene bei Diehl beschäftigt gewesen sind. Bis Kriegsende dürfte sich diese Zahl auf 3 500 erhöht haben.

Auf etwa diesem Niveau hat sich die Zahl während des Krieges offenbar eingependelt. Dafür gibt es weitere Indizien. Überschlägt man die Zahl der Zwangsarbeiter an den einzelnen Produktionsstandorten, soweit sie aus den noch vorhandenen Akten rekonstruierbar ist, sind in Nürnberg beziehungsweise Röthenbach etwa 2000, in Peterswaldau etwa 1100 und in Münchberg etwa 430 Zwangsarbeiter beschäftigt gewesen. Im Verhältnis zu der im Krieg angenommenen Höchstzahl der Gesamtbelegschaft von 8000 bis 9000 Beschäftigten wären also 40 Prozent von ihnen ausländische Zivilarbeiter, Kriegsgefangene und Häftlinge gewesen. Diese Quote liegt einerseits deutlich über dem durchschnittlichen Anteil der deutschen Industrie von etwa 25 Prozent, andererseits aber auf dem Niveau vergleichbarer sogenannter kriegswichtiger beziehungsweise Rüstungsbetriebe.

Für diese hohen Zahlen zeichnen zwei gegenläufige Entwicklungen verantwortlich, die unmittelbar mit dem Kriegsgeschehen verbunden sind. Einerseits nimmt im Verlauf des Krieges der Bedarf an Rüstungsgütern und mit ihnen der Druck auf die Unternehmen ständig zu, den Ausstoß zu vervielfachen. Das ist jedoch nur zu schaffen, wenn sowohl die maschinellen Kapazitäten als auch die Zahl der Arbeitskräfte erhöht werden. So weist Karl Diehl im November 1941 darauf hin, daß die geforderte Steigerung der monatlichen Produktion des Zeitzünders S 30 von 50000 auf 80000 Stück nur möglich sei, wenn »die in den folgenden Monaten durch Entpflichtung, Krankheit usw. ausscheidenden Arbeitskräfte jeweils vom Arbeitsamt Zug um Zug durch Ersatzgestellung gedeckt« würden.

Andererseits wird um die Jahreswende 1941/42 erkennbar, daß die Sowjetunion nicht durch einen »Blitzkrieg« ausgeschaltet werden kann. Der Feldzug wird zu einem Abnutzungskrieg, und damit ändert sich die gesamte strategische Ausrichtung, auch für die deutsche Wirtschaft. Nicht nur besteht praktisch keine Aussicht, daß die zur Wehrmacht eingezogenen Facharbeiter in absehbarer Zeit in die Produktion zurückkehren können, sondern es stehen auch neue Einberufungswellen bevor. Diese vor Augen, stellt Karl Diehl Anfang 1942 in Gesprächen mit Vertretern der Wehrmacht klar, daß Prognosen über die künftigen Produktionskapazitäten »praktisch nicht möglich« seien.

In dieser Situation entschließt sich das Regime zu einer grundlegenden und folgenreichen Kurskorrektur. Ursprünglich hatten die Machthaber eine Ausweitung des Zwangsarbeitersystems auf Bewohner der Sowjetunion, Kriegsgefangene wie Zivilarbeiter, nicht geplant; dagegen sprachen schon ihre rassenideologischen Ressentiments. Angesichts der sich dramatisch wandelnden strategischen wie wirtschaftlichen Gesamtlage ändern sie jedoch ihre Haltung. Sind von den 3,35 Millionen sowjetischen Kriegsgefangenen, die der Wehrmacht bis Ende 1941 in die Hände gefallen waren, bis Februar 1942 zwei Millionen ums Leben gekommen, werden die Gefangenen jetzt als potentielle Zwangsarbeiter in die Kalkulationen des Regimes einbezogen. Mehr als eine Million sowjetischer Gefangener verrichtet bis Anfang 1945 Zwangsarbeit in Deutschland. Wesentlich höher liegt die Zahl der seit Jahresende 1941 systematisch requirierten zivilen »Ostarbeiter«. Im Herbst 1942 fallen auch die letzten Altersbeschränkungen. Insgesamt gelangen 22 bis 27 Millionen Sowjetbürger in den Arbeitseinsatz; 3,1 Millionen Ostarbeiter werden ins Deutsche Reich deportiert. Mehr als die Hälfte von ihnen stammt aus der Ukraine.

Innerhalb der Fremdarbeiterhierarchie besitzen Ostarbeiter und sowjetische Kriegsgefangene einen deutlich niedrigeren Status als Zwangsarbeiter aus Westeuropa. Auch äußerlich werden sie stigmatisiert. »Ostarbeitererlasse« vom Februar 1942 legen die Behandlung im einzelnen fest. Ähnlich wie die aus Polen stammenden Zwangsarbeiter durch ein violettes »P« auf ihrer Kleidung als solche erkennbar sind, müssen Ostarbeiter ein blaues, quadratisches Stoffabzeichen mit der Aufschrift »Ost« tragen. Sie erhalten keinen Arbeitsvertrag, sondern stehen in einem »Beschäftigungsverhältnis eigener Art«, ohne soziale und rechtliche Absicherung. Die Löhne liegen deutlich unter denen anderer ziviler Fremdarbeiter.

Gleichwohl ist die Beschäftigung für die Unternehmen nicht kostenfrei. Durch eine staatlich erhobene »Ostarbeiterabgabe« fließen große Teile des Bruttolohns der Ostarbeiter in die Kassen des Regimes. Nach Abzug der Kosten für Unterbringung und Verpflegung durch die Arbeitgeber bleibt den Arbeitern selbst kaum mehr als ein Taschengeld. Das ist keineswegs im Interesse der Unternehmer, die über die schlechte Motivation ihrer Arbeiter klagen und im Juni 1942 bei den staatlichen Stellen eine neue leistungsbezogene Vergütungsregelung mit höheren Löhnen durchsetzen können. Wegen der immer schlechteren Ernährungssituation verbessern sich aber die Arbeits- und Lebensbedingungen der Ostarbeiter insgesamt kaum.

Ende 1941 gelangen die ersten Kriegsgefangenen aus der Sowjetunion nach Nürnberg. Ab wann sie bei Diehl zum Einsatz kommen, ist nicht bekannt. In der Bilanz bilden sowjetische Kriegsgefangene und Ostarbeiter die zahlenmäßig bedeutendste Gruppe der bei Diehl beschäftigten Zwangsarbeiter. Im Dezember 1941 beginnen die Planungen zur Errichtung von Frauenbaracken für das G-Werk in Röthenbach. Der Bau solcher Lager ist staatlicherseits normiert. Ostarbeiter sind in eigenen, mit Stacheldraht umzäunten Barackenanlagen untergebracht, für deren Einrichtung und Bewachung die Unternehmen selbst zu sorgen haben.

Auch bei der Ausstattung unterscheiden die Behörden zwischen Unterkünften für Kriegsgefangene und für zivile Fremdarbeiter. Wie in allen anderen Belangen sind die als rassisch »minderwertig« eingestuften Ostarbeiter am schlechtesten gestellt. Ihnen steht der Standardbarackentyp »RAD RL IV« zu – mit doppelstöckigen Pritschen und lediglich sechs Bänken für die 36 statt der ansonsten üblichen 18 Mann. Schränke gibt es nicht. Jeder Arbeiter erhält einen Eßnapf, einen Becher und einen Löffel. Frauen sind zu zwölft im Barackentyp »RLM 501/34« untergebracht. Sie erhalten immerhin Stühle, Schränke sowie ein dreiteiliges Besteck, außerdem zwei Decken und 1,5 Bettlaken.

Es gibt keine Hinweise, daß die Firma Diehl gegen die behördlichen Vorschriften und Auflagen verstößt. Das Frauenlager für das Röthenbacher G-Werk, in dem allerdings nicht Ostarbeiterinnen, sondern Kroatinnen und Tschechinnen untergebracht sind, gilt sogar als Musterlager in Franken und wird entsprechend prämiert. Wie ein Vermerk anläßlich eines Fliegerschadens zeigt, weist das Lager eine vergleichsweise gute Ausstattung an Betten, Bettüchern und Decken auf. Obgleich die Zustände als erträglicher geschildert werden als in Lagern, die unter staatlicher oder gar unter SS-Verwaltung stehen, ist die Lebenssituation der Zwangsarbeiter auch hier bedrückend. Auch sie sind in aller Regel gegen ihren Willen hier, auch sie gelten als Menschen zweiter Klasse und auch ihre Mahlzeiten, durchweg Suppe und Brot, können nicht annähernd den erforderlichen Kalorienbedarf decken.

Die Firma Diehl macht hier keine Ausnahme, doch zeigen Aussagen ehemaliger Zwangsarbeiter auch, daß das Unternehmen die damals gängigen Standards einhält. Das gilt auch für jene Zeit, in der die entsprechenden Kapazitäten erweitert werden. 1942 wird nicht nur der Bau des Frauenlagers in Röthenbach, sondern auch der Bau eines Lagers für sowjetische Kriegsgefangene in Angriff genommen. 1943 finden sich Firmenlager oder von Diehl genutzte Lager für Ostarbeiter in der Zerzabelshofstraße, in der Komotauer Straße, im »Gemeinschaftslager Kunstschule« sowie in Röthenbach. Sowjetische Kriegsgefangene, die für Diehl arbeiten, sind gleichfalls in Röthenbach, außerdem im Kriegsgefangenenstammlager XIII in Langwasser untergebracht.

Aber selbst diese und andere Maßnahmen können den akuten Arbeitskräftemangel allenfalls lindern, nicht aber grundsätzlich beheben, zumal der Druck auf eine weitere Erhöhung der Produktion stetig wächst. Im April 1941 erhält Diehl wegen des Facharbeitermangels sogar die Genehmigung, unverfängliche Produktteile seiner Zünderherstellung durch Unterlieferverträge mit Schweizer Firmen im Ausland fertigen zu lassen. Die Firmenentwicklung der kommenden Monate steht unter dem Eindruck der »totalen« Aufrüstung entlang der kriegswirtschaftlichen Umstellung der gesamten deutschen Industrie. Insbesondere für die Halbzeug- und die Zünderproduktion, auf die sich das Unternehmen konzentriert, fordert Karl Diehl im Oktober 1942 weitere 160 Franzosen sowie 400 Ostarbeiter an. Schon zwei Monate zuvor hatte er in Berlin mitteilen müssen, daß 500 der aus Rußland stammenden Arbeiterinnen krank seien.

Als mit dem Beginn des alliierten Bombardements die Rüstungsbürokratie die kriegswichtigen Unternehmen, also auch Diehl, drängt, die Produktion in sichere Gebiete zu verlagern, hat das auch Konsequenzen für die Organisation der Zwangsarbeit. Der Großteil der in Münchberg eingesetzten Zwangsarbeiter kommt aus dem Nürnberger Stammwerk. Entsprechend ihrer heterogenen Zusammensetzung aus Ostarbeiterinnen, sowjetischen Kriegsgefangenen sowie zivilen Fremdarbeitern aus Frankreich, Polen und Italien sind sie in mindestens fünf verschiedenen Lagern untergebracht. Der Bau eines weiteren Lagers für 500 Insassen ist geplant, wird aber anscheinend nicht mehr realisiert.

Auch für Diehl beginnt die letzte Phase des Einsatzes von Zwangsarbeitern mit der Beschäftigung von KZ-Häftlingen. Diese Maßnahme ist eigentlich mit den rassenideologischen Maximen des Nationalsozialismus nicht vereinbar, wird aber von den kriegswirtschaftlichen Erfordernissen diktiert. Im Zuge neuer massiver Einberufungswellen, die den deutschen Unternehmen auch die letzten Facharbeiter entziehen, verlangt das Rüstungskommando Nürnberg im März 1943 von Diehl, 50 Prozent der in der Verwaltung eingesetzten Mitarbeiter für die Wehrmacht abzustellen, einen Monat später auch alle Angehörigen der Jahrgänge 1906 bis 1922. Ausnahmen werden nur zugelassen, wenn eine Abstellung die Fertigung gefährdet. Gleichzeitig gerät Sauckels Requirierungsprogramm ins Stocken. Weder finden sich in den besetzten Gebieten weitere geeignete Fremdarbeiter, noch erschließt die an ihre Grenzen gestoßene militärische Expansion neue Zwangsarbeiterressourcen.

Es dauert daher nicht lange, bis das letzte verbliebene Arbeitskräftereservoir ins Blickfeld der Machthaber rückt: die Insassen der Konzentrationslager. Die KZ-Häftlinge, insbesondere Juden, tragen in der Gruppe der Zwangsarbeiter bei weitem das schwerste Schicksal, weil sie in den Augen der Nationalsozialisten auf der rassenideologisch untersten Stufe des menschlichen Daseins rangieren. Doch so makaber es klingt, bedeutet der Arbeitseinsatz in der Rüstungsindustrie für viele Insassen der Konzentrationslager auch eine letzte Chance zu überleben. Im allgemeinen sind die Unternehmer darauf bedacht, die Einsätze ihrer Zwangsarbeiter so zu bemessen, daß sie nicht zugrunde gehen. Denn auf Ersatz ist realistischerweise nicht zu hoffen; außerdem müssen die meisten erst angelernt werden. Daraus wiederum ergibt sich die Regel: Je qualifizierter die Tätigkeit der Häftlinge, um so größer ihre Überlebenschance.

Im Verlauf des Jahres 1942 beginnt das Wirtschaftsverwaltungshauptamt (WVHA) in größerem Umfang KZ-Häftlinge an die Rüstungsindustrie auszuleihen. Das WVHA war im Februar 1942 im Auftrag des Reichsführers SS und Chefs der deutschen Polizei Heinrich Himmler gegründet worden, um die wirtschaftlichen Interessen und

Aktivitäten der SS zu koordinieren. Je rückläufiger der Zufluß von zivilen Fremdarbeitern und Kriegsgefangenen ist, um so mehr fordern deutsche Firmen beim WVHA jüdische Arbeitskräfte an. Ende 1944 sind etwa 700 000 KZ-Häftlinge im Arbeitseinsatz. Im April 1944 hebt Hitler sogar faktisch seinen anderthalb Jahre zuvor gefaßten Befehl auf, alle in deutschen Rüstungsbetrieben noch beschäftigten Juden zur Deportation freizugeben. Nachdem Ungarn im März 1944 von der Wehrmacht besetzt worden ist, gelangen so unter anderem etwa 100 000 Jüdinnen in deutsche Rüstungsbetriebe.

Das anfordernde Unternehmen muß ausreichende Unterkünfte nachweisen. Für alle anderen Maßnahmen, wie Transport, Bewachung, Verpflegung, Bekleidung und medizinische Versorgung der Häftlinge, zeichnet die SS verantwortlich. An diese entrichtet das Unternehmen eine Leihgebühr. Üblich sind vier Reichsmark für Ungelernte und Frauen, sechs Reichsmark für Facharbeiter. Das entspricht 45 bis 65 Prozent eines deutschen Arbeiterlohns. Die SS gibt diese Einnahmen als Lagergeld nur zu einem geringen Teil an die Häftlinge weiter, überweist sie vielmehr nach Abzug der eigenen Kosten an das Reichsfinanzministerium.

Etwa ein Jahr nachdem das WVHA mit der Ausleihe von KZ-Häftlingen begonnen hat, erhält Diehl im Herbst 1943 die Zusage für eine Zuteilung von jüdischen Zwangsarbeitern für Peterswaldau. Die Fertigungsstätte des Unternehmens liegt hier im Einzugsbereich des Konzentrationslagers Groß-Rosen, dessen Komplex aus den vormaligen 28 Arbeitslagern der »Organisation Schmelt« hervorgegangen ist und über mehr als 160 Außenlager verfügt. Auch andere Firmen, wie Krupp, Telefunken oder Hagenuk, lassen sich aus diesem Grund hier nieder. Neben zivilen Zwangsarbeitern, Ostarbeitern und Kriegsgefangenen, insgesamt etwa 100 Personen, kommen seit Anfang 1944 die ersten Jüdinnen in der Zünderfertigung von Diehl zum Einsatz.

Unterkünfte weiblicher KZ-Häftlinge: Frauenlager Langenbielau II, aufgenommen 1997. Die Gebäude dienen noch heute als Wohnunterkünfte.

Noch im gleichen Jahr steigt ihre Zahl auf 400. Für die AZ 1-Produktion mietet die Firma darüber hinaus Anfang 1944 Räumlichkeiten der Spinnerei Fröhlich an und gründet damit den Nebenbetrieb Langenbielau. Dieser nimmt im Sommer 1944 mit 50 bis 60 Jüdinnen die Fertigung auf. Im Mai 1944 wird die Zünderproduktion in Peterswaldau schließlich auf die gemietete Buntweberei Haase Niederdorf ausgeweitet. Insgesamt setzt Diehl dort nach einer Beschäftigungsmeldung vom 31. Oktober 1944 973 jüdische Frauen ein, die mehr als 50 Prozent der Belegschaft bilden. Ein Prüfungsbericht der SS vom November 1944 legt nahe, daß bei einer Verlängerung des Krieges noch weitere Häftlinge aus Konzentrationslagern zum Einsatz gekommen wären.

Die bei der Firma Diehl beschäftigten Jüdinnen sind zunächst im Peterswaldauer Schloß untergebracht, weil das eigentliche Lager in den Räumen der Spinnerei Zwanziger noch nicht fertiggestellt ist. Erst im September 1944 werden sie in dieses Lager überführt. Wie in anderen Unternehmen leiden die KZ-Häftlinge unter den Strapazen der Arbeit, unter schlechter Ernährung und vereinzelten Übergriffen, hier vor allem des Meisters Ludwig Bierl. Insgesamt deutet nichts darauf hin, daß KZ-Häftlinge bei Diehl schlechter oder besser behandelt worden wären als in vergleichbaren, in Peterswaldau produzierenden Betrieben.

Das wiederum läßt keine Rückschlüsse auf die Einstellung Karl Diehls zu den in seinen Betrieben eingesetzten Zwangsarbeitern zu. Inwieweit der Unternehmer Kenntnis von einzelnen Übergriffen seiner Meister gehabt hat, läßt sich nicht mehr ermitteln. Daß er sie toleriert hat, ist schwer vorstellbar. Einmal würde es gänzlich dem über viele Jahrzehnte nachvollziehbaren Bild des Unternehmers Karl Diehl widersprechen. Im Gegenteil gibt es seriöse Hinweise darauf, daß er das »Los der Ausländer« erleichtert habe, »wo er nur konnte«. Das hat unter anderem Anni Bischoff zu Protokoll gegeben, sich dabei allerdings ausschließlich auf die im Raum Nürnberg eingesetzten, also von Diehl unmittelbar beobachteten Gefangenen, zum Beispiel aus der Ukraine und Frankreich, bezogen, nicht aber auf die KZ-Häftlinge. Das wiederum würde sich mit den Ergebnissen der jüngsten Forschung, zum Beispiel Mark Spoerers, decken, wonach der »patriarchalisch eingestellte mittelständische Unternehmer in direktem Kontakt zu ›seinen‹ Ausländern stand und im Rahmen seiner Möglichkeit ihr Los erleichtern konnte«.

Zudem hätte Diehl mit der Tolerierung von Mißhandlungen sehenden Auges jenes knappe und also durchaus kostbare Arbeitskräftereservoir gefährdet, das ihm während des Krieges zur Verfügung steht und auf das er, wie alle Unternehmer in vergleichbarer Situation, angewiesen ist, um die Produktionsnormen zu erfüllen und seinen Betrieb über die Runden zu bringen. Für eine den Zeitumständen entsprechend korrekte Behandlung der Zwangsarbeiter spricht also nicht zuletzt ein pragmatisches Motiv – auch noch in jener Zeit, als Karl Diehl erkennen muß, daß der Krieg für Deutschland nicht mehr zu gewinnen ist. Als der Unternehmer daraufhin beginnt, seine betriebswirtschaftliche Strategie auf die Nachkriegszeit umzustellen, verlieren die bei ihm beschäftigten Zwangsarbeiter nicht etwa ihre Funktion, sondern im Gegenteil: Sie bleiben eine Garantie für das Überleben seines Betriebes in einer Zeit, in der nicht mehr die Nationalsozialisten, sondern andere das Schicksal Deutschlands in ihren Händen halten werden.

Sie beginnt, als am 7. beziehungsweise in der Nacht vom 8. auf den 9. Mai 1945 in Reims und Berlin-Karlshorst die Unterschriften auf jenes Stück Papier gesetzt werden, mit denen Deutschland bedingungslos kapituliert. Damit findet auch eine Katastrophe ihr Ende, wie sie die Welt bis dahin nicht gesehen hatte: 60 Millionen Tote hat dieser Krieg gefordert – viele auf den pazifischen und ostasiatischen Kriegsschauplätzen, wo noch bis zum September weiter verbissen gekämpft wird, die weitaus meisten allerdings in Europa. Allein sechs Millionen Opfer gehen auf das Konto des Vernichtungsfeldzuges, den Deutschland gegen das europäische Judentum geführt hat. Das Millionenheer der körperlich und seelisch Verwundeten und Verkrüppelten läßt sich noch gar nicht überschauen. Millionen sind auf der Flucht, und Millionen hausen in Kellern oder Erdlöchern zerbombter Städte.

Was die materiellen Schäden angeht, so werden sie sich nie zuverlässig bilanzieren lassen. Fest steht, daß große Teile insbesondere Mittel-, Ostmittel- und Osteuropas in Schutt und Asche liegen. Das gilt für Dörfer und ganze Großstädte ebenso wie für Verkehrswege und Infrastrukturen oder auch für handwerkliche und industrielle Produktionsstätten aller Art und jeder Größe. So gesehen, überrascht es zunächst, daß ausgerechnet Deutschland noch über industrielle Fertigungskapazitäten in beträchtlichem Umfang verfügt. Weil sich aber das alliierte Bombardement während des Krieges vor allem gegen zivile Ziele gerichtet hat und weil zerstörte Produktionsanlagen, unter massivem Einsatz von Zwangsarbeitern, so schnell wie möglich wieder einsatzfähig gemacht beziehungsweise durch ausgelagerte Fertigungsanlagen ersetzt worden sind, stellt sich die Bilanz für Deutschland erstaunlich günstig dar: Bei Beendigung der Kampfhandlungen bleibt, jedenfalls auf dem Gebiet der westlichen Besatzungszonen, ein »industrieller Kapitalstock« zurück, der den Vorkriegsstand immer noch um ein Fünftel übertrifft und, da das Schwergewicht im Produktionsgütersektor liegt, den Anforderungen eines Wiederaufbaus in hohem Maße entspricht.

Vorerst freilich denkt niemand an Wiederaufbau, jedenfalls nicht auf seiten der alliierten Sieger, die am 5. Juni 1945 die oberste Regierungsgewalt in Deutschland übernommen haben. Auf ihrem Programm stehen vielmehr, wie die Staats- beziehungsweise Regierungschefs der USA,

Großbritanniens und der Sowjetunion Anfang August 1945 in Potsdam beschlossen haben, Demokratisierung, Entnazifizierung, Entmilitarisierung und Demontage. Deutschland, so heißt es in einer Direktive der amerikanischen Militäradministration vom Oktober 1945, »wird nicht besetzt zum Zwecke seiner Befreiung, sondern als besiegter Feindstaat«.

Die Demontagen erfolgen vor allem im industriellen Sektor. Das gilt auch für Nürnberg und natürlich auch für das Rüstungsunternehmen Diehl. Die Stadt liegt wie Franken beziehungsweise Bayern insgesamt in der amerikanischen Besatzungszone. Dieser Umstand geht auf die alliierten Entscheidungen der Jahre 1944/45 zurück: In mehreren Gremien und auf einer Serie von Konferenzen auf diversen Ebenen haben sich die späteren Sieger schon während des Krieges grundsätzlich darauf verständigt, Deutschland westlich einer neu zu ziehenden Grenze Polens entlang Oder und Neiße in Besatzungszonen aufzuteilen. Seit dem Sommer 1944 ist klar, daß die Grenze zwischen der sowjetischen Besatzungszone einerseits und den westlichen Besatzungszonen andererseits von Lübeck über Helmstedt und Eisenach bis nach Hof verlaufen wird. Westlich dieser Linie richten die Vereinigten Staaten von Amerika, Großbritannien und später auch Frankreich ihre Besatzungszonen ein.

Noch bevor die Kampfhandlungen in Europa beendet sind, stoßen amerikanische Verbände nach Nürnberg vor und belegen auch die Produktionsanlagen der Firma Diehl mit Beschlag. Am 17. April werden den Amerikanern die Werke 3 und 4 in Röthenbach übergeben. Letzteres dient ihnen bis 1951 als Truppenunterkunft. Das Metallwerk wird beinahe vollständig demontiert; alle optischen Geräte, Lehren und Meßeinrichtungen für die Zünderfertigung werden zerstört, die Fertigungseinrichtungen selbst allerdings bleiben erhalten.

Als die Amerikaner nach Nürnberg einrücken, hält sich Karl Diehl offiziell nicht mehr dort auf. Jedenfalls ist er seit dem 28. Februar 1945 in Düsseldorf gemeldet, wenn er auch bis zu seiner endgültigen Rückkehr nach Nürnberg im August 1949 rund ein Dutzend weitere Adressen angibt. Gut zwei Wochen vor seinem Umzug nach Düsseldorf war in Jalta jene Konferenz der Alliierten zu Ende gegangen, aus deren Ergebnissen sich ablesen ließ, daß Düsseldorf in der britischen Besatzungszone liegen wird. Wenn auch nicht mit letzter Sicherheit festzustellen ist, was Karl Diehl an den Rhein gezogen hat, klingt doch die Erklärung, an die er sich bis zu seinem Lebensabend hält, plausibel: Im britischen Besatzungsgebiet, so seine Vermutung zu Anfang des Jahres 1945, werde die »Entnazifizierung am einfachsten« sein. Absetzen will er sich gewiß nicht; dafür hätten sich ihm vor und nach seinem Umzug nach Düsseldorf durchaus gute Gelegenheiten geboten. So hält er sich im April 1945 offiziell für »geschäftl. Besprechungen« in der Schweiz auf. Der Gedanke, dort zu bleiben, ist ihm damals wohl nie gekommen. Karl Diehl hätte weder sein Unternehmen zurück- noch seine Mutter im Stich gelassen.

Kaum daß die Unterschriften auf den Kapitulationsurkunden getrocknet sind und die Alliierten auch politisch endgültig die Macht in Deutschland übernommen haben, beginnt Karl Diehl mit dem Wiederaufbau seiner Werke. Dazu gehört die Aufstellung einer Bilanz, und die ist ernüchternd. 1946 beziffert die Firma die Verluste aus inzwischen wertlosen Forderungen an die Wehrmacht, Fliegerschäden, Kriegsschäden, beschlagnahmten Bankguthaben sowie Verluste von Materialvorräten auf insgesamt 25 Millionen Reichsmark. Zudem liegen die meisten Produktionsanlagen, soweit sie nicht ohnehin demontiert werden oder gesperrt sind, in Trümmern.

Ohne Verzögerung und mit einem beachtlichen Talent zur Improvisation beginnt Diehl mit dem Wiederaufbau, in den ersten Tagen und Wochen noch persönlich, danach mit Hilfe alter und neuer Vertrauter. Bereits am 30. April, also noch eine Woche vor dem offiziellen Ende der Kampfhandlungen in Deutschland, erhält er eine sogenannte A-Befreiung der amerikanischen Militärregierung, um mit dem PKW nach Röthenbach zu fahren und sich einen Überblick über die »Factory of Metallwerke Nürnberg« zu verschaffen. Wenige Tage später wird dann die Produktion in bescheidenem Umfang wiederaufgenommen.

Das gilt offenbar für die Halbzeugfertigung, deren hoher und krisenbeständiger Wert sich in diesen Tagen deutlich zeigt; und es gilt für die Herstellung von Gebrauchsgegenständen wie Töpfen und Bechern, die aus Leichtmetall-Schrottbeständen sowie Metallen hergestellt werden. Aber auch Stahlhelme werden zu Gebrauchsgegenständen, beispielsweise zu Sieben, umfunktioniert. Offenbar wird bereits im November 1945 die 3500-Tonnen-Presse zeitweilig wieder zur Produktion von Leichtmetallstangen in Betrieb genommen. Sehr bald schon beginnt man damit, Batterien zu zerlegen und das Blei auszuschmelzen und umzulegieren. Zu diesem Zweck richten die amerikanischen Streitkräfte im Oktober 1947 auf dem Werksgelände eine Sammel- und Verwaltungsstelle ein, und bis Mai 1950 werden unter anderem als Folge eines Großauftrages etwa 150 000 Batterien zerlegt und 2 300 Tonnen Blei verarbeitet.

Spätestens Ende Mai 1945 ist Karl Diehl dann im Eisenbahnreparaturgeschäft tätig. Im Auftrag der 703rd Railway Grand Division und mit Hilfe einer alten Diesellok sowie eines beschädigten Krans setzt die Firma auf dem Gelände von Werk 3 Eisenbahnwaggons instand. Anders als die Sowjets, die in ihrer Zone auch das Schienennetz konsequent demontieren, favorisieren Amerikaner und Briten eine möglichst rasche Wiederherstellung dieser Transport- und Reisekapazitäten. So darf Diehl Waggons zu Reparaturzwecken innerhalb und außerhalb des Firmengeländes

Stolze Leistung: Karl Diehl übergibt den fünftausendsten instand gesetzten Eisenbahnwaggon an die Reichsbahn, 1949.

bewegen und dafür auch Lastkraftwagen benutzen. Am 21. Juni erhält Karl Diehl von der Militärregierung sogar eine sogenannte N-Befreiung und darf sich nunmehr in einem Radius von 100 Kilometern um Nürnberg herum bewegen, um Material für die Waggoninstandsetzung zu besorgen. Bald vergibt auch die Reichsbahn wieder Aufträge. Als sie diese 1949 einstellt, hat Diehl 5 668 Waggons instand gesetzt.

Im Sommer 1945 beschäftigt Werk 3 bereits bis zu 60 Arbeiter. Im Werk 2 sind etwa 180 Mitarbeiter damit beschäftigt, Haushaltsgeräte, Bau- und Möbelbeschläge sowie Preßformen für Medizintabletten herzustellen. Verglichen mit den 8 000 bis 9 000 Personen, die nach einem Bericht der amerikanischen Militärregierung gegen Kriegsende bei Diehl beschäftigt gewesen sind, ist die Mitarbeiterzahl zwar außerordentlich bescheiden, aber ein Anfang ist immerhin gemacht. Mehr qualifizierte Mitarbeiter stehen anscheinend auch nicht zur Verfügung. Jedenfalls muß Diehl 1946 einen ersten Großauftrag der amerikanischen Armee zur Zerlegung, Sortierung und Umschmelzung von 2 000 Tonnen Flugzeugschrott mangels eigener Arbeitskräfte mit anderen Firmen teilen. Im Oktober 1947 fehlen dem Unternehmen bei 556 Beschäftigten rund 100 Arbeitskräfte. Die aber sind kaum zu finden, weil auf dem Schwarzmarkt mehr zu verdienen ist.

Es fällt auf, daß einige der erwähnten Genehmigungen vom Juni und Juli 1945 nicht nur für Karl Diehl, sondern auch für Heinz Rösinger ausgestellt werden, der gelegentlich sogar neben Diehl als Firmenbesitzer auftritt. Beide tauchen auch auf einer für die Militärregierung angefertigten Liste von neun leitenden Mitarbeitern vom 27. Juli auf: Am 20. Juni hat der »alleinige Geschäftsführer der Metall-, Guß- und Preßwerk Heinrich Diehl Gesellschaft« Heinz Rösinger »bis zu dessen Eintritt als Gesellschafter und seiner Bestellung zum alleinvertretungsberechtigten Geschäftsführer« Generalvollmacht in dem Sinne erteilt, daß

Ein Rüstungsunternehmen in Großdeutschland 113

Statthalter 1948: Margarete Diehl (dritte von rechts zwischen ihren Geschwistern Willy und Marie Schmidt) und Heinz Rösinger (rechts) mit Familie (links) bringen das Unternehmen durch die schwere Nachkriegszeit.

Rösinger ihn im Falle seiner Abwesenheit in vollem Umfang vertreten kann.

Hatte Diehl Rösinger am Ende des Krieges vor einem möglichen Zugriff der Gestapo geschützt, so greift ihm jetzt der »Halbjude« unter die Arme. Das jedenfalls hält schon ein nichtdatierter Bericht der Militärregierung fest, aus dem auch hervorgeht, daß Rösinger nicht aus der Metallbranche komme und sich wochenlang nicht im Betrieb aufhalte, wo es folglich drunter und drüber gehe. Ein »jüdischer Handlanger« (»jewish ›stooge‹«), mit dem nur Rösinger gemeint sein kann, sei dafür verantwortlich, daß bei Diehl auch noch mehr oder weniger aktive Nazis in hohen Positionen beschäftigt seien. Naturgemäß lassen sich solche Informationen und Berichte, die in dieser Zeit an der Tagesordnung sind, nicht mehr überprüfen.

Fest steht, daß Karl Diehl am 18. August 1945 von Heinz Rösinger informiert wird, er sei durch die amerikanische Militärregierung als Geschäftsführer »kausalsuspendiert« worden, daraufhin seine Privatsachen packt und das Werk gegen elf Uhr verläßt. »Seit dieser Zeit«, gibt Karl Diehl Mitte Oktober 1945 zu Protokoll, »habe ich die Werke in Nürnberg und Röthenbach nicht mehr betreten und keinerlei Einfluß auf die Firma ausgeübt.« Wie die Geschäftsführung in den folgenden Wochen und Monaten organisiert ist, läßt sich nicht mehr im einzelnen feststellen. Sicher ist, daß Grete Diehl bereits zehn Tage nach dem Rücktritt ihres Sohnes von der Geschäftsführung diesen mahnt, eine Neuregelung ins Auge zu fassen, und vorschlägt, neben Heinz Rösinger auch Friedrich Schöppel als Geschäftsführer zu bestellen und gleichzeitig einen Beirat zu berufen.

Pragmatiker wie eh und je, nutzt Karl Diehl die Zeit seiner geschäftlichen Ruhigstellung, um sich gesundheitlich auf Vordermann zu bringen und zugleich seinem Privatleben eine neue Richtung zu geben. Vom 24. August bis zum

29. September 1945 kuriert er im Sanatorium Ebenhausen einen Herzmuskelschaden und eine Schilddrüsenstörung aus. Ende August wird dieser Aufenthalt für einige Tage unterbrochen, weil er den Bund der Ehe eingeht.

Frauen haben im Leben Karl Diehls stets eine herausragende Rolle gespielt. Bis ins höchste Alter hinein waren sie an seiner Seite, als Ehefrau, Lebensgefährtinnen oder Geliebte. Mit einem natürlichen Charme ausgestattet, in gediegenem Wohlstand lebend, mit ausgeprägten Neigungen für schnelle Autos, die Fliegerei, die Jagd oder das Reisen und mit vielfältigen gesellschaftlichen Verbindungen ist Karl Diehl für viele Damen eine lohnende Partie, zumal er ein Auge darauf hat, daß die Frauen, zu denen er einmal in einer engeren Beziehung gestanden hat, auch fortan in soliden Verhältnissen leben. Verheiratet gewesen ist er nur einmal.

Daß seine Wahl dabei auf Irmgard Schoedel fällt, überrascht nicht: Sie ist dreizehn Jahre jünger als Karl Diehl, ausgesprochen attraktiv und überdies wohlhabend. Am 5. Oktober 1920 in Münchberg geboren, hat sie nach der Schulausbildung bis 1943 an der Wirtschaftshochschule Berlin studiert und danach im ererbten Betrieb des früh verstorbenen Vaters, der Friedrich Schoedel AG, in Münchberg gearbeitet. Dorthin hat Karl Diehl Ende 1943 einen Teil seiner Produktion verlagert, dort lernt er Irmgard Schoedel kennen, und in der dortigen Marktkirche heiraten die beiden am 30. August 1945. Einen Monat später vereinbart ein Ehe- und Erbvertrag die Gütertrennung, die am 1. August 1947 ins Güterrechtsregister beim Amtsgericht Düsseldorf eingetragen wird. In beruflicher Hinsicht ändert sich durch die Hochzeit nichts – für Karl Diehl nicht, und für seine Frau auch nicht. Bis zur Geburt ihres dritten Sohnes ist Irmgard Diehl, wenn auch eingeschränkt, in ihrer Münchberger Firma tätig.

Sechzehn Jahre bleiben die beiden verheiratet, bis ihre Ehe im Juli 1961 geschieden wird. Im September des gleichen Jahres überträgt das Amtsgericht München Karl Diehl die »elterliche Gewalt« über die drei gemeinsamen Söhne. An der Fürsorge beider für die gemeinsamen Kinder ändert das nichts, zumal sie faktisch das gemeinsame Sorgerecht vereinbart haben. Irmgard Diehl, geborene Schoedel, die im März 1962 erneut geheiratet hat, stirbt im Juni 1965 im Alter von 44 Jahren. Bis zu ihrem Tod bleibt sie mit Karl Diehl in Verbindung. Wie in solchen Situationen nicht ungewöhnlich, kommt es dabei gelegentlich zu Meinungsverschiedenheiten, beispielsweise über die Besuchsregelung für die Kinder oder über Erziehungsfragen; insgesamt aber sind beide um einen fairen Umgang bemüht. »Die gute Atmosphäre zwischen uns«, formuliert Karl Diehl Anfang März 1962 in einem freilich nicht abgeschickten Brief an seine geschiedene Frau, »liegt mir sehr am Herzen und wir wollen beide alles tun, um hier nicht neue Spannungen aufkommen zu lassen.« Und diese beteuert vier Wochen später, wie sehr ihr daran liege, »in echter Freundschaft mit Dir zu bleiben und einer Harmonie, die sich auch positiv auf die sehr sensiblen Kinder auswirken würde«. Tatsächlich bleiben Karl Diehl und seine Söhne der Familie Irmgard Schoedels auch über deren Tod hinaus eng verbunden.

Beruflich beziehungsweise geschäftlich stehen die Dinge für Karl Diehl 1945 nicht zum besten. Seit Mitte August von der Führung der eigenen Firma entbunden, ist er seit dem 15. Februar 1946 als Reiseingenieur des Düsseldorfer Industrieofenbauers Herbert Pontzen unterwegs. Pontzen ist eine eher zwielichtige Figur. Bevor er seinen eigenen Laden aufgemacht hat, war er bei Karl Schmidt, dem Onkel Karl Diehls, tätig, mußte dann aber die Firma verlassen, weil bei Gericht etwas gegen ihn anhängig war. Jetzt lebt Pontzen, den Diehl offenbar während des Krieges kennengelernt hat, auf ziemlich großem Fuß und über seine Verhältnisse. In den Jahren 1946/47 hilft er Karl Diehl gelegentlich aus der Klemme, so zum Beispiel im November 1946, als er dem Düsseldorfer Oberfinanzpräsidium, das sich im Auftrag des Finanzamts Nürnberg in einer Steuerangelegenheit nach Diehl erkundigt, erklärt, dieser sei als Reiseingenieur in Süddeutschland für ihn unterwegs und komme nur gelegentlich »zu Informationszwecken« an den Rhein; oder im Februar des folgenden Jahres, als Pontzen den Entnazifizierungsausschuß um eine vorzugsweise Behandlung der Überprüfung Karl Diehls bittet, weil dieser in absehbarer Zeit geschäftlich für ihn nach Frankreich reisen solle. Mitte Oktober 1948, als er seinerseits die Entnazifizierungsprozedur vor sich hat, geht Pontzen selbstverständlich davon aus, daß diesmal, »so ich an der Reihe bin«, »Sie sich ... zu mir« bekennen.

Offensichtlich ist die Anstellung bei Pontzen lediglich ein Vorwand, um in den Besitz der Arbeits- und Reiseerlaubnis zu kommen, die Karl Diehl benötigt, um einerseits gegenüber den Behörden oder auch dem Entnazifizierungsausschuß geordnete Verhältnisse vorweisen und andererseits seinen eigentlichen Geschäften nachgehen zu können. Denn selbstverständlich verliert er auch jetzt sein Unternehmen keinen Augenblick aus dem Auge, im Gegenteil: Während die Mutter und ein kleiner Kreis Vertrauter vor Ort den Wiederaufbau betreiben, stellt er im Hintergrund die Weichen. Dazu gehört der systematische Aufbau neuer Fertigungsstätten im Saarland; dazu gehört aber auch der Einstieg in die Uhrenfertigung. Mit Hilfe der verbliebenen Maschinen aus der Rüstungsfertigung und mit den entsprechenden Fachkräften wird nunmehr die im Krieg begonnene Produktion von Uhren, vor allem von Weckern aller Art, zu einem von mehreren soliden Standbeinen des Nürnberger Unternehmens ausgebaut.

Zur Zukunftssicherung des Familienunternehmens im weiteren Sinne zählt auch, daß Karl Diehl jetzt an die nächste Generation denkt. Am 1. Juni 1946, neun Monate nach dem Ebenhausener Kuraufenthalt von Irmgard und Karl

Diehl, erblickt ihr erster gemeinsamer Sohn in Münchberg das Licht der Welt. Zwei Jahre später, am 13. Mai 1948, wird Werner Diehl als Gesellschafter in den Vertrag zwischen Karl und Grete Diehl aufgenommen. Anfänglich bereiten den Eltern gesundheitliche Probleme des Jungen, die sich aus der schwierigen Ernährungssituation der Zeit ergeben, einige Sorgen. Aber der Aufenthalt in einem Oberstdorfer Kinderheim und gelegentliche ärztliche Fürsorge tragen dazu bei, daß mit Beginn der Gymnasialzeit, die Werner Diehl in der Schweiz verbringt, eine allgemeine Beruhigung der Lage eintritt. In St. Gallen legt er auch 1966 das Abitur ab, um dann in Lausanne das Studium der Rechtswissenschaften aufzunehmen, das er Anfang 1975 mit Prädikat in Hamburg abschließt.

Während Karl Diehl mit der Aufnahme seines zweijährigen Sohnes als Gesellschafter die Zukunft des Unternehmens im Blick hat, wird er seinerseits von der Vergangenheit eingeholt. In einem nichtdatierten, aber wohl Anfang Juni 1947 versandten Rundschreiben der Hilfsorganisation für Flüchtlinge und Verschleppte der Vereinten Nationen (UNRRA) werden die Nürnberger Firmen aufgefordert, alle Dokumente über Kriegsgefangene und Zivilarbeiter in Formblätter einzutragen und abzuliefern. Auf dieser Basis überweist die Firma Diehl am 17. Juni 1947 insgesamt 39 137,78 Reichsmark an das Polizeipräsidium, Abteilung UNRRA-Suchdienst. Dabei handelt es sich um 1945 »an die Hauptkasse zurück gegebene verrechnete Lohngelder von Ausländern« aus Frankreich, Belgien, Estland, Finnland, Holland, Italien, Kroatien, Lettland, Polen, Rumänien, der Tschechoslowakei, der Ukraine und Litauen. Nach weiteren firmeninternen Recherchen werden ein halbes Jahr später, am 16. Dezember 1947, »im Einvernehmen mit Herrn Diehl« erneut 58 280,62 Reichsmark an die UNRRA überwiesen, so daß sich die Zahlungen am Ende des Jahres 1949 auf knapp 100 000 Reichsmark belaufen.

Außerdem stellt Diehl Ostarbeiter-Sparmarken im Wert von knapp 14 000 Reichsmark zur Verfügung, welche die Firma 1946 erfolglos bei einer Nürnberger Bank einzulösen versucht hatte.

Offenbar hat dann aber die UNRRA die Gelder nicht bei der Stadt Nürnberg abgefragt oder aber die Anspruchsberechtigten nicht mehr ermitteln können. Jedenfalls geht Ende September 1949 bei Diehl eine Abtretungserklärung des Nürnberger Stadtrats ein, welche die Firma zu der Stellungnahme veranlaßt, »weder den Betrag als Hinterlegungsgeld bei Ihnen (Depot)« zu führen »noch als Schuldverpflichtung gegenüber Dritten«: »Diese Erklärung geben wir ab auch im Hinblick auf eine etwaige spätere Verpflichtung im Rahmen der Anspruchsregelung, da wir mit unserer Zahlung für Forderungen aus Kriegszeiten schuldbefreiend geleistet haben«.

Erst im Herbst 1952, nachdem das bayerische Innenministerium das Altgeldguthaben freigegeben hat, nimmt Diehl den Betrag wieder zurück und weist fortan entsprechende Forderungen, wie zum Beispiel Lohnansprüche aus der Kriegszeit, konsequent zurück. Diese Haltung erfährt durch ein Schreiben des Auswärtigen Amts an die Bundesvereinigung der Deutschen Arbeitgeberverbände vom Oktober 1953 insoweit eine Legitimation, als die Reaktion auf derartige Forderungen ausdrücklich »in das Ermessen der deutschen Firmen oder Einzelpersonen gestellt« werden. Daß dieses Thema die Firma Diehl wie andere Unternehmen in der einen oder anderen Form immer wieder einholen und bis zum Ende des Jahrhunderts beschäftigen könnte, ahnt damals niemand.

Vorerst wird man ohnehin auf andere Weise und ganz persönlich von der Vergangenheit eingeholt. Grundsätzlich wird nämlich jedem Deutschen von den Alliierten die Frage nach der Intensität seiner politischen Betätigung im Dritten Reich vorgelegt. So auch Karl Diehl, der unter anderem auch deshalb in Düsseldorf einen Wohnsitz genommen hat, weil er von den Briten ein glimpfliches Verfahren erwartet. Bei der Vorbereitung nimmt er die Dienste des Rechtsanwalts Karl Thorwart in Anspruch, der bereits jenem Beirat angehört, der während der Abwesenheit Karl Diehls die Geschäftsführung seiner Firma unterstützt. Thorwart steht Diehl in dessen »Entnazifizierungsverfahren« offenbar erfolgreich zur Seite. Jedenfalls erteilt der Entnazifizierungsausschuß Düsseldorf im Britischen Kontrollgebiet am 23. September 1947 Karl Diehl den Einreihungsbescheid der Kategorie IV. Damit wird ihm einerseits das passive Wahlrecht abgesprochen, auch darf er weiterhin die Britische Zone nicht ohne Erlaubnis verlassen; andererseits wird sein Vermögen nicht gesperrt.

Nachdem zunächst die Spruchkammer VI des Stadtkreises Nürnberg den Düsseldorfer Bescheid in allen Teilen anerkannt hat, soll wenig später das Spruchkammerverfahren gegen Karl Diehl wiederaufgenommen werden, weil der öffentliche Ankläger, Bernhard Müller, behauptet, daß Karl Diehl Mitglied der SA gewesen und überdies für den »Blutorden« vorgeschlagen worden sei. So falsch die erste Behauptung ist, so wenig haltbar ist wohl die zweite: Der »Blutorden« war 1933 durch Hitler gestiftet, zunächst Teilnehmern des Münchener Putsches von 1923, später auch »Parteigenossen« verliehen worden, die vor der »Machtergreifung« inhaftiert gewesen waren. Beides trifft auf Karl Diehl nicht zu. Der weist im übrigen im November 1947 darauf hin, daß die Militärregierung in Nürnberg, auf deren Veranlassung die Wiederaufnahme des Verfahrens betrieben wird, ihrerseits das »angeblich belastende Material (Antrag auf Blutorden, Wehrwirtschaftsführer und SA)« bereits im Mai 1947 nach Düsseldorf geschickt, er selbst folglich nichts »verheimlicht« habe.

Ob das Verfahren wiederaufgenommen worden ist, lassen die verfügbaren Dokumente nicht erkennen. Die Tatsache, daß Karl Diehl erst am 15. Juli 1948 einen Antrag auf

Wiederanstellung »nach erfolgtem Spruchkammerverfahren« stellt, deutet darauf hin. Andererseits wird sein Vermögen bereits Ende Oktober 1947 freigegeben, und seit dem 1. November des Jahres firmiert er wieder als Geschäftsführer der Heinrich Diehl GmbH. Das jedenfalls sagt sein Arbeitspaß, der ihm Mitte Mai 1948 vom Arbeitsamt Düsseldorf ausgestellt wird. So gesehen, endet für Karl Diehl im Herbst 1947 persönlich und beruflich eine schwere Zeit, auch wenn er selbst und sein Unternehmen mit seiner Wiedereinsetzung als Geschäfstführer noch lange nicht über den Berg sind: Karl Diehl hat seinen Hauptwohnsitz nach wie vor in Düsseldorf, und seinen Werken steht mit den umfassenden Demontagen des Jahres 1948 eine der schwersten Bewährungsproben erst noch bevor.

Wecker und Patronen

Konsolidierung im Wirtschaftswunder 1947–1959

Es ist ein Neuanfang. Aber anders als neun Jahre zuvor, als Karl Diehl nach dem unerwartet frühen Tod seines Vaters Heinrich die Geschäftsführung des expandierenden Unternehmens übernahm, steht er jetzt vor einem Trümmerhaufen. Bei aller Prävention, dank deren er 1944/45 manches an Sach- und Vermögenswerten hat retten und sichern können, sind doch tragende Säulen seines Unternehmens eingestürzt: Die Produktionsanlagen sind entweder, wie in Kopenhagen oder zum Teil auch in Peterswaldau, verloren oder, so in Nürnberg, zerstört beziehungsweise besetzt; und die Mitarbeiter, traditionell ein sorgfältig gepflegtes Kapital des Familienunternehmens, sind durch vielfältige Ursachen auf eine Restbelegschaft von wenigen hundert Arbeitskräften geschrumpft. Hinzu kommt, daß Karl Diehl zwar wieder Geschäftsführer des Unternehmens ist, aber seinen Hauptwohnsitz in Düsseldorf behalten muß und sich erst ab August des kommenden Jahres wieder vor Ort um seine Geschäfte kümmern kann. Dabei ist der Tiefpunkt, jedenfalls was die Produktionskapazitäten angeht, 1947 noch nicht einmal erreicht. Der Entwurf eines Geschäftsberichts nennt 1948 das »Jahr der Demontage«.

Daß dieses Jahr auch ein Wendejahr der amerikanischen, ja der westlichen Besatzungspolitik in Deutschland insgesamt gewesen ist, sehen wir heute, aus der Distanz von Jahrzehnten, deutlicher, als es den Zeitgenossen erscheinen konnte. Gewiß, unter dem Eindruck einer schwierigen Versorgungslage, die im extremen Winter 1946/47 mitunter dramatische Formen annimmt, und vor dem Hintergrund der sowjetischen Politik in Griechenland und der Türkei, in Polen, der Tschechoslowakei und Finnland, aber auch in der Sowjetischen Besatzungszone in Deutschland stellen Amerikaner, Briten und schließlich auch Franzosen die Weichen ihrer Deutschlandpolitik neu. Die Einrichtung einer amerikanisch-britischen »Bizone« zum 1. Januar 1947 trägt den administrativen und logistischen Schwierigkeiten der Versorgungslage Rechnung; und der Marshallplan, den der amerikanische Außenminister ein knappes halbes Jahr später der Öffentlichkeit vorstellt, bezieht auch die westlichen Besatzungszonen in Deutschland in dieses gewaltige wirtschaftliche Hilfsprogramm der USA für Europa mit ein. Und als die Westmächte im Juni 1948, für die meisten überraschend, in ihren Besatzungszonen eine Währungsreform durchführen, die daraufhin von der Sowjetunion verhängte Blockade sämtlicher Land- und Wasserwege nach Berlin ihrerseits mit dem Aufbau einer gewaltigen Luftbrücke beantworten und so für beinahe ein Jahr das Überleben der Bevölkerung West-Berlins garantieren, zeichnet sich ab: Die Bewohner Westdeutschlands und West-Berlins werden in atemberaubendem Tempo von Gegnern zu Verbündeten der USA, Großbritanniens und Frankreichs. Das ist die eine Seite.

Andererseits scheinen die Westmächte vorerst konsequent an ihrer Besatzungs-, Entnazifizierungs- und eben auch Demontagepolitik festzuhalten. Auf den Listen, die im Oktober beziehungsweise November 1947 für die drei westlichen Besatzungszonen veröffentlicht werden, stehen immerhin noch 918 Industriebetriebe. Nach welchen Kriterien dabei vorgegangen wird, ist jedenfalls für die Betroffenen nicht immer einsichtig. Als Stadtrat Schönleben am 26. März 1947 auf einer Stadtratssitzung die vorläufige

Liste der Nürnberger Reparationsbetriebe bekanntgibt, zählt die Metall-, Guß- und Preßwerk Heinrich Diehl GmbH zur allgemeinen Überraschung weder zu den »Kriegspotentialbetrieben«, deren Demontage bereits feststeht, noch zu den für Reparationen bestimmten oder für sie in Erwägung gezogenen Betrieben. Die Wirklichkeit holt dann freilich die Hoffnung rasch ein: Die am 16. Oktober veröffentlichte Demontageliste für 88 bayerische Betriebe umfaßt auch das Werk 3 der Firma Diehl in Röthenbach.

Die Einwände und Einsprüche gegen diese Entscheidung, die Heinz Rösinger für Diehl formuliert, finden kein Gehör, dabei haben sie durchaus Gewicht: Die geplanten Demontagen, so die Argumentation, würden die gesamte Friedensfertigung »seit 1905« zerstören, weil Werk 1 in den Jahren 1936 bis 1938 fast vollständig in das Röthenbacher Werk 3 verlagert worden sei. Im übrigen könne Werk 3 keineswegs zu den Rüstungsbetrieben gezählt werden. Damit würde bei Diehl das Halbzeugpotential vernichtet, und das wiederum müsse Auswirkungen für die gesamte bayerische Wirtschaft haben, da Diehl circa 500 bis 600 Industriebetriebe, namentlich in Bayern, aber beispielsweise auch in Württemberg, Hessen, teilweise auch der britischen Besatzungszone, beliefere. Insgesamt seien auf seiten der Abnehmer bis zu 25 000 Beschäftigte betroffen.

Immerhin können am 7. November bei einem Treffen von Vertretern der Stadt, der Industrie- und Handelskammer, der Gewerkschaften und der Presse mit Vertretern der Militärregierung Demontagefristen und andere mildernde Maßnahmen, wie insbesondere ein sogenannter Maschinenausgleich, vereinbart werden. An der Demontage selbst ändert das nichts; außerdem müssen die neuen Maschinen erst zu Preisen eingekauft werden, die über denen der Erstbeschaffung liegen. So wird einerseits im Januar 1949 im Werk 3 eine neue 1 800-Tonnen-Presse in Betrieb genommen; andererseits beginnt in diesem Monat

Vom Stahlhelm zum Kochtopf: Erste Nachkriegsprodukte, 1946/47.

der Abtransport der demontierten Maschinen. Bis Juli gehen insgesamt 71 Transporte mit 666 modernen Bearbeitungs- und Werkzeugmaschinen, darunter die 1800-, die 3500- und die 5000-Tonnen-Presse, aus Werk 3 nach Großbritannien, Australien, Neuseeland, Albanien, Frankreich und Luxemburg.

Kein Zweifel, die neue Lage ist außerordentlich schwierig, aber sie ist nicht aussichtslos. Einmal mehr stellt Diehl seine hohe Flexibilität und seine beachtliche Fähigkeit zur Improvisation unter Beweis. Da die Metallproduktion angesichts fehlender Kapazitäten zeitweilig stark rückläufig ist, wenn auch nicht aufgegeben wird, versucht Karl Diehl in den Metallhandel zurückzukehren. In diesem Sinne bittet er Mitte November 1948 die Stadtverwaltung Nürnberg, die im Oktober 1923 der Firma erteilte Großhandelserlaubnis für Altmetall und unedles Metall »ohne die sonst vorgeschriebenen Formalitäten« auf die Metall-, Guß- und Preßwerk Heinrich Diehl GmbH zu übertragen.

Vor allem aber erschließt Karl Diehl neue Produktionsfelder oder baut traditionelle aus. Die Versuche vom Sommer 1948 beziehungsweise vom Herbst 1949, in die Füllhalterfertigung einzusteigen oder die Produktion von Injektionsspritzen aufzunehmen, bleiben Episode. Hingegen reüssiert man jetzt im Uhrenbau: Im Juli 1948 erscheint Diehl mit einem ersten Wecker, dem sogenannten »Normalwecker«, auf dem Markt. In den folgenden Jahren wird das Sortiment konsequent durch Wecker, Tisch- und Wanduhren, Küchen-, Büro- und Wohnzimmeruhren mit Achttage-, Pendel- oder Ankerwerken oder auch um Herdschaltuhren erweitert, mit denen Diehl um 1970 etwa 80 Prozent des deutschen Markts beliefert.

Als das Unternehmen nach Kriegsende die Uhrenproduktion aufnimmt, trifft es offenbar eine Marktlücke: Die Nachfrage ist derart groß, daß Diehl allein bis November 1948 100 000 Wecker verkauft, die von den Händlern an-

Konsolidierung im Wirtschaftswunder 127

Früher Verkaufsschlager: Die »Diletta« mit dem Signet des Metall-, Guß- und Preßwerks Heinrich Diehl, 1948.

fänglich mit Leiterwagen vor dem Werkstor abgeholt werden. Da aber auch die Konkurrenz nicht schläft und schon Ende des Jahres 1948 der »Schwarzwald« den Markt unter anderem mit Weckern überschwemmt, muß Diehl wieder neue Wege beschreiten. Die Lösung besteht in der Entwicklung neuer Modelle, wie dem Wecker »Diletta«, von dem bereits unmittelbar nach der Währungsreform ein erster Prototyp entstanden ist, dem »Leisewecker«, der im Juli 1949 auf den Markt kommt, dem »Stilwecker«, der seit März 1950 produziert wird, dem »Kampfwecker«, der im Dezember 1950 in Produktion geht, oder dem »Cavalier«, der seit Januar 1951 seine Besitzer mit zurückhaltend sich steigernden Signaltönen in den Tag geleitet.

In diese Zeit fällt auch die Herstellung der ersten Rechenmaschinen. Im Dezember 1950 treten Führungskräfte aus der Archimedes-Rechenmaschinenfabrik im sächsischen Glashütte bei Diehl ein; im folgenden Jahr entscheidet sich Karl Diehl für die Eröffnung eines eigenen Geschäftsbereichs Rechenmaschinen und schlägt damit anderslautende Ratschläge von Experten in den Wind; und 1952 entscheidet er sich zur Aufnahme der Serienfertigung. Zunächst in Lizenz gebaut, kann Diehl bald die erste Eigenentwicklung vorstellen. Die 4-Spezies-Maschinen erhalten in der Folge Speicherwerke, die Möglichkeit der Rückübertragung und eine vollautomatische Multiplikation. Spitzenprodukt wird schließlich die »transmatic« mit dem ersten vollautomatischen Drucker, die Diehl im April 1963 auf der Hannover Messe präsentiert, gefolgt unter anderem von der »Sigmatron«, die im Januar 1970 vorgestellt wird und Handel und Industrie die Durchführung statistischer Analysen erleichtert.

In der Firmengeschichte stellen Uhren und Rechenmaschinen auch deshalb eine Besonderheit dar, weil sie den Namenszug des Unternehmens tragen. Das unterscheidet sie von der überwiegenden Mehrzahl der Produkte des Hauses Diehl, denen ihre Herkunft nicht anzusehen ist, und das hat einen einfachen Grund: Diehl-Erzeugnisse sind in der Regel keine End-, sondern Teil- und Vorprodukte. Halbzeug, wie zum Beispiel Rohre und Stangen, oder Teilprodukte, wie Synchronringe und Zeitschalter für Herde und Waschmaschinen, die seit 1953 gebaut werden, aber auch Systemteile für Waffen tragen in der Regel schon deshalb keinen Namenszug, weil sie am beziehungsweise im Endprodukt nicht sichtbar sind; bei anderen Erzeugnissen, wie zum Beispiel der Munition, führen grundsätzliche Erwägungen zum Namensverzicht. Einige Produkte schließlich, wie seit 1956 die Junghans-Uhren, behalten ihren ursprünglichen Markennamen. So gesehen, überrascht es nicht, daß mit der Einstellung der Produktion von Gebrauchsgegenständen, wie der Uhren und der Rechenmaschinen, auch der Firmenname »Diehl« aus dem Bewußtsein der breiten Öffentlichkeit entschwunden ist.

Der Aufbau des neuen Geschäftsbereichs zeigt auch, daß Karl Diehl konsequent die Riege leitender Angestellten verstärkt. 1949 kann er Hans-Willibald Tümena als Leiter der Uhrenfabrik gewinnen. Von Haus gelernter Journalist, war Tümena schon in den zwanziger Jahren in die Wirtschaft gegangen und hatte sich an diversen Rationalisierungs- und Marketingmaßnahmen beteiligt; 1935 wurde er dann Verkaufsleiter und Prokurist beim Uhren- und Zünderhersteller Junghans. Bis zu seinem plötzlichen Tod im September 1958 hat Tümena entscheidenden Anteil am Aufbau und Erfolg der Uhrenproduktion im Hause Diehl.
  Bereits im Dezember 1948 ist Karl Beisel als Prokurist in die Firma eingetreten. Beisel, Autor des 1936 erschienenen Buches *Neuzeitliche Gestaltung des industriellen Rechnungswesens als Voraussetzung wirtschaftlicher Geschäftsführung*, betreibt konsequent die Unterordnung der Finanz- unter die Betriebsbuchhaltung, und das wiederum ruft Karl Kunisch auf den Plan. Der Wirtschaftsprüfer beklagt sich bei Karl Diehl über »haarsträubende« und »nicht zu verantwor-

tende« Buchungsvorfälle und außerdem über ein ausgeprägtes »Machtstreben« Beisels. Den »schweren Konkurrenzkampf« zwischen den beiden, an den sich Karl Diehl noch in hohem Alter lebhaft erinnert, entscheidet schließlich Beisel für sich: Nach gut zehnjähriger Tätigkeit für die Firma und ihren Chef zieht Kunisch Mitte März 1950 die Konsequenz, bleibt aber beiden verbunden.

Wenn nötig, führt Karl Diehl selbst die Trennung von Mitarbeitern und Weggefährten herbei, so auch von Herbert Pontzen, der ihm nach dem Krieg wichtige Dienste geleistet hat. Pontzens 1950, nicht zum ersten Mal, unterbreiteten Vorschlag beziehungsweise seine Bitte, durch eine Beteiligung an seiner Firma eine Kapitallücke zu schließen, weist Diehl kühl ab. Als dann im April 1951 beim Düsseldorfer Berufungsausschuß ein Problem auftaucht, schreibt ihm Pontzen: »Auf meine Unterstützung wollen Sie nicht rechnen – nach der ›aktiven Hilfe‹, die Sie mir und meinem Unternehmen nach der ›Entnazifizierung‹ angedeihen ließen.«

Wenig harmonisch endet auch das Verhältnis zu Heinz Rösinger, wenn Karl Diehl auch dessen Verdienste auf einer Tischgesellschaft Anfang der fünfziger Jahre noch einmal ausdrücklich hervorhebt. Mit der Wiedereinstellung Karl Diehls als Geschäftsführer in seiner eigenen Firma hat Treuhänder Rösinger diese um die Jahreswende 1947/48 verlassen. Fortan vertreibt er die Zahncreme der seit 1946 bestehenden Bayosan-Werke Rösinger & Co. Chemisch-Pharmazeutische Fabrik und hat offenbar nur noch sporadisch Kontakt zu Karl Diehl. Mit leicht ironischem Unterton schreibt er zu Weihnachten 1950 mit Fürther Briefkopf an Diehl, daß der »gegenseitige Wunsch, uns zu treffen, 1950 nicht groß« gewesen sei, »sonst hätte sich trotz der großen Entfernung unserer beiden Wirkungsstätten vielleicht doch die Möglichkeit geboten«. Im übrigen sehe er »keinen Grund ..., weshalb wir uns persönlich als feindliche Brüder gegenüberstehen sollten«.

Wie für die meisten Deutschen ist das Jahr 1949 auch für Karl Diehl in fast jeder Hinsicht ein Wendejahr – unternehmerisch, aber auch familiär. Am 12. März wird in Münchberg sein zweiter Sohn Peter geboren. Anders als sein Bruder gibt er den Eltern zunächst keinen Anlaß zur Sorge. »Der Kleine«, läßt Werners Erzieherin den Vater über den vierjährigen Peter wissen, »ist harmonisch veranlagt, lebensfroh, verträglich, voller Zuneigung für seine Mitmenschen, interessiert an Spielen, Vorlesen und Bauen … Ich halte ihn für klug und bin überzeugt, daß Sie noch viel Freude an ihm erleben werden.« Nach dem Besuch der Wilhelm-Löhe-Schule und des Nürnberger Realgymnasiums schickt Karl Diehl, im Umfeld der Scheidung von seiner Frau, auch Peter im Herbst 1961 auf ein Schweizer Internat. Dort legt er nach einer insgesamt unauffälligen Schulzeit 1968 die Matura ab, um sich dem Studium der Betriebswirtschaft in Nürnberg zuzuwenden.

Auch geschäftlich geht es für Karl Diehl seit 1949 allmählich wieder bergauf, und das liegt nicht zuletzt an den politischen Rahmenbedingungen. In dem Maße, in dem die Deutschen unter dem Eindruck der Vorgänge im sowjetischen Machtbereich und insbesondere der Blockade Berlins an die Seite der Alliierten rücken, verlieren diese erkennbar das Interesse an der Bestrafung und Umerziehung der neuen Weggefährten und der Demontage ihrer Industrie. Die wiederum gewöhnen sich unter dem Eindruck der sowjetischen Erpressungspolitik gegenüber Berlin und der eindrucksvollen westlichen Hilfeleistungen für die bedrohte Stadt zügig an den Gedanken einer Teilstaatsgründung auf dem Territorium der drei westlichen Besatzungszonen. Nachdem das Grundgesetz außer durch den bayerischen durch alle Landtage beziehungsweise Senate ratifiziert worden ist, kann es am 23. Mai 1949 in Kraft treten.

Gewiß, aus der Sicht der meisten Bürger dieser »Bundesrepublik« Deutschland ist ihr Staat ein Provisorium, gewissermaßen ein notwendiges Übel auf dem Weg zur Wiedervereinigung Deutschlands; außerdem ist unverkennbar, daß die Alliierten immer wieder in die Verhandlungen der deutschen Parlamentarier eingegriffen und ihre Handschrift in dieser als vorläufig betrachteten Verfassung hinterlassen haben. Immerhin, die Grundlage für einen politischen Neuaufbau ist geschaffen, und so wählt man am 14. August erstmals seit vielen Jahren wieder ein freies Parlament, den Deutschen Bundestag, und der wiederum kürt einen Monat später, am 15. September, den dreiundsiebzigjährigen Christdemokraten Konrad Adenauer mit einer Stimme Mehrheit, seiner eigenen, zum Bundeskanzler.

Handlungsfähig ist die Bundesregierung, der unter anderem der aus Fürth stammende Franke Ludwig Erhard als Wirtschaftsminister angehört, nur in sehr eingeschränktem Maße. Ein Besatzungsstatut, das am 21. September in Kraft tritt, schränkt die Bewegungsfreiheit der deutschen Politik nach innen erheblich ein, und von einer äußeren Souveränität kann ohnehin keine Rede sein. Vor allem behalten sich die Besatzungsmächte die Zuständigkeit für zahlreiche Bereiche vor, so unter anderem für Reparationen und Demontagen. In der Praxis gehen sie indessen längst nicht mehr so rigide vor wie 1947 oder 1948, im Gegenteil: Das Jahr 1949 steht, jedenfalls für die Firma Diehl, im Zeichen der »Remontage«, wie der Entwurf des Geschäftsberichts für Werk 3 in Röthenbach festhält.

Immerhin kann unter anderem durch die Inbetriebnahme der neuen 1800-Tonnen-Presse wieder ein Fünftel der alten Produktionskapazität, im Laufe des folgenden Jahres sogar schon ein Drittel der früheren Halbzeugkapazität erreicht werden. Im übrigen macht Karl Diehl – auch hier – aus der Not eine Tugend, legt das alte Stammwerk am Nordostbahnhof still und überführt die restlichen Kapazitäten von Werk 1 ins Röthenbacher Werk 3. So wird 1949 mit 1204 Mitarbeitern schon wieder ein stolzer Jahresumsatz von 17,6 Millionen D-Mark eingefahren; und ein Jahr darauf sorgen 1 565 Arbeiter und Angestellte für einen Anstieg des Umsatzes auf 26,6 Millionen D-Mark.

Mit dem Wiederaufbau der Staatlichkeit gewinnen die Institutionen des Staates und auch die politischen Parteien zunehmend an Bedeutung. Kein Wunder, daß auch Unternehmer und Unternehmen von Anfang an versuchen, durch die gezielte Unterstützung von Parteien Einfluß auf die Politik zu nehmen. Dabei werden, unter Ausnutzung gesetzlicher Spielräume, durchweg legale Methoden angewandt. Das gilt auch für Karl Diehl, der sorgfältig darauf achtet, alle relevanten politischen Kräfte gleichermaßen zu bedenken.

Den Anfang machen möglicherweise – nach einem nicht unbedingt zuverlässigen Report der amerikanischen Militärregierung, für den es keine weiteren Belege gibt – Zuwendungen an den rechten Deutschen Block. Gesichert ist hingegen eine Spende an die Kommunistische Partei Deutschlands, deren Nürnberger Ortsverein Karl Diehl für die Weihnachtsfeier 1949 300 D-Mark sowie zehn Wecker zukommen läßt. So gesehen, überrascht es nicht, daß die Ernennung Karl Diehls zum Ehrenbürger der Stadt Röthenbach 1953 mit den beiden KPD-Stimmen erfolgt.

Der ersten Parteispende für die KPD folgt ein Jahr später die zweite – für die Sozialdemokratische Partei Deutschlands, in diesem Falle zehn Wecker für die Weihnachtsfeier der SPD Nürnberg-West. Dabei bleibt es selbstverständlich nicht. Je erfolgreicher das Unternehmen, um so großzügiger die Spenden, auch an die Genossen. Nach mehreren Treffen Karl Diehls mit dem Schatzmeister und Präsidiumsmitglied der SPD, Alfred Nau, läßt Diehl vor allem in den achtziger Jahren mehr oder minder regelmäßig mindestens 50 000 D-Mark jährlich in die Kassen der parteinahen Friedrich-Ebert-Stiftung fließen.

Und selbstverständlich hat Karl Diehl von Anfang an ein offenes Ohr für die Bitten und Wünsche der Christlich-Sozialen Union, zumal diese am 1. Dezember 1946 die Wahl zum Bayerischen Landtag mit absoluter Mehrheit gewonnen hat und seither die dominierende Kraft im Freistaat ist. Wann die ersten Wecker gestiftet wurden oder die erste Spende auf christlich-sozialen Konten eingegangen ist, läßt sich nicht mehr sagen. Ende 1953 wendet sich jedenfalls der stellvertretende CSU-Landesvorsitzende, der in der Parallelklasse mit Karl Diehl Abitur gemacht hat, privat mit der Bitte um eine einmalige Unterstützung an den Unternehmer. Die siebzehn mittelfränkischen Kreisverbände hätten die Wahlkampfkasse über Gebühr strapaziert. »Damit der Name der Partei nicht in den Büchern Deiner Firma erscheint«, schlägt der Parteimann vor, »daß Du gegen eine Inseratrechnung einen Betrag oder einen Scheck auf den Namen ›Verlag Bayern-Kurier‹, München, gibst«. Wenig später bedankt er sich für den Eingang von 1000 D-Mark und vergißt nicht zu erwähnen, daß er von Diehls Hilfe »auch gelegentlich im Geschäftsführenden Vorstand« seiner Partei sprechen werde. Fortan, vor allem in der langen Ära Strauß, können die bayerischen Christsozialen fest mit dem Nürnberger Unternehmer rechnen.

Während Karl Diehl zu Hause mit der Pflege der Politik beginnt, hält er außerhalb der Grenzen intensiv Ausschau nach neuen Märkten. Selbstverständlich denkt er dabei, etwa im Juli 1949, auch an die »Anbahnung von Geschäftsmöglichkeiten mit der Ostzone«, wenn sich diese auch nach der Gründung der DDR am 7. Oktober des Jahres als schwierig erweisen. Immerhin scheint er 1952 mit Bahnaufträgen ins Geschäft gekommen zu sein.

Aussichtsreicher stellen sich ausländische und insbesondere die amerikanischen Märkte dar. Bereits im Oktober 1949 plant Karl Diehl »baldmöglichst« einen Besuch in Argentinien, Uruguay und Brasilien. Konkret verfolgt er Pläne zur Errichtung einer Uhrenfabrik sowie eines

Strangpreß- und Walzwerkes in Argentinien. Dorthin hatte sich im Januar 1950 Heinz Ludwig Ostertag, ein Corpsbruder Karl Diehls, abgesetzt. Anfang August 1950 erhält Diehl von der Alliierten Hohen Kommission in München einen vorläufigen Reiseausweis mit Visa für Argentinien, Brasilien, Uruguay und Chile, außerdem für die USA, die Schweiz und Italien. Ende August 1950 fliegt Karl Diehl dann, dreizehn Jahre nach seiner ersten Reise, für etwa zehn Tage in die Vereinigten Staaten von Amerika, und nicht einmal acht Wochen später hält er sich erneut in New York, Chicago und Milwaukee auf. Daran schließt sich am Ende des Jahres die geplante Reise nach Brasilien, Argentinien, Chile und Uruguay an.

Bereits im Februar des kommenden Jahres besucht Karl Diehl Argentinien erneut, und diesmal ist die schwangere Ehefrau Irmgard mit von der Partie. Am 5. März 1951 kabelt diese ihrem inzwischen nach Nürnberg zurückgekehrten Mann: »Fuehle mich sehr gut, Kind gesund, Gewicht bei Geburt 3820«. Vier Tage zuvor, am 1. März 1951, ist Thomas, der dritte Sohn von Karl und Irmgard Diehl, in Buenos Aires geboren worden. Auch Thomas Diehl wird, im Umfeld der Scheidung der Eltern und nach dem Besuch der Wilhelm-Löhe-Schule in Nürnberg, aufs Internat geschickt, und zwar in Schondorf am Ammersee. Die Hochschulreife erwirbt er dann aber doch in Nürnberg, um 1971, nach einem einjährigen Praktikum in Argentinien, an der Technischen Universität Berlin das Studium des Wirtschaftsingenieurwesens aufzunehmen. Der Jüngste ist offenbar auch der Unabhängigste der drei Brüder gewesen; jedenfalls mahnt Karl Diehl immer wieder »ein paar Zeilen« an und fragt den Zwölfjährigen gelegentlich auch einmal: »Und warum schreibst Du eigentlich ›ich‹ immer groß???«

Geschäftlich gesehen, haben die ersten Reisen Karl Diehls nach Nord- und Südamerika noch keine konkreten Ergebnisse gebracht; aber sie zeigen doch, wie intensiv der

Nürnberger Unternehmer zu diesem frühen Zeitpunkt nach neuen Märkten Ausschau hält. Zu diesen zählt unter anderem auch die Türkei, die Schöppel im Juni 1950 bereist, und die schon 1942 einmal im Gespräch gewesen ist. Selbst Afrika wird von Karl Diehl als möglicher Markt für den ein oder anderen Weckertyp ins Auge gefaßt.

Diese kombinierte Produktentwicklungs- und Exportoffensive Diehls erklärt sich zum einen mit der beschränkten Aufnahmekapazität des heimischen Markts wenige Jahre nach Ende des Krieges. Zum anderen hat das Unternehmen mit Kriegsende die Rüstungsproduktion, die lange Zeit ein wichtiges Standbein gebildet und schließlich die Produktpalette völlig dominiert hat, einstellen müssen. Daß sich das ändern könnte, ist in den ausgehenden vierziger Jahren noch nicht absehbar. Anfang der fünfziger Jahre setzt dann aber eine geradezu atemberaubende Entwicklung ein: Am 25. Juni 1950 überfallen Truppen des kommunistisch geführten Nordkorea den südlichen Teil des Landes. Der Koreakrieg, der erst drei Jahre später, am 27. Juli 1953, mit einem Waffenstillstand beendet wird, hat enorme Konsequenzen, auch für die junge Bundesrepublik. Da kaum jemand daran zweifelt, daß die Sowjetunion hinter dem Überfall steckt, und man davon ausgeht, daß sich Vergleichbares in Europa, also entlang der deutsch-deutschen Grenze, wiederholen könne, zumal es in der DDR bereits paramilitärische Streitkräfte in beträchtlichem Umfang gibt, wird die Aufrüstung der Bundesrepublik im Rahmen eines westlichen Militärbündnisses über Nacht zu einem herausragenden Thema. Am 24. Oktober 1950 schlägt kein Geringerer als der französische Ministerpräsident René Pleven »die Schaffung einer europäischen Armee« mit deutscher Beteiligung vor.

Weil es sich dabei auch um eine Flucht nach vorn handelt, weil die Modalitäten und Konditionen der zur Debatte stehenden Europäischen Verteidigungsgemeinschaft

(EVG) nicht befriedigend gelöst werden können und weil Frankreich in Indochina in einen Kolonialkrieg verwickelt ist, scheitert dieses Projekt zwar nach vierjähriger Verhandlungs- und Ratifizierungsdebatte im französischen Parlament. Da aber inzwischen an der Notwendigkeit des deutschen Verteidigungsbeitrages kein Zweifel mehr besteht, wird die Bundesrepublik ein knappes Jahr später, im Mai 1955, in die NATO sowie in die sich neu konstituierende Westeuropäische Union aufgenommen.

Während sich Politiker und Parlamente über das Wie der militärischen Integration der Bundesrepublik streiten, wittert die alte Rüstungslobby, auch in Deutschland, Morgenluft und wird aktiv: Im Februar 1951 erhält Karl Diehl Post von Emil Leeb, General a.D. der Artillerie, jetzt als Versicherungsvertreter tätig. Darin ist nicht nur von einer Feuerversicherung für die Firma Diehl, sondern auch vom großen Interesse an der »im Westen erfolgenden Aufrüstung« die Rede: »Ich bemühe mich, ausfindig zu machen, wie Bayern nicht zu kurz kommt und unsere Methoden der Rohstoffersparnis bei Waffen, Munition und Geräten aller Art wieder angewandt werden« könne.

Vermutlich hat es dieser Anregung von außen nicht bedurft, um Karl Diehl im Sommer des Jahres zu veranlassen, bei Diplomingenieur Bernhard Heydenreich, ebenfalls General a.D., von 1943 bis 1945 Sonderbeauftragter für Zünderfragen und in dieser Eigenschaft schon damals im engen Kontakt zum Firmeninhaber, ein Gutachten über die Firma Heinrich Diehl GmbH und ihre wehrtechnische Kompetenz in Auftrag zu geben. Das Ergebnis überrascht nicht: »Zusammenfassend ist zu sagen, daß die Firma Heinrich Diehl G.m.b.H 1. über eine tiefe Grundlage materieller und personeller Art verfügt, die sie zur Erfüllung jeder nur einigermassen in ihren Charakter fallenden Aufgabe befähigt, 2. von Herrn Dipl. Ing. Karl Diehl straff, energisch, beweglich, weitschauend und verantwortungsbewusst geführt wird, 3. reiche Erfahrungen und umfassende Sachkenntnisse auf dem Zündergebiet besitzt, darüber aber auch unter Beweis gestellt hat, daß sie sich schnell und sicher in neue, verwandte Aufgaben einarbeiten kann. So kann ich meiner vollen Überzeugung Ausdruck geben, daß die Firma Heinrich Diehl die Garantie für die eine von ihr eingerichtete Fertigung in jeder Hinsicht übernehmen kann.«

Dafür spricht auch, daß die Firma Diehl offenbar noch über den dafür nötigen »Maschinenpark« verfügt. Daß ausgerechnet diese Maschinen nicht demontiert worden sind, hat einen einfachen Grund: Niemand geht in den späten vierziger Jahren davon aus, daß ein deutsches Unternehmen im besetzten westdeutschen Teilstaat jemals wieder Rüstungsgüter produzieren könnte, und für eine zivile Produktion sind sie weitgehend ungeeignet. In diesem Sinne schreibt Karl Diehl im Herbst 1953 an Bundeswirtschaftsminister Ludwig Erhard: »Für den grössten Teil der Maschinen konnte jedoch eine zivile Fertigung nicht gefunden werden, da sie insbesondere für die mechanische Bearbeitung von Massenteilen geeignet sind, die in den Mengen und Abmessungen nur auf dem Munitionssektor benötigt werden.«

Hintergrund dieser Bilanz sind Überlegungen, die Maschinen ins Ausland abzustoßen. Immerhin haben sie einen Wert von 15 bis 20 Millionen D-Mark. Das jedenfalls behauptet Karl Zimmermann, auch er General a.D., vormals Chef der Munitionsbeschaffungsabteilung im Heereswaffenamt und mittlerweile hauptberuflich damit beschäftigt, beim Verlag Mittler & Sohn Werbekunden für die *Wehrtechnischen Hefte* zu beschaffen. Seit Anfang des Jahres 1952 versucht er, Diehl wieder ins Geschäft zu bringen, und weist dabei gegenüber der Dienststelle Blank, der Vorläuferin des Bundesverteidigungsministeriums, auf eine »einzig dastehende Zünderfertigung« in Nürnberg hin, »die ein ausländischer Staat haben will«. Tatsächlich melden Ägypten, wo sich Karl Diehl zu diesem Zweck im Frühjahr

Das Wirtschaftswunder im Visier: Karl Diehl und Ludwig Erhard; in der Mitte Erhards Ehefrau Luise, etwa 1955.

1952 aufhält, und später auch Frankreich Interesse an den Munitionsmaschinen an. Karl Diehl entscheidet sich dann aber doch dafür, sie zu behalten und auf die unausweichlich kommenden Aufträge zu warten.

Seine Kompetenz auf dem Rüstungssektor führt Diehl, zumindest indirekt, auch ins Feld, als es darum geht, umfangreiche Kredite für den Aufbau neuer nichtmilitärischer Produktionsanlagen in Röthenbach einzuwerben. Anlaß ist die 1949 im Einvernehmen mit den Besatzungsbehörden ergangene Anordnung des bayerischen Staates zur »Remontage« des Werkes 3, weil von der Zulieferung mit Nichteisen-Halbzeugen bis zu 600 metallverarbeitende Betriebe im Bundesgebiet abhängig seien. Die Bewilligung der Kredite in Höhe von fast zehn Millionen Mark für eine Strang- und eine Rohrpresse sowie eine Bandstraße vorausgesetzt, sieht sich Diehl zu einer Produktion in solchem Umfang durchaus in der Lage und argumentiert im März 1952 sowohl mit der Halbzeugfertigung als auch mit der Zünderproduktion der Jahre 1943 und 1944.

Karl Diehl hat gute Gründe, sich nach Kaufinteressenten für seine Munitionsmaschinen sowie nach Bankkrediten umzusehen: Der Geschäftsbericht für das Jahr 1952 weist einen Umsatzrückgang gegenüber 1951 um fast ein Drittel auf 53,4 Millionen D-Mark aus. Dafür verantwortlich sind neben einem »augenblicklich schlechten Geschäftsgang« vor allem erhebliche Finanzprobleme der Firma, weil die Kapitaldecke durch die hohen Investitionen in die Remontage dünn geworden ist und überdies auch noch die Rohstoffpreise anziehen. Hinzu kommen die steuerlichen Belastungen sowie das Inkrafttreten des Gesetzes über den Lastenausgleich am 1. September 1952. Zwar trifft dieses die Unternehmen nicht so hart, wie einige Zeit befürchtet, weil der Lastenausgleich dann doch nicht durch die von der SPD geforderte Umverteilung des Realvermögens aufgebracht wird; aber in einer betriebswirtschaftlich schwierigen Lage schlagen eben auch die Abgaben aus Erträgen von Sachvermögen zu Buche.

Für Karl Diehl ist die Lage auch deshalb mißlich, weil er der Kreditaufnahme und der Verschuldung zeitlebens skeptisch gegenübersteht. So warnt er bereits 1952, auf einer Tischgesellschaft für langjährige Mitarbeiter, vor der Gefahr einer »starken Verschuldung«: »Ein gesundes Unternehmen darf keine Schulden haben, sondern muß im Gegenteil genügend Reserven für Not- und Krisenzeiten besitzen.« Seit Ende des Krieges sei es »eigentlich nur um die Sicherung der nackten Existenzgrundlage« gegangen, und die enormen finanziellen Belastungen der vergangenen Jahre seien nur zu schultern gewesen, weil die Gesellschafter auf jede Gewinnausschüttung verzichtet hätten. Nunmehr gehe es darum, »Kredite abzubauen und Reserven zu schaffen«. »Konsolidierung« sei das Gebot der Stunde, und es gelte »in dem jetzt abgesteckten Tätigkeitsbereich die Leistungsfähigkeit so zu steigern, daß wir nicht mehr zu schlagen sind«.

Karl Diehl weiß, warum er vor seinen langjährigen Mitarbeitern im Plural spricht: »Unser Wirken kann nur zum Erfolg führen, wenn wir unter uns eine offene, ehrliche und freie Zusammenarbeit pflegen. Wir kommen nur voran durch eine wirkliche Gemeinschaftsarbeit, wobei die Mannschaft unter sich und mit ihrem Vorgesetzten eine verschworene Gemeinschaft bildet und der Vorgesetzte sich für seine Mannschaft mit verantwortlich fühlt. Der Vorgesetzte bedarf der Mitarbeiter und Helfer, und diese sollen nicht nur materiellen Dank ernten, sondern sie müssen auch mit dem Herzen, mit Geist und Gemüt bei der Arbeit sein und dafür auch die selbstlose herzliche Anerkennung ihrer Vorgesetzten erfahren.«

Man wird sich hüten müssen, diese Äußerungen als rhetorische Floskeln abzutun. Vielmehr wird hier das Selbstverständnis eines Familienunternehmens formuliert, das inzwischen auf ein halbes Jahrhundert erfolgreicher Geschäftstätigkeit zurückblicken kann und gute Chancen hat, den schwersten Einbruch seiner Geschichte nicht nur dank einer cleveren Unternehmensführung, sondern eben auch mit Hilfe seiner Mitarbeiter zu überwinden. Und so entwickelt Karl Diehl anläßlich der offiziellen Feiern zum fünfzigjährigen Betriebsjubiläum am 28. Dezember 1952 dezidiert und offensiv den Gedanken der Firma als Familie und hebt ihn von jener aus seiner Sicht überlebten Vorstellung einer sozialen Revolution ab, die in den zwanziger und dreißiger Jahren entwickelt worden und gescheitert sei: »Die vermeintlichen Gegensätze zwischen Arbeit und Kapital«, so Karl Diehl im Dezember 1952, »bestehen in Wirklichkeit nicht. An Stelle des Kapitalisten soll der Unternehmer treten, der seine Berufung und Daseinsberechtigung als erster Mitarbeiter des Betriebes zu beweisen hat.«

Wegen der angespannten betriebswirtschaftlichen Lage des Unternehmens werden die Jubiläumsfeierlichkeiten »in aller Stille« begangen, zudem in einer nicht beheizten Halle, und das hat nicht vorhersehbare Folgen: Margarete Diehl, die selbstverständlich dabei ist, als das von ihr mitbegründete und durch schwere Krisen geführte Unternehmen auf ein halbes Jahrhundert zurückblickt, zieht sich bei der Feier eine Erkältung zu, die nicht auskuriert wird und schließlich in einer Lungenentzündung eskaliert. Am 26. Februar 1953 stirbt die Witwe Heinrich und die Mutter Karl Diehls im Alter von 72 Jahren.

Ganz im Sinne Margarete Diehls hat die Unternehmensleitung anläßlich des Jubiläums dem Gedanken der Firma als Großfamilie Taten folgen lassen und ein sichtbares Zeichen gesetzt. Schon Ende 1951 hatte der Prokurist Günther Brandt, der seit Oktober 1950 als »persönlicher Mitarbeiter« Karl Diehls fungiert, gegenüber diesem angeregt, das Jubiläumsjahr zum Anlaß zu nehmen, »nicht nur Ihren und Ihres Unternehmens Namen in der Öffentlichkeit gebührend hervorzuheben, sondern auch das soziale Fundament Ihres Unternehmens weiter zu festigen

50 Jahre Diehl (von links nach rechts): Karl Beisel, Prokurist seit 1948 und »graue Eminenz« des Unternehmens, mit Margarete Diehl, ihrer Schwester Marie Schmidt und Irmgard Diehl, der Frau Karl Diehls, 28. Dezember 1952.

und zu verbreitern«. Und so gibt Karl Diehl anläßlich des fünfzigjährigen Betriebsjubiläums die Gründung des Heinrich Diehl-Gedächtnis-Fonds bekannt. Er soll sowohl der Unterstützung notleidender Beschäftigter als auch der Einführung einer freiwilligen Betriebsrente für langjährige Mitarbeiter dienen. Zum Jahresende 1953 wird er ins Leben gerufen.

Damit wird ein Fundament der sozialen Sicherung gelegt, das in den folgenden Jahrzehnten konsequent ausgebaut worden ist und neben anderen Maßnahmen entscheidend dazu beigetragen hat, viele Mitarbeiter und ihre Familien, mitunter über Generationen, an das Unternehmen zu binden. Im Jubiläumsjahr 2002 belaufen sich das Vermögen beziehungsweise die Rückstellungen der diversen Versorgungswerke der Diehl-Gruppe auf beinahe 233 Millionen Euro, aus denen 7 200 ehemalige Mitarbeiter ihre betriebliche Altersrente beziehen. Obgleich es, anders als bei den laufenden Renten, keine gesetzliche Verpflichtung zur Anpassung der Versorgungsanwartschaften gibt, hat die Nürnberger Unternehmensgruppe diese auf freiwilliger Basis stets um den gleichen Prozentsatz angehoben wie die laufenden Renten, womit sich allein diese Aufwendungen seit Anfang der achtziger Jahre um 40 Prozent erhöht haben. Zudem wurden im gleichen Zeitraum, also während der beiden dem Hundertjährigen vorausgegangenen Jahrzehnte, etwa zwei Millionen D-Mark für Sonderzahlungen in Notfällen aufgewandt.

Natürlich sind solche Leistungen ohne eine gesunde geschäftliche Entwicklung nicht vorstellbar. Offensichtlich ist die Konsolidierungsphase des Unternehmens zehn Jahre nach Kriegsende im wesentlichen abgeschlossen. Nachdem der Jahresumsatz 1953 auf dem Niveau des Vorjahres stabilisiert werden konnte, erreicht er 1954 beinahe wieder die Marke des Jahres 1951, um dann 1955 um gut 46 Millionen auf beachtliche 120 Millionen D-Mark zuzulegen. Verantwortlich für diese Entwicklung sind die Erfolge der Exportoffensive. Nicht zufällig sucht Diehl im April 1954 per Anzeige einen Direktor für die Leitung der Exportabteilung seines Hauses. Vor allem aber kommt die Firma jetzt mit Rüstungsaufträgen ins Geschäft. Jedenfalls berichtet Karl Diehl im Herbst 1953 Bundeswirtschaftsminister Erhard, daß im Januar des Jahres über »einen kleinen mir gehörenden Verlagerungsbetrieb in Saarbrücken« eine französische Gruppe mit dem Vorschlag an ihn herangetreten sei, dort »eine gemeinsame Firma mit hälftiger Beteiligung zu gründen, die vorhandene Engpässe in dem französischen Off-Shore-Programm überbrücken kann. Diese Firma soll zunächst 900.000 Zünder an Schneider und Pompey zur Vervollständigung der bestellten kompletten Schüsse liefern.«

Tatsächlich hatte Karl Diehl gemeinsam mit Paul Spengler, dem Besitzer der Firma Manufacture de Machines du Haut-Rhine (Manurhin), am 3. September 1953 die Firma Manufacture Méchanique de la Sarre gegründet. Diehl stellt die Maschinen, die Betriebsmittel, die Lehren, die Prüfeinrichtungen und das Know-how zur Verfügung; Manurhin übernimmt die Finanzierung des Geländes und der Bauten, und zwar in Bübingen und in Auersmacher. Von diesem gemeinsamen Unternehmen, das später als »Manusaar« firmiert, werden zunächst für das französische Heer amerikanische Zünder des Typs PDM 51 A 5 nachgebaut; 1957 geht dann der erste Bonner Großauftrag über Infanteriemunition bei Manusaar ein.

Anfänglich ist die Zusammenarbeit zwischen Diehl und Spengler nicht immer problemfrei. Offenbar hat letzterer das Gefühl, von Diehl über den Tisch gezogen zu werden, weil die Aufträge in der Regel über Nürnberg eingehen. Das ändert nichts daran, daß die Geschäftsbeziehung der beiden den Anfang einer jahrelangen Partnerschaft und Freundschaft bildet. Bis Anfang 1962 wickelt das Unternehmen Aufträge über insgesamt 589 Millionen Patronen ab.

Karl Diehl überläßt dabei nichts dem Zufall. Unmittelbar vor Gründung der neuen Firma und vor Eingang des französischen Auftrags ist er im September 1953 in die USA gereist, um sich über die Fortschritte der Rüstungs- und insbesondere der Munitionsproduktion während der vergangenen Jahre sachkundig zu machen. Der Befund ist eindeutig: »Wenn Rüstungsaufträge nach Deutschland kommen, müßten demnach neue, dem amerikanischen Stand der Technik entsprechende Fertigungsanlagen aufgestellt werden.«

Tatsächlich stehen dem Nürnberger Unternehmen noch keine modernen Fertigungsanlagen zur Verfügung, als »Heinrich« Diehl von der hierfür noch zuständigen Abteilung des Bundeswirtschaftsministeriums eingeladen wird, Ende Oktober 1953 an einer »Beratung von Planungsvorhaben für die EVG« teilzunehmen. Einmal mehr war es General a.D. Karl Zimmermann gewesen, der sich im Vorfeld für Diehl stark gemacht hatte: »Bei Ihren Planungen vergessen Sie nicht die Firma Heinrich Diehl Metall u. Preßwerk Nürnberg, Stephanstr. Diehl ist der Erfinder und Entwickler des Einheitszünders Az. 1. Er ist auch heute in der Lage, sämtliche Zünder einschließlich des Uhrwerkszünders S 30 zu fertigen. Ausserdem kann er sofort das ganze 2 cm Geschoss wieder fertigen. Die Sachingenieure für Art. Zünder u. für den Uhrwerkszünder sind noch im Werk.« Zimmermann ist bis Ende 1961 für Diehl tätig, seit Februar 1957 als freiberuflicher Berater. Besondere Erfolge sind seiner Lobbyistentätigkeit nicht beschieden gewesen, was sich nicht nur mit seinen Eigenschaften und Fähigkeiten, sondern auch mit den bürokratischen Strukturen der im Aufbau befindlichen Bonner Behörden sowie mit den zunächst nicht ausreichenden Fertigungskapazitäten Diehls erklärt.

Mit der Wiederaufnahme der Rüstungsproduktion, aber auch wegen des härter werdenden Konkurrenzkampfes auf

Zukunftstechnologie der sechziger Jahre: Aufsetzen des Staffelwalzen-Rechenwerkes auf das Chassis (links) und das fertige Produkt, mit dem sich Diehl zeitweise die Marktführerschaft sichert.

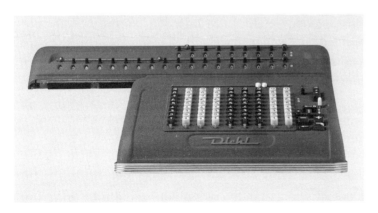

dem Uhren- und Rechenmaschinensektor stellt sich für Diehl verstärkt die Frage des Betriebs- beziehungsweise Werkschutzes. Die Sorge vor Spionage oder Sabotage führt Ende 1954 zum Aufbau eines eigenen Sicherheitsdienstes. Mitte Februar 1960 wird erstmals ein Werksangehöriger, der Betriebsratsvorsitzende des Werkes 4, wegen »landesverräterischer Betätigung im Auftrage eines ostischen Nachrichtendienstes« festgenommen. An der Spitze des Werkschutzes steht ein alter Bekannter Karl Diehls: »Ich kehre«, hatte Peter Dorscht Mitte Oktober 1954 an Karl Diehl geschrieben, »Deinen Fabrikhof, wasche Deine Autos, putze Deine Stiefel oder trage Deine Koffer und Aktentaschen. Ich muß endlich an einem Arbeitsplatz Ruhe finden können und muß wieder wissen, daß ich wohin gehöre, lieber Karl.«

Peter Dorscht, Jahrgang 1904, war soeben aus französischer Haft entlassen worden. Damit hatte eine fast zehnjährige Odyssee durch französische Gerichte und Gefängnisse ihr Ende gefunden, in deren Verlauf er zunächst zweimal zum Tode, dann zu lebenslänglicher Zwangsarbeit verurteilt worden war, um schließlich, wohl 1954, mangels Beweisen auf freien Fuß gesetzt zu werden. Hintergrund seiner Inhaftierung und Verurteilung war die vorgebliche Erschießung von 400 Menschen bei Montluçon im Sommer 1944. Jedenfalls hatte Dorscht, damals SS-Untersturmführer beim Sicherheitspolizeikommando z.b.V.6, einen entsprechenden Befehl, hatte auch den Vollzug desselben gemeldet, tatsächlich aber sämtliche Gefangene freigelassen. Offenbar will er nach dem Krieg, aus welchen Gründen immer, die Hintermänner und Befehlsgeber decken; jedenfalls leugnet er, daß es je einen Liquidierungsbefehl gegeben habe. Wenn es diesen aber nicht gegeben hat, kann es auch keine Freilassung von Gefangenen gegeben haben, die hätten liquidiert werden sollen. Erst zwanzig Jahre später, nach dem Tod des vermutlichen Befehlsgebers, läßt Dorscht den zuständigen Stadtkommandanten von Moulins, den er unmittelbar nach der Freilassung der Gefangenen ins Bild gesetzt hatte, zu seinen Gunsten aussagen.

Als Karl Diehl Peter Dorscht einstellt, weiß er nicht, daß dieser zu Unrecht interniert war. Offenbar kennen sich die beiden seit den dreißiger Jahren, und wie so häufig hält Karl Diehl, wenn er einmal zu einem Menschen Vertrauen gefaßt hat und dieser ihm von Nutzen ist, an ihm fest, solange er von dessen Integrität überzeugt ist, ganz gleich, was von anderer Seite vorgetragen wird. Nach Kriegsende nimmt Dorscht aus dem Gefängnis Kontakt zu Diehl auf und bittet ihn, sich um einige in Deutschland lebende Angehörige zu kümmern. Dabei geht es pikanterweise sowohl um seine Frau als auch um seinen unehelichen Sohn und dessen Mutter, die übrigens bei Pontzen in Düsseldorf beschäftigt gewesen ist. Karl Diehl entspricht Dorschts Bitten, auch derjenigen nach Anstellung vom Oktober 1954. Dorscht hat eine lange Karriere als Polizist hinter sich, und das prädestiniert ihn in Diehls Augen als Leiter des aufzubauenden Werkschutzes: 1924 war er in die Landespolizei eingetreten, 1930 von der Schutzpolizei Nürnberg-Fürth übernommen und 1937 von der Abteilung I des Polizeipräsidiums Nürnberg zur Abteilung III abgeordnet worden, die unter anderem für die Spionageabwehr zuständig gewesen ist.

Das Thema Sicherheit im Unternehmen wird um so größer, je stärker dieses expandiert. Mitte Dezember 1956 erfährt eine erstaunte Öffentlichkeit, daß Diehl die Aktienmehrheit des Schwarzwälder Uhrenherstellers Junghans besitzt. Anfang August 1953 hatte Karl Diehl mit dem Aufkauf der Aktien begonnen. Das Geschäft wurde über die Bayerische Vereinsbank in München abgewickelt. Um den Kurs nicht in die Höhe zu treiben, hatte er den beauftragten Bankier, den er aus gemeinsamen Studien- und Corpszeiten kennt, gebeten, die Aktien, die mehrheitlich nicht mehr im Besitz der Familie Junghans waren, nur an der Münchener Börse zu kaufen.

Das Unternehmen war 1861 durch Erhard Junghans und Jacob Zeller-Tobler als Firma Zeller & Junghans gegründet worden; 1894 hatte die Uhrenproduktion erstmals die Millionengrenze überschritten. Seit 1911 als Gebrüder Junghans AG firmierend, wurden 1924 bei einem Umsatz von 15 Millionen Reichsmark mehr als dreieinhalb Millionen Uhren gefertigt. Nach dem Zweiten Weltkrieg erlebt auch Junghans eine Phase der Demontage, der etwa die Hälfte aller Gerätschaften zum Opfer fällt. Erst Mitte der fünfziger Jahre findet das in Schramberg ansässige Unternehmen durch neue Techniken und Verfahren wieder Anschluß an den Weltmarkt.

Karl Diehl sieht sehr wohl, daß der erfahrene Schwarzwälder Uhrenhersteller, der die Nürnberger Konkurrenz spöttisch als »Auch-Weckerfabrik« bezeichnet, auf Dauer eine Gefahr für die eigene Uhrenproduktion sein würde. Aber nicht nur als älteste Uhrenmarke Deutschlands ist Junghans für Diehl von Interesse. Vielmehr hat sich die Firma auch als leistungsfähiger Zulieferer für Zünder und Zündsysteme einen Namen gemacht. Im hohen Alter nach den Gründen für den Kauf gefragt, nennt Karl Diehl an erster Stelle die Junghans-Zünder, die mechanisch einstellbar und deshalb den Thiel-Zündern überlegen gewesen seien. Das klingt plausibel; immerhin ist Diehl ja Mitte der fünfziger Jahre intensiv um eine Rückkehr in die Rüstungs- und namentlich in die Munitionsproduktion bemüht. Er selbst tritt dann auch in den Vorstand der Junghans AG ein, während Helmut Junghans in den Aufsichtsrat des Nürnberger Unternehmens kommt.

Zehn Jahre nach Kriegsende ist dieses nicht nur weitgehend konsolidiert, vielmehr hat sich auch sein Erscheinungsbild erheblich geändert. So gesehen ist es konsequent, daß das Unternehmen seit Januar 1956 als »Diehl GmbH« firmiert. Der Abschied von der Firma »Metall-, Guß- und Preßwerk Heinrich Diehl« signalisiert aber nicht nur ein neues Profil und eine neue Produktpalette, sondern bringt auch zum Ausdruck, daß die Gründergeneration, drei Jahre nach dem Tod Margarete Diehls, endgültig abgelöst worden ist. Heinrich Diehl und seine Frau standen für Aufbau und Aufstieg des metallverarbeitenden Betriebes und des sich daraus entwickelnden Rüstungsunternehmens; Karl Diehl setzt diese Tradition fort und ergänzt sie zugleich um neue, zukunftsträchtige Geschäftsfelder wie die Uhrenproduktion, die Herstellung von Rechenmaschinen oder auch einen firmeneigenen Flugdienst.

Zu den erlesenen Hobbys, denen Karl Diehl nachgeht, gehört neben der Jagd, schnellen Autos oder auch Segeljachten die Fliegerei. Seit Mitte August 1956 besitzt er den Luftfahrtschein für einmotorige, seit Mitte Juni des folgenden Jahres auch für mehrmotorige Flugzeuge, und acht Wochen später erwirbt Karl Diehl die Zulassung für den Sprechflugfunkdienst. Ende April 1990 absolviert der bald Dreiundachtzigjährige seinen letzten Flug zur Erneuerung des Flugscheins, den er bis Mai 1992 besitzt. Selbst sitzt Karl Diehl eher selten im Cockpit, insgesamt etwa 900 Stunden, zumeist als Begleiter. Mitte Mai 1957 stellt er Paul-Ernst Zwarg als Berufspiloten ein. Nachdem erst zwei Jahre zuvor das Flugverbot in Deutschland aufgehoben worden ist, zählt Zwarg jetzt zu den ersten drei Industriepiloten im Lande, in Bayern ist er anfänglich sogar der einzige. Das Verhältnis Karl Diehls zu seinem Piloten ist nicht immer frei von Spannungen gewesen; so gibt er im Juni 1958 ein graphologisches Gutachten über dessen Eignung in Auftrag. Über das wenig vorteilhafte Ergebnis setzt er sich dann freilich hinweg, und Zwarg bleibt mehr als fünfundzwanzig Jahre, bis Ende 1983, bei Diehl und verbringt mehr als 14 000 Stunden am Steuerknüppel, zuletzt als Deutschlands ältester Industriepilot.

Mit dem Engagement des Berufspiloten beginnt auch der Aufbau des »Flugdienstes« der Firma Diehl. Einmal mehr hat Karl Diehl auch hier die Nase vorn: 1957 ist er der erste bayerische Unternehmer mit einem eigenen Firmenflugzeug und zugleich nach Horten und Krupp der dritte Flugzeughalter in der Bundesrepublik; Ende Juli 1957 überführt Zwarg die zweimotorige »Beech Twin Bonanza« in einem fast zehnstündigen Flug aus den USA nach Nürnberg. Offenkundig hat der »Nürnberger Uhrenfabrikant«, wie der *Spiegel* zwei Jahre später registriert, einen »besonderen Gefallen daran«, seinen eigenen Namen »durch die Lüfte« zu tragen: Die erste Maschine fliegt mit der Registrierung »D-IEHL«. Im Mai 1959 wird eine zweite Maschine in Dienst gestellt; Anfang 1961 erwirbt Diehl das erste Reiseverkehrsflugzeug; und im Oktober 1975 kommt der erste Jet im Diehl-Flugdienst zum Einsatz. Ende der siebziger Jahre sind zwölf Besatzungen angestellt.

Die Fliegerei ist ein schönes Beispiel für die Möglichkeiten, aber auch für die Grenzen eines ambitionierten Unternehmers in einer Phase stürmischer volks- und betriebswirtschaftlicher Expansion. So ist auch für Karl Diehl das Flugzeug nicht nur Hobby und in gewisser Weise auch Ausweis erfolgreichen Unternehmertums, sondern von Anfang an auch wirtschaftliches Betätigungsfeld: Ende 1958 steigt er in die Flugzeugwartung ein und gründet gemeinsam mit seinem Vetter Karl Heinz Schmidt von den Faun-Werken die Aero-Dienst GmbH. Aus dem Zweimannbetrieb entwickelt sich ein rasch expandierendes Unternehmen, das aber lange Zeit in der Verlustzone operiert. Und so denken beide Gesellschafter immer wieder über einen Ausstieg nach, der dann 1980 durch die Faun-Gruppe vollzogen wird. Seither gehört der Aero-Dienst ganz zur Firmengruppe Diehl. Als er 1998 verkauft wird, hat die Firma drei Standbeine. Neben dem Werftbetrieb, also der Wartung der eigenen sowie der Flugzeuge anderer Privatpersonen beziehungsweise Gesellschaften, besitzt Diehl die Vertriebsrechte unter ande-

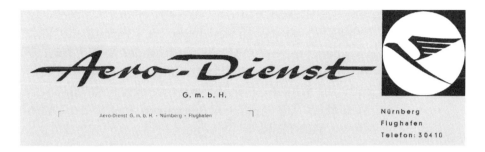

Die Fliegerei als Leidenschaft und Beruf: Das Logo des Flugdienstes und die »Beech Twin Bonanza« mit der Registrierung »D-IEHL«. Mit dem Aero-Dienst zählt Diehl neben Horten und Krupp seit 1957 zu den ersten Flugzeughaltern in der Bundesrepublik.

rem für Learjet, British Aerospace sowie Beechcraft. Schließlich ist das Unternehmen im Charterdienst tätig, vor allem für den ADAC. Seit 1975 ist der Aero-Dienst exklusiver Partner für die Rückholflüge des ADAC im Rahmen des Schutzbriefes. Bis 1995 werden mehr als 17 000 Menschen mit Ambulanzflugzeugen durch den Aero-Dienst nach Hause transportiert.

Insgesamt ist die Kooperation mit dem populären ADAC zwar prestigeträchtig, aber nicht sehr profitabel, weil der Club mit seiner überragenden, beinahe exklusiven Stellung unter den deutschen Automobilisten ein Pfund in der Hand hat, mit dem er wuchern und in diesem Falle die Preise drücken kann. Andererseits wiederum besitzt Diehl mit dem Werftbetrieb innerhalb des Aero-Dienstes einen Bereich, der Gewinn abwirft, allerdings auch nur deshalb, weil gleichzeitig Flugzeuge, neue wie gebrauchte, abgesetzt und damit potentielle Kunden gewonnen und gebunden werden können. Insgesamt hat der aus einer Leidenschaft Karl Diehls entstandene Flugbetrieb nicht zu den Profitbringern gezählt. Daß er nie in einen der Geschäftsbereiche integriert worden ist, deutet zugleich darauf hin, daß die Fliegerei nicht zu den Kernkompetenzen des Nürnberger Unternehmens gehört hat.

Das unterscheidet sie von der Metallverarbeitung, insbesondere der Halbzeugproduktion, und vom Rüstungsbereich, namentlich der Munitionsherstellung. Hier besitzt das Unternehmen eine unzweifelhafte Kompetenz; hier konnte man in der Vergangenheit die größten Erfolge erzielen; und hier erlebt die Firma Diehl in den ausgehenden fünfziger Jahren den Durchbruch. Daß der Gesamtumsatz 1960 bei 422 Millionen D-Mark liegt, hat auch mit einer Akquisition zu tun. 1958 hat Karl Diehl durch Übernahme der Anteile mehrerer Kommanditisten das Sundwiger Messingwerk erworben. Das traditionsreiche Unternehmen war 1698 durch den Handwerker Johann Bernhard von der Becke gegründet worden. Zunächst auf die Herstellung eiserner Schnallen spezialisiert, stellt man zuletzt vor allem Metallbänder aus Spezialllegierungen her. Für die Produktpalette des Nürnberger Unternehmens ist das eine ideale und zukunftsweisende Ergänzung. Das weiß auch Walter Stoesser, der seit zwei Jahrzehnten in der Leitung des Sundwiger Messingwerks tätig ist und den Verkauf einfädelt. Walter Stoesser und Karl Diehl kennen sich seit 1937, als sie gemeinsam an der USA-Reise des Nichteisenmetall-Industrie-Verbandes teilgenommen haben. Nach Abwicklung des Kaufs und Eingliederung der Messingwerke in den Unternehmensverbund ist Stoesser bei Diehl als Geschäftsführer tätig.

Die in Westfalen produzierten Bänder und Drähte gehen zu 60 Prozent in den Export und finden ihren Einsatz zunehmend in der Halbleiterindustrie und der Telekommunikation, aber auch in Automobilen, Haushaltsgeräten oder Computern. Daß vier Jahrzehnte nach dem Kauf durch Diehl im Sundwiger Messingwerk auch die Münzlegierungen für die 10-, 20- und 50-Cent- sowie die 1- und 2-Euro-Münzen der neuen europäischen Währung produziert werden würden, kann damals schon deshalb niemand ahnen, weil die D-Mark zehn Jahre nach ihrer Einführung auf dem besten Weg ist, zu einer der führenden Währungen der Welt zu werden.

Die Anbahnung des Kaufs ist ein anschauliches Beispiel dafür, wie Karl Diehl Kontakte und Beziehungen pflegt, wenn und soweit sich die Partner an die Spielregeln halten. Das gilt für Walter Stoesser, und es gilt für einige Bürokraten und Militärs, die ihm beim Wiedereinstieg in die Rüstungsproduktion behilflich sind. Im Zuge der Ausrüstung der im Aufbau befindlichen Bundeswehr steht auch die Anschaffung von Luftabwehrgeschützen einschließlich der Munition des Typs 20- und 40-Millimeter auf dem Programm. Zuständig ist das neueingerichtete Bundesamt für Wehrtechnik und Beschaffung (BWB), und dort werben

Auf dem Weg zum Euro: Im Sundwiger Messingwerk produziert Diehl das Band, aus dem die Rohlinge für die Euro-Münzen gestanzt werden.

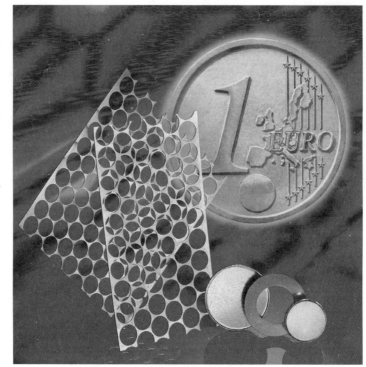

zum einen General a.D. Karl Zimmermann und zum anderen Amtsrat a.D. Wilhelm Eilers für eine ordentliche Beteiligung der Firma Diehl an dem Großauftrag. Auch Eilers ist ein alter Bekannter, seit er 1935 im Auftrag des Rüstungskommandos Nürnberg die Frage sondiert und positiv beantwortet hatte, ob Diehl technisch zur Zünderproduktion in der Lage sei.

Aber natürlich überläßt Karl Diehl die Vertretung seiner Interessen nicht allein den Lobbyisten. Als er im Sommer 1957 erfährt, daß eine Auftragsvergabe bei der 20- und 40-Millimeter-Munition an die Konkurrenz bevorsteht, »interveniert« er persönlich in Bonn und weist auf die langjährige Erfahrung von Diehl und Junghans bei der Herstellung solcher Munition, aber auch darauf hin, daß eine Vergabe an mehrere Hersteller den Preis drücken werde. Vor allem aber mobilisiert er jetzt die bayerischen Verbindungen: Franz Josef Strauß, der seit 1949 für die CSU im Bundestag sitzt, seit 1949 deren Generalsekretär und seit 1952 ihr stellvertretender Vorsitzender ist, muß nicht erst davon überzeugt werden, daß Bayern bei den lukrativen und technologisch zukunftsträchtigen Rüstungsgeschäften nicht übergangen werden darf. Nachdem er ein Jahr lang das Ministerium für Atomfragen innegehabt hat, ist Strauß seit Oktober 1956 als Bundesminister der Verteidigung endgültig eine erste Adresse für den bayerischen Munitionshersteller Diehl.

Im Januar 1958 ordnet der Verteidigungsminister eine Untersuchung der bevorstehenden Auftragsvergabe an und entscheidet daraufhin, daß die Aufträge zur Produktion der 20-Millimeter- und der 40-Millimeter-Munition nicht ausschließlich, wie bis dahin vorgesehen, an die Firmen Rheinmetall beziehungsweise Dynamit AG gehen sollten, sondern daß eine Ausschreibung unter Einbeziehung Diehls erfolgen müsse. Tatsächlich gelingt es dem Nürnberger Unternehmen, einen Großauftrag über die Fertigung der »Flak Bofors« 40-Millimeter-Munition zu akquirieren. Dank »sorgfältiger Kalkulation und niedriger Preise« kann Diehl im April 1958 den Konkurrenten, die Dynamit AG, unterbieten und damit die Hälfte des Auftrages für sein Unternehmen verbuchen, der damit zum ersten Rüstungsauftrag der Firma nach dem Krieg wird. Da Diehl aber noch nicht über das nötige *Know-how* verfügt, wird dieses durch ein Lizenzabkommen mit der Firma Oerlikon erworben und umgehend in ein eigenes Produktionsprogramm integriert. So entsteht im Anschluß an den Auftrag ein neues »Elementenwerk«, das Werk 41. 1959 wird hier die Produktion aufgenommen.

Auch im Fall der 20-Millimeter-Munition kommt es schließlich zu einer Aufteilung zwischen den Konkurrenten Rheinmetall und Diehl. Mit dieser Lösung können beide gut leben, hat sie doch eine Verdoppelung des Auftrags zur Folge: Ursprünglich sollten durch Rheinmetall acht Millionen Patronen produziert werden. Der Wettbewerb ergab jedoch bei Verdoppelung der Auftragsmenge eine erhebliche Reduzierung der Stückpreise, so daß jetzt sowohl die Düsseldorfer als auch die Nürnberger einen Zuschlag erhalten. Am 4. Februar 1959 unterzeichnet Diehl einen Vertrag über die Lieferung von 6 982 985 Patronen im Wert von etwa 74 Millionen D-Mark.

Die Vergabe des Großauftrags an Diehl ist bemerkenswert, weil das Unternehmen auch in diesem Fall noch keineswegs die Fähigkeit besitzt, das einsatzfähige und ausgereifte Produkt zu liefern. Vielmehr sind noch erhebliche Entwicklungsarbeiten erforderlich, die den Zünder, die Treibladung, die Anzündung, die Sprengladung, die Leuchtspur und den Gleitlack für die Treibladungshülse umfassen. Aus eigener Kraft läßt sich das in kurzer Zeit nicht machen. Also sucht Diehl auch hier eine Kooperation – ausgerechnet mit dem Konkurrenten, da Rheinmetall eine entsprechende Lizenz der Schweizer Firma Hispano-Suiza zum Nachbau der 20-Millimeter-Patrone besitzt.

So gesehen, markieren die Aufträge für die 40-, insbesondere aber für die 20-Millimeter-Munition den eigentlichen Beginn beziehungsweise Wiederbeginn einer eigenen Munitionsentwicklung bei Diehl, und man sieht, daß das Unternehmen dabei einerseits auf seine Erfahrungen und seine Praxis aus den dreißiger und frühen vierziger Jahren zurückgreifen kann, andererseits aber, beinahe fünfzehn Jahre nach Einstellung der Rüstungsproduktion, auf fremde Hilfe angewiesen ist, wenn es darum geht, eine den modernen Erfordernissen genügende Fertigungslinie aufzubauen. Dabei bleibt Karl Diehl auch einem weiteren Prinzip treu, dem schon sein Vater gefolgt ist, nämlich die Konkurrenz durch möglichst günstige beziehungsweise »wirtschaftliche Angebote« zu unterbieten und auszubooten.

Ohne Zweifel bringt also das Jahr 1959 den Durchbruch für das mittelständische Nürnberger Unternehmen zu einem rasch expandierenden Industriekonzern, und es ist gewiß kein Zufall, daß einmal mehr der Einstieg beziehungsweise Wiedereinstieg in die Rüstungsproduktion der entscheidende Faktor gewesen ist. Wie schon während des Ersten Weltkrieges und dann erneut in der zweiten Hälfte der dreißiger Jahre greift Diehl dabei einerseits auf bewährte Fertigungsmethoden zurück und wendet sich zugleich neuen Horizonten zu. So gesehen, hat die Aufnahme beziehungsweise Wiederaufnahme der Rüstungsproduktion für das Unternehmen immer einen Modernisierungsschub bedeutet, auch 1959. Neben dem Wiedereinstieg in die Munitionsproduktion bei gleichzeitiger Entwicklung und Anwendung neuer Fertigungsmethoden begibt sich Karl Diehl auf ein in der Firmengeschichte bislang nicht betretenes Feld: den Panzerbau beziehungsweise die Panzerkettenherstellung.

Die in Remscheid ansässige Firma Backhaus hatte sich nach dem Krieg darauf spezialisiert, Steuerungen und

Bremsteile für englische Militärlastwagen zu bauen und die Raupen belgischer Panzer zu reparieren. Da man insbesondere bei der Panzerreparatur erfolgreich ist, konzentrierte man sich fortan auf die Herstellung von Panzerketten. Offenbar übernimmt sich aber Backhaus mit diesem ambitionierten Programm, und so gerät das Unternehmen 1954 in eine finanziell schwierige Situation, die auch durch einen Kredit der Sparkasse zu Remscheid in Höhe von 1,5 Millionen D-Mark nur vorübergehend beruhigt, nicht aber grundlegend bereinigt werden kann, zumal Backhaus, anders als erhofft, 1957 von der im Aufbau befindlichen Bundeswehr lediglich Aufträge in Höhe von etwa 17 Millionen D-Mark erhält.

Für den zögerlichen Auftragseingang aus Bonn gibt es zwei Gründe, einmal die Qualität der in Remscheid gefertigten Kettenglieder beziehungsweise der auf die Ketten zu montierenden Gummistollen (Pads). Wegen minderwertiger Qualität lösen sich diese häufig von den Ketten, und das führt nicht nur zu zahlreichen Ausfällen, sondern auch zu Unfällen mit tödlichen Folgen. Zum anderen aber, das jedenfalls vermutet später der an diesem Thema sehr interessierte *Spiegel*, hat auch hier der Verteidigungsminister seine Finger im Spiel und versucht, die Firma Backhaus einem »Spezi« zuzuschanzen.

Tatsächlich bemühen sich die Remscheider im Jahr 1958 und 1959 einerseits vergeblich um neue Kredite bei diversen Bankhäusern, während sie andererseits schon seit 1957 versuchen, zumindest Teile der Firma, wenn nicht das gesamte Unternehmen an einen Interessenten zu veräußern. In dieser Situation wird Aloys Brandenstein am 1. November 1958 als Mitarbeiter eingestellt. In den Augen von Backhaus Senior hat Brandenstein vor allem den Vorteil, Nennonkel von Marianne Strauß, der Gattin des Bundesverteidigungsministers, zu sein. Zwar kommt es in den folgenden Wochen und Monaten nicht, wie von den Remscheidern erhofft, zu einer nennenswerten Ausweitung der

Bundeswehraufträge; wohl aber präsentiert Brandenstein, als die Firma unmittelbar vor dem finanziellen Kollaps steht, einen Retter in der Not: Karl Diehl.

Am 14. Juli 1959 treffen Vater und Söhne Backhaus in Remscheid mit Karl Diehl und Karl Beisel zusammen, vier Wochen später ist man handelseinig, und am 31. August 1959 wird in Solingen der Kaufvertrag unterzeichnet. Danach zahlt Karl Diehl für den Panzerkettenbauer 7,75 Millionen D-Mark. Für mindestens drei Jahre sollen Erwin Backhaus Senior Berater der Geschäftsleitung, Erwin Backhaus Junior Leiter von Forschung und Entwicklung und Dieter Backhaus Assistent des kaufmännischen Leiters bleiben. Im September 1959 fällt im Bundesministerium der Verteidigung die Entscheidung, daß die in England zu bauenden Schützenpanzer vom Typ HS 30 nicht, wie ursprünglich vorgesehen, ausschließlich mit Ketten der Schweizer Firma Hispano-Suiza, sondern ab Fahrzeug Nr. 401 mit Backhaus-Ketten ausgerüstet werden sollen.

Erwin Backhaus Senior und Dieter Backhaus scheiden bereits Ende Mai 1960 aus dem Unternehmen aus, Erwin Backhaus Junior ein Jahr darauf, nachdem es gegen ihn zu Ermittlungen wegen Bestechung in den Jahren 1957 beziehungsweise 1958 gekommen war. Mit der Übernahme durch Diehl endet der Vertrag zwischen Backhaus und Aloys Brandenstein, dem als Mitglied der Geschäftsleitung eine Abfindung in Höhe von 275 000 D-Mark ausbezahlt wird. Davon wiederum bringt er 200 000 D-Mark als Einlage in die Firma Backhaus ein und wird Kommanditist. Erst im Mai 1960 wird zwischen Brandenstein und Karl Diehl, dem Komplementär der Firma Backhaus, ein Gesellschaftervertrag geschlossen, der frühestens zum Jahresende 1962 gekündigt werden kann. Gleichwohl scheidet Brandenstein am 14. Februar 1961 aus der Firma aus, die vom folgenden Tag an unter dem Namen »Diehl K.G.« geführt wird. Die Gründe für sein Ausscheiden konnten nie geklärt werden; der *Spiegel* führte es auf einen Erlaß des Bundesverteidigungsministeriums vom Januar 1961 zurück, mit dem die Vermittlungstätigkeit Dritter bei der Abwicklung von Rüstungsgeschäften untersagt wurde.

Mit der sprunghaften Expansion der Firma Diehl steigen auch die Ansprüche an die Verwaltung. Das gilt sowohl für das Management des gesamten Unternehmens als auch für das persönliche Büro Karl Diehls. Was die Verwaltung angeht, bemüht sich dieser seit Ende 1959 um ein geeignetes Grundstück für den Neubau eines Hochhauses. Die Bahnhofsnähe scheidet aus, weil die Lagen damals »teuer« sind; erst 1967 wird dort von Diehl das dann so genannte »Peter-Henlein-Haus« erworben. Die Suche nach einem geeigneten Grundstück »an der Peripherie« der Stadt scheitert wiederholt, weil Diehl und die Stadtverwaltung zu keiner befriedigenden Lösung finden. So werden die in der Stephanstraße verbliebenen Produktionslinien im Laufe der Jahre nach und nach verlagert, bleiben aber in Nürnberg; die dortigen Räumlichkeiten werden in Büros für die Verwaltung umgebaut.

Hier in der Stephanstraße hat auch Karl Diehl sein Büro, das von zwei Damen geleitet wird. Im Januar 1958 erteilt er Hertha Jaeckel die Postvollmacht der Firma, womit sie eine herausragende Vertrauensstellung einnimmt. Hertha Jaeckel ist 1957, siebenunddreißigjährig, in das Unternehmen eingetreten. Zuvor war sie mehr als fünfzehn Jahre bei einer anderen Firma tätig gewesen, und sie sagt, daß sie trotz bester Referenzen noch nie so gründlich durchleuchtet und geprüft worden sei wie bei ihrem Eintritt in die Firma Diehl. Das gilt selbstverständlich für die Recherchen des Sicherheitschefs Peter Dorscht; es gilt aber auch für die Tests, die der Chef selbst vornimmt. So habe Karl Diehl ihr nach der Rückkehr von einer Reise seine Aktentasche in die Hand gedrückt, mit der Bitte, sie zu leeren und den Inhalt zu ordnen. Daß sie auch einige Einhundertmarkscheine enthielt, war gewiß kein Zufall.

Ein andermal habe Karl Diehl sie, ausgestattet mit einer entsprechenden Summe Bargeld, zu einer Auktion nach München geschickt.

Nachdem Hertha Jaeckel die diversen Prüfungen bestanden hat, ist ihre Vertrauensstellung unangefochten. In nahezu drei Jahrzehnten wickelt sie über das Büro ihres Chefs nicht nur dessen dienstliche, sondern auch seine familiären Angelegenheiten ab. Man gewinnt den Eindruck, als habe sie, vor allem nach der Scheidung Karl und Irmgard Diehls, die Funktion einer Ersatzmutter für die drei Söhne übernommen: So wird sie gelegentlich losgeschickt, um sich vor Ort nach dem Grund für ihre schulischen Leistungen zu erkundigen; und auch die geschiedene Frau wählt nicht selten den Weg über das Büro, wenn persönliche Dinge, vor allem die Kinder betreffende Fragen, zu klären sind.

Wenige Monate nach Hertha Jaeckel tritt zum 1. Januar 1958, der Expansion des Unternehmens und der damit einhergehenden Arbeit im Chefsekretariat entsprechend, Ingeborg Popp in die Firma Diehl ein. Sie steht kurz vor Vollendung ihres dreißigsten Lebensjahres, hat das Studium der Betriebswirtschaft mit dem Grad eines Diplomkaufmannes abgeschlossen und einige berufliche Erfahrung beim Fabrikationsversand Georg Schumm und bei der BP Benzin- und Petroleum GmbH gesammelt. Wie Hertha Jaeckel ist auch Inge Popp, die für die betrieblichen Belange zuständig ist, für ihren Chef rasch unabkömmlich. Dabei hatte sie bald nach ihrem Eintritt in die Firma mit dem Gedanken gespielt, wieder zu gehen, weil sie selbständigeres Arbeiten gewohnt war. Damals, so erinnert sich Karl Diehl in einer für seine Verhältnisse ungewöhnlich langen Rede anläßlich ihres sechzigsten Geburtstages, habe es seiner ganzen Überzeugungskraft bedurft, seine Mitarbeiterin am Verlassen des Unternehmens zu hindern. Inzwischen ist Inge Popp nicht nur unverzichtbare Chefsekretärin Karl Diehls, sondern auch seine

In guten Händen: Karl Diehl mit seinen Chefsekretärinnen Hertha Jaeckel und Ingeborg Popp (links), der Lebensgefährtin seiner späten Jahre, 1967.

Vertraute und seine Weggefährtin, die ihm bis ins höchste Alter hinein selbstlos zur Seite steht.

Karl Diehl weiß, was er an den Damen seines Büros hat, und die wiederum setzten Maßstäbe für die Erwartungen ihres Chefs an die Mitarbeiter und Angestellten in seinem engsten beruflichen, aber auch persönlichen Umfeld. Kein Wunder, daß er beinahe zweieinhalb Jahre nach einem geeigneten Butler Ausschau hält. Denn der muß nicht nur, wie es im März 1964 heißt, über Sprachkenntnisse und eine »gewisse Allgemeinbildung« verfügen, sondern auch »für die persönliche Betreuung von Herrn Diehl da sein, bei Gesellschaften entsprechend tätig sein und auch gegebenenfalls mit auf Reisen gehen«. Nachdem er fündig geworden ist, wird im November 1966 ein Arbeits- und Aufgabenplan erstellt: »Beim Frühstück um 7 Uhr servieren ... Kleidung und Schuhe pflegen, zur Reinigung geben etc. ... Aufdecken und servieren bei Tisch; größere Einladungen vorbereiten, bei Tisch bedienen, Besorgungen für den Haushalt mit PKW; Pflege der Jagdsachen, Fotosachen; Weinkeller in Ordnung halten; Kartei führen, Bestand überwachen, Bücher in der Bibliothek in Ordnung halten, einsortieren, abstauben; Schwimmbad, Sauna, Heizung überwachen. Außerdem in den Sommerwochen in Antibes (Südfrankreich) den Haushalt führen, desgleichen im Winter in Lenzerheide (Schweiz)«. Dort hat er seit den ausgehenden sechziger Jahren seinen Lebensmittelpunkt.

Ein solcher Lebensstil zeugt von gediegenem Wohlstand, und von einem solchen läßt sich in der Tat sprechen. Neureiche Attitüden sind Karl Diehl fremd. Gewiß, er hat seine Hobbys, teure und aufwendige, wie zum Beispiel exklusive Autos. Aber die Ferraris, die er über viele Jahrzehnte fährt, tragen eben nicht das übliche Rot, sondern sind blau, und sie werden nicht vor dem Werkstor geparkt, sondern vorzugsweise auf dem südfranzösischen Anwesen, das sich Karl Diehl seit Ende der fünfziger Jahre leistet.

Hier liegt auch seine Jacht. Auktionskataloge studiert er mehr oder weniger regelmäßig, vorzugsweise die Angebote von Sotheby's in London, und gelegentlich bietet er, zum Beispiel für eines der seltenen Exemplare der Schedelschen Weltchronik oder für Zeichnungen, Gemälde und Stiche. Ein Spitzweg gehört ebenso dazu wie ein Chagall, eine Reihe von Dürer-Stichen oder eine ansehnliche Impressionistenkollektion. Sammler im eigentlichen Sinne des Wortes ist er jedoch nicht, auch dienen ihm diese Gegenstände nicht als Wertanlage. Er legt sie sich zu, weil er Gefallen an ihnen hat, so wie an manchem Stück des Nürnberger Teppichhändlers Wormser, an seltenen Briefmarken oder auch an Besuchen des Wiener Opernballs und der Festspiele in Bayreuth oder Salzburg. Regelmäßig werden größere Kartenkontigente geordert – für den eigenen Bedarf, aber auch für Geschäftspartner, Freunde oder Mitarbeiter.

Sorgfältig ausgewähltes Personal, zu dem neben einem Butler, einem Chauffeur und einem Piloten auch ein Koch gehört, garantiert einen angenehmen Tagesablauf; ein gut sortierter Weinkeller, dessen Bestände schon einmal um 1000 Flaschen Bordeaux ergänzt werden, und erlesene Zigarren halten den Hausherrn und seine Gäste bei Laune. Bis ins höchste Alter hinein ist Karl Diehl Kettenraucher, vorzugsweise von Zigaretten, wenn er auch schon 1962 einem befreundeten Frankfurter Arzt verspricht, dessen Rat zu »beherzigen und durch Einschränkung ganz allmählich zu einer Aufgabe des Rauchens zu kommen«. Es ist denn allerdings beim Vorsatz geblieben, und seine Umgebung rätselt bis heute, wie Karl Diehl unter solchen Umständen bei Gesundheit bleiben konnte. Vermutlich hat die sportliche Betätigung, wie alpiner Ski, Wasserski oder Tennis, daran einigen Anteil. Bis ins hohe Alter treibt er Sport.

Mut und Motivation

Karl Diehl und seine Mitarbeiter
1959–1971

Es sind bewegte Zeiten, auch in der Politik: Im Oktober 1962 spitzt sich der amerikanisch-sowjetische Raketenkonflikt um Kuba derart zu, daß es kurzzeitig so aussieht, als stünde der Ausbruch eines dritten Weltkrieges unmittelbar bevor. In Berlin war die Situation schon seit Ende des Jahres 1958 eskaliert: Damals, am 10. November, hatte der starke Mann in Moskau, Nikita Chruschtschow, den Abzug der Westmächte aus Berlin gefordert und dieser Forderung eine Reihe von Drohungen und Ultimaten folgen lassen.

Beinahe drei Jahre hatte sich diese Krise hingeschleppt, bis in der Nacht vom 12. auf den 13. August 1961 Angehörige der Nationalen Volksarmee der DDR die Grenze zu den Westsektoren Berlins abriegelten und wenige Tage später mit dem Bau einer Mauer quer durch die Stadt begannen. Dazu waren sie durch die Staaten des Warschauer Paktes, allen voran durch die Sowjetunion, ermächtigt und durch die Haltung des Westens ermutigt worden: Am 25. Juli 1961 hatte niemand Geringerer als der junge amerikanische Präsident John F. Kennedy faktisch einer solchen Lösung des Berlin-Problems unter der Voraussetzung zugestimmt, daß die Sowjets sich an gewisse Spielregeln hielten, wie die Gewährleistung der Überlebensfähigkeit West-Berlins und des freien Zugangs der Westmächte dorthin.

Zunächst sieht es so aus, als könne die Rüstungsindustrie, auch die Nürnberger Firma Diehl, von dieser allgemeinen Zuspitzung der internationalen Lage profitieren, auch auf kleineren Geschäftsfeldern. So entwickelt sich die in Röthenbach ansässige Deutsche Verpackungsmittelgesellschaft (DVG), wie die ein Jahr zuvor übernommene Firma seit Januar 1960 heißt, bald zum führenden Hersteller von Munitionsverpackungen: Zwanzig Jahre später ist die DVG auch im Bereich der Lohnverpackung tätig, zum Beispiel im Auftrag der Bundeswehr. Ende 1960 erwirbt Karl Diehl vom Saarland die defizitäre Firma GOMA Mariahütte, konzentriert dort unter dem Namen »Karl Diehl Mariahütte« seine saarländischen Munitionsaktivitäten, errichtet auf dem drei Kilometer entfernten Maasberg ein modernes Sprengstofflaborierwerk und macht die Firma bis Mitte der achtziger Jahre mit über 1 000 Beschäftigten zum größten Arbeitgeber im nördlichen Saarland; und schließlich profitiert Diehl auch von der Anschaffung des »Starfighters«, der im Juli 1960 von der Bundesluftwaffe in Dienst gestellt wird. Diehl ist bis 1980 mit der Produktion von rund neun Millionen Patronen vom Typ 20-Millimeter an dem Programm beteiligt, das sich als eine der größten Fehlanschaffungen der Streitkräfte erweisen wird: Allein 1965 stürzen 26 Maschinen dieses Typs ab; bis zur Ausmusterung ein Vierteljahrhundert darauf sind es 269, und 110 Besatzungsmitglieder verlieren dabei ihr Leben.

Offensichtlich haben aber die Bestellungen, insbesondere zur Erstausstattung der Bundeswehr, Ende der fünfziger und Anfang der sechziger Jahre ihren Höhepunkt überschritten. Jetzt geht es darum, Nachfolgeaufträge unter Dach und Fach zu bringen, und zu diesem Zweck wird unter anderem im Dezember 1961 mit dem Aufbau eines eigenen Bonner Büros begonnen. Erfolge stellen sich freilich gar nicht oder nur schleppend ein. Jedenfalls diagnostiziert Karl Diehl im September 1962 einen »besorgniserregenden, beinahe bedrohlich geringen Auftragsbestand auf dem Gebiet ›Verteidigung‹«; im November des Jahres verhängt das Verteidigungsministerium dann einen allgemeinen Auftragsstop; und angesichts Ende 1962 vereinbarter, aber nicht erteilter Aufträge spricht Diehl im August 1963 gegenüber Staatssekretär Volkmar Hopf vom Bundesverteidigungsministerium von »größten Schwierigkeiten« für sein Unternehmen: 20 Prozent der Belegschaft seien bereits abgebaut, und bis Jahresende müsse er wohl weitere 1300 Leute entlassen.

In dieser schwierigen geschäftlichen Situation verspricht sich Karl Diehl vor allem von drei Maßnahmen Besserung, einmal von einer konsequenten Reorganisation des gesamten Unternehmens, sodann von Auslandsaufträgen und schließlich von einer Verbilligung der Rohstoffe. Da man von Nürnberg aus die Weltmarktpreise nicht beeinflussen kann, muß man sich um die Erschließung neuer, günstigerer Rohstoffquellen kümmern. In diesem Sinne läßt Karl Diehl Mitte der sechziger Jahre einen Einstieg in den Kupferabbau in Mosambik und Angola sondieren, die damals noch portugiesische Kolonien sind.

Das sind allerdings mittel- beziehungsweise langfristige Perspektiven. Aussichtsreicher, wenn auch nicht einfacher, ist die Erschließung neuer und die Pflege alter Absatzmärkte. Hier sind selbst Geschäfte mit Israel vorstellbar, zu dem die Bundesrepublik bis Mai 1965 keine, jedenfalls keine diplomatischen Beziehungen unterhält. Grundlage des Verhältnisses sind zum einen das sogenannte Luxemburger Wiedergutmachungsabkommen vom 10. September 1952 und zum anderen Waffenlieferungen der Bundesrepublik an Israel, die 1957 begonnen und seither ständig zugenommen haben, um 1965, als die Sache bekannt wird, in dieser Form eingestellt zu werden.

Die Wunschliste, die der damalige Staatssekretär im israelischen Verteidigungsministerium, Shimon Peres, 1962 dem deutschen Verteidigungsminister in die Hand drückt,

Auf Rohstoffsuche: Karl Diehl (Mitte) in Rhodesien, März 1960.

ist umfangreich: Schnellboote, U-Boote, Hubschrauber, Flakgeschütze, Flugzeuge und natürlich auch Panzer, selbstverständlich alle Systeme mit dazugehöriger Munition. Franz Josef Strauß, der die Lieferungen auf deutscher Seite zu verantworten hat, erinnert sich: »Wir haben die Israel zugesagten Geräte und Waffen heimlich aus den Depots der Bundeswehr geholt ... Insgesamt haben wir Israel damals Lieferungen im Wert von 300 Millionen Mark ... zukommen lassen, ohne Bezahlung dafür zu verlangen.« Kein Wunder, daß einige Mitarbeiter Diehls sich damals in Israel aufhalten, so zum Beispiel im Juni 1962, noch vor dem Besuch von Peres bei Franz Josef Strauß, als Gäste der *Israel Military Industry*. Und auch Karl Diehl selbst ist wiederholt in Israel, gelegentlich mit eigenem Flugzeug und eigenem Piloten. In einigen Fällen entwickelt sich aus geschäftlichen Beziehungen ein freundschaftliches Verhältnis. Auf die, sagt Karl Diehl noch in hohem Alter, »konnte man sich verlassen«.

Vor allem aber rücken in den sechziger Jahren die Vereinigten Staaten von Amerika als riesiger potentieller Absatzmarkt ins Blickfeld deutscher Rüstungsunternehmen. Anfang Januar 1962 erfährt Diehl, daß das Bundesverteidigungsministerium zwei 20-Millimeter-Kanonen nebst zugehöriger Munition zu Versuchszwecken in die USA geschickt hat, da man dort nach der Berlinkrise des Jahres 1961 offenbar auf der Suche nach einer angemessenen Antwort auf die sowjetische Maschinenkanone ist. Mit den Tests verbindet sich die weitergehende Hoffnung, daß die 20-Millimeter-Munition zum NATO-Standard erhoben werden könnte. Überdies sieht das Bonner Ministerium hier eine willkommene Möglichkeit, deutsche Firmen über einen längeren Zeitraum mit Aufträgen zu versorgen, die aus dem eigenen Haus auf absehbare Zeit nicht mehr zu erwarten sind.

Für die Produktion und Lieferung in Frage kommen einmal mehr zwei deutsche Firmen: Rheinmetall und

Diehl, und obgleich Umfang und Dauer des Auftrags keineswegs sicher sind, drängen die Düsseldorfer die Nürnberger zu einer Absprache über die Aufteilung der in die USA zu liefernden Munitionstypen. Kompliziert wird die Angelegenheit dadurch, daß für den Export der Kanone vom Typ HS-820 das Einverständnis des Schweizer Unternehmens Hispano-Suiza eingeholt werden muß, das die Lizenz besitzt; ohne die Kanone macht nun einmal die Produktion der dazugehörenden Munition keinen Sinn. Also verständigen sich Rheinmetall und Diehl darauf, Hispano-Suiza ins Boot zu holen und zu einem Drittel auch am Munitionsgeschäft zu beteiligen.

Als auf dieser Basis seit Anfang 1963 Vertreter der drei Firmen mit Angehörigen des Verteidigungsministeriums in die Verhandlungen eintreten, beginnt sich allerdings abzuzeichnen, daß die USA erstens an einer Lizenzproduktion der Munition interessiert sein könnten und zweitens ein Junktim zwischen dem Kauf von Kanone und Munition und der Lieferung von drei Raketenzerstörern an die Bundesrepublik herstellen wollen. Weiter kompliziert wird der Sachverhalt durch technische Probleme bei der Munition, sogenannten Hülsenklemmern. Schließlich wird in dieser Verhandlungsphase durch amerikanische Medien das Thema ehemaliger Zwangsarbeiter in Deutschland aufgeworfen und mit dem Rüstungsgeschäft in Verbindung gebracht. Davon wird in anderem Zusammenhang noch die Rede sein. Erst nachdem in diesem Punkt eine Klärung herbeigeführt worden ist, können der amerikanische Verteidigungsminister Robert McNamara und sein deutscher Kollege Kai-Uwe von Hassel Mitte Mai 1966 ein *Memorandum of Understanding* unterzeichnen.

Auf dieser Basis schließt dann das Bundesamt für Wehrtechnik und Beschaffung im Juni 1966 mit Rheinmetall, Diehl und Hispano-Suiza einen Vertrag über die Beschaffung von Maschinenkanonen und zugehöriger Munition für die USA. Diehl ist lediglich an der Munitionsproduktion, und zwar mit einem Drittel, beteiligt, was etwa zwanzig Prozent des gesamten Vertragsvolumens entspricht. Zahlen werden in dem Vertrag nicht genannt. Erst ein Jahr später vereinbaren Diehl und das Beschaffungsamt eine Lieferung von 3 630 092 20-Millimeter-Patronen. Aber auch dieser Vertrag ist bis zum Juli 1970 noch insgesamt zwölfmal modifiziert worden, weil sich zum Beispiel Ende 1967 herausstellt, daß die Kanone und folglich auch die Munition in Vietnam nicht zum Einsatz kommen.

Stellt man die langatmigen, zähen und komplizierten Verhandlungen in Rechnung, ist das Ergebnis, gemessen an den aus Deutschland stammenden Aufträgen der späten fünfziger Jahre, mager. Daß sich Diehl überhaupt darauf einläßt, zeigt, wie eng der Spielraum für derartige Geschäfte in der Bundesrepublik geworden ist und welche Bedeutung folglich ausländische Märkte gewinnen. Vor allem bestätigen die Verhandlungen Karl Diehl in seiner Auffassung, daß die Vereinigten Staaten ein ausgesprochen problematischer Markt und amerikanische Firmen schwierige Partner sind. Daß er gleichwohl nicht auf solche Geschäftsverbindungen verzichtet, verweist auf der anderen Seite auf die herausragende Bedeutung der USA für viele Produkte des Hauses Diehl, und keineswegs nur für Rüstungsgüter.

Als der Unternehmer Anfang 1962 die Verhandlungen aufnimmt, erhofft er sich noch eine rasche Entlastung der neuerdings schwierigen Auftragslage in Deutschland. In diesem Zusammenhang ist auch eine grundlegende Reorganisation seines Betriebes zu sehen, die 1959 beginnt und 1963 ihren Abschluß findet. Wie schon einmal in den dreißiger Jahren beauftragt Karl Diehl eine Unternehmensberatung, in diesem Falle Booz, Allen & Hamilton, mit der Aufgabe. Deren Mitarbeiter nehmen sich sowohl das gesamte Unternehmen als auch einzelne Firmen, wie insbesondere Junghans, vor. Anfang 1961 wird die Unternehmensgruppe in vier Geschäftszweige eingeteilt: Halbzeug, Verteidigungserzeugnisse, Zeitmeßgeräte und Rechenmaschinen. Hinzu kommt die Zentralverwaltung. An ihrer Spitze steht als Generalbevollmächtigter Karl Beisel, der inzwischen in die Rolle einer »grauen Eminenz« hineingewachsen ist: Beisel unterschreibt nicht, er zeichnet ab – in Farbstift und mit einem dicken Haken.

Beisel achtet sorgfältig darauf, daß ein prominenter Neuzugang ihn nicht in den Schatten stellt: Am 1. Januar 1961 ist General a.D. Walther Wenck als Generaldirektor in die Firma eingetreten und hat die Leitung des Geschäftszweigs »Verteidigungserzeugnisse« übernommen. Wenck ist nicht irgendwer, sondern galt schon in den dreißiger Jahren, wie der *Spiegel* in seinem Nachruf auf den bei Kriegsende jüngsten General der Wehrmacht geschrieben hat, »als einfallsreicher, genial führender Panzersoldat«. 1957 hatte er das Angebot des Verteidigungsministers ausgeschlagen, erneut den Uniformrock anzuziehen und den Posten des Generalinspekteurs der jungen Bundeswehr zu übernehmen. Inzwischen nämlich hatte Wenck in der Industrie Karriere gemacht, und als sich Karl Diehl bei Franz Josef Strauß über ihn informierte, hatte der Verteidigungsminister dem Nürnberger Unternehmer prognostiziert, mit Wenck mache er »einen guten Griff«: »Er ist gerade für diese Aufgabe durch seine Tätigkeit früher und in den letzten Jahren ideal prädestiniert.« Wenck hat Diehl in der Tat gute Dienste geleistet, bis er mit Erreichen der Altersgrenze Ende 1965 in den Ruhestand geht.

Als besonders notwendig empfindet Karl Diehl eine Reorganisation von Junghans. »Energie«, sagt er im Februar 1961, müsse »in den Laden rein«, sonst verkomme alles. Vor allem, und diese Auffassung ist für den Chef eines Familienunternehmens bemerkenswert, müsse »mal der Familienklüngel« aufhören. Und auch zu dem bevorstehenden einhundertjährigen Firmenjubiläum von Junghans hat er eine eindeutige Meinung: »Die 100jährigen

Jubiläen sind doch schon ein gewisses Übel geworden, was hat man da für einen Grund zu feiern?« Offensichtlich ist das eine rhetorische Frage, in der die Unzufriedenheit des Unternehmers mit der Entwicklung seiner Schramberger Erwerbung zum Ausdruck kommt. Als ihm Friedrich Schöppel anläßlich des fünfzigjährigen Jubiläums seines Stammbetriebes den Rat erteilt hatte, »rechtzeitig die 100-Jahr-Feier« vorzubereiten, hatte Karl Diehl die »nette Mahnung« seines Freundes und Mitarbeiters mit dem Versprechen kommentiert, seine Söhne dahingehend zu erziehen, »bei aller Sparsamkeit zur rechten Zeit großzügig zu sein«. Daran werden sie ihn, als es soweit ist, erinnern.

Grundsätzlich stehen drei Wege offen, um das Problem bei Junghans anzugehen: der Verkauf, eine Beteiligung Dritter an Junghans beziehungsweise das Einbringen von Junghans in ein neu zu gründendes Unternehmen und schließlich die Sanierung von Junghans aus eigener Kraft, insbesondere durch eine Modernisierung von Fertigungsmethoden und Produkten. In den sechziger Jahren konzentriert sich Karl Diehl auf die Beteiligung und die Modernisierung. Als allerdings Kooperationen mit General Time, Omega und Rittinghaus an den Konditionen scheitern, tritt die Sanierung in den Vordergrund. Dazu gehören ganz unterschiedliche Maßnahmen, wie die Ende 1967 vorgenommene Konzentration der gesamten, auch der Nürnberger Uhrenproduktion in Schramberg, die Mitte 1969 realisierte Gründung einer ausländischen Tochtergesellschaft, der Junghans France, und vor allem die Entwicklung neuer Produkte, von denen noch zu sprechen sein wird.

Hauptsächlich solche Qualitätssprünge hat Karl Diehl seit Anfang der sechziger Jahre im Auge, als er sich über die Zustände bei den Schrambergern echauffiert. Dabei hängt die Meßlatte sehr hoch. Maßstab für Qualität und Erfolg sind die Diehl-Uhren, und das will einiges heißen, sind diese doch, anders als die der traditionsreichen Schwarzwälder Uhrenbauer, gerade einmal fünfzehn Jahre auf dem Markt. Aber die Nürnberger haben soeben einen vielversprechenden Verkaufsschlager ins Programm genommen: Zum Weihnachtsgeschäft 1961 ist die »Mini-clock« eingeführt worden. Offenbar ist sie aus der Entwicklung von Zeitschaltuhren für Waschmaschinen hervorgegangen; jedenfalls finden diese auch in anderen elektrischen Geräten Verwendung. Zunächst hatte Diehl Uhrwerke für die Firma Telechron, eine Tochter von General Electric, produziert, die diese mit einem Elektromotor versehen und als Autouhr auf den amerikanischen Markt gebracht hatte. Als Telechron nach etwa zwei Jahren die Fabrikation einstellte, nutzt Diehl die Produktionsanlagen für die Herstellung des Batteriewerks seiner »Mini-clock«.

Mit der Namensgebung folgt man einem Vorschlag des Nürnberger »Marktberaters« Werner Maar vom November 1960, nachdem zuvor, ganz im Geist der fünfziger Jahre, Namen wie »Electrolarm« oder auch »Dielectro«, »Diehl-Mentor«, »Diehl-Horat« und sogar »Diehl-Hallo« im Gespräch gewesen waren. Mitte Juni 1961 gibt Karl Diehl die Produktion der ersten Serie frei, die nach der Sommerpause aufgenommen wird. Ende September sind fast 30 000 Uhren verkauft. Richard Spellge, damals Leiter des Werks 2, hat die Einführung des Batteriewekkers rückblickend als »Revolution« bezeichnet: »Die Aera der Aufzugsuhren war vorbei.« Schon im Frühjahr 1963 sind zwei Weiterentwicklungen serienreif – das »Modell mit Kurzzeitmesser und Telefonuhr« und das »Modell mit Kalender und Summer«.

Für die Durchsetzung ihres prestigeträchtigen Produkts scheuen die Nürnberger keinen Aufwand. Mit großformatigen Anzeigen und sogar vier Fernsehspots wird unter anderem der konzerninterne Beweis angetreten, daß Diehl-Uhren durchaus mit Junghans-Uhren konkurrieren können. Zwar legen die Schramberger auch gegenüber diesem »Diehl-Wecker« ihre gewohnte Überheblichkeit an den

Im Trend der Zeit: Fließbandmontage von Zeitschaltern, 1961.

Tag, müssen dann aber doch vor der Kombination von technischer Lösung und günstigem Preis den Hut ziehen. Vor allem aber hat Karl Diehl jetzt ein schlagendes Argument zur Hand, um Junghans in Zugzwang zu bringen.

Der Erfolg der »Mini-clock« ist Anlaß und zugleich Maßstab für die Reorganisation der Schramberger Uhrenfabrikation. Anstelle der Weiterentwicklung alter Uhrenkonstruktionen, so hält eine Aktennotiz vom Februar 1962 fest, müsse es darum gehen, die Entwicklung »auf richtungsweisende Konstruktionen auf dem Uhrengebiet und auf anderen Gebieten« umzustellen. Nicht mehr der Nachbau mit beschränktem Modernisierungspotential, den Diehl selbst während des Krieges und in der Nachkriegszeit auf verschiedenen Gebieten angewandt hat, ist das Gebot der Stunde, sondern grundlegend neue Entwicklungen in Verbindung mit neuen Fertigungsmethoden, die Karl Diehl in einem Aktenvermerk vom September 1965 so auf den Punkt bringt: »Massenfertigung, Variationen in der Ausstattung, Rationalisierung der Werke, dabei Normalisierung und Baukastenweise«. Hier werden die Umrisse einer Unternehmensphilosophie erkennbar, die allerdings als geschlossenes Konzept nirgends wirklich greifbar ist. Einmal ist Karl Diehl ein Mann der Praxis; theoretische Auslassungen oder gar ausformulierte Entwürfe liegen ihm fern. Und dann äußert er sich höchst selten in der Öffentlichkeit.

Überhaupt wird die Presse- beziehungsweise Öffentlichkeitsarbeit bei Diehl traditionell sehr zurückhaltend betrieben. Anfänglich ist sie eine Flucht nach vorn: Als Karl Diehl erfährt, daß der *Spiegel* einen Bericht über den Kauf von Backhaus und insbesondere über den »Fall Brandenstein« vorbereitet, unternimmt er 1961 einen »vorsichtigen Anlauf«, um seinen Konzern der Öffentlichkeit bekannt zu machen. So jedenfalls erinnert sich Hermann Bößenecker 1975 in der *Zeit*. Bößenecker ist einer der wenigen Journa-

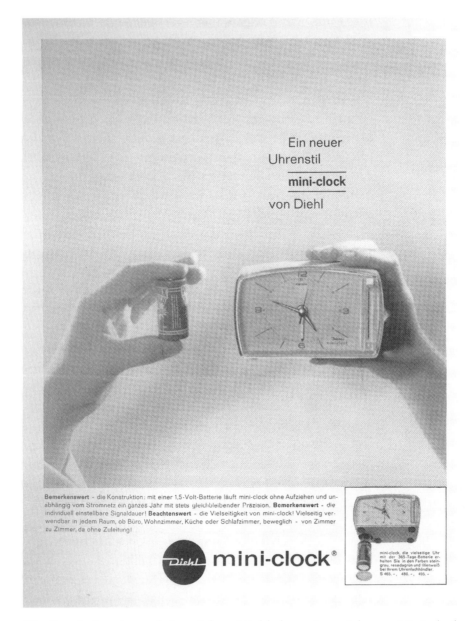

Die Revolution der sechziger Jahre: Diehls batteriegetriebene »Mini-clock« steht an der Spitze der Weckertechnik.

listen, die mehr oder minder regelmäßigen Kontakt zu Karl Diehl gehalten haben. Auch beim ersten Pressegespräch im Hause Diehl, Ende des Jahres 1961, ist er dabei, damals für die *Welt*.

Viel genutzt hat die erste Runde der Öffentlichkeitsarbeit offensichtlich nicht, denn am 26. September 1962 bringt der *Spiegel* eine Geschichte über den neuen Skandal um die Panzerkettenfabrik. Unter dem Titel »Onkel Aloys« stellt das Hamburger Nachrichtenmagazin die Behauptung auf, Backhaus sei nur deshalb 1959 an Diehl gegangen, weil Franz Josef Strauß Aloys Brandenstein, den Nennonkel seiner Frau Marianne, in diesem Sinne habe tätig werden lassen. Im übrigen enthält der Artikel auch manches Lob auf Karl Diehl, den »bestinformierten westdeutschen Rüster«. Es gebe, so zitiert der *Spiegel* »Diehl-unabhängige Fachleute«, »praktisch keinen großen Bundeswehrauftrag, an dem nicht eine oder mehrere Diehl-Firmen partizipierten«. Wie schon beim »preiswerten Erwerb der Aktienmehrheit an der Schramberger Uhrenfabrik Junghans« habe der Nürnberger Unternehmer »beim Kauf des Remscheider Kettenwerks eine geradezu frappante Witterung für Rüstungschancen an den Tag gelegt«.

Da schwingt Anerkennung mit. Allerdings geht es dem *Spiegel* damals auch nicht um den Kopf von Karl Diehl, sondern um den von Franz Josef Strauß. Daß der Artikel zwei Wochen vor dem bekannteren mit dem Titel »Bedingt abwehrbereit« erscheint, ist kein Zufall. Beide sind Teile der Anti-Strauß-Kampagne des Nachrichtenmagazins, die beginnt, nachdem der Verteidigungsminister im März 1961, nach dem Tod Hanns Seidels, das Amt des CSU-Vorsitzenden übernommen hat. Nunmehr wandelt sich der Respekt, mit dem der *Spiegel* und sein Herausgeber Rudolf Augstein ursprünglich die Aufbauleistung des Bayern bei der Bundeswehr begleitet hatten, in Sorge und Skepsis vor einem zur nuklearen Aufrüstung entschlossenen, die junge Demokratie gefährdenden Aspiranten auf das Kanzleramt. Als Strauß sich dann am 26. Oktober 1962 zu einer Durchsuchung der Redaktionsräume des *Spiegel* und zu einer Reihe von Verhaftungen hinreißen läßt, läutet er, ohne es zu ahnen, das vorläufige Ende seiner Bonner Ministerkarriere ein: Am 27. November 1962 tritt er von seinem Posten zurück. Dabei hatte der *Spiegel*, wie sich Strauß später erinnert, soviel »Instinkt, nicht alles zu veröffentlichen«, was ihm durch einen über seine Nichtbeförderung frustrierten Oberst aus dem Führungsstab der Bundeswehr zugespielt worden war: »Hätte er alles publiziert, was nachher im Panzerschrank von Augstein gefunden wurde, dann wäre dieser unter fünf Jahren wohl nicht weggekommen.«

Nur ein knappes Jahr ist ins Land gegangen, als der *Stern* im September 1963 die *Spiegel*-Geschichte über den Diehl-Komplex wieder aufwärmt, sie mit den Qualitätsmängeln der Panzerketten während der Backhaus-Zeit in Verbindung bringt und einen neutralen Fachmann mit den Worten zitiert: »Die Diehl-Kette ist keine Kette, die ein Panzersoldat gerne unter sich weiß.« Für das Geschäft ist dieser Vorwurf natürlich gefährlicher als die Brandenstein-Geschichte. Nach Veröffentlichung des Artikels, in dem der *Stern* Diehl vorhält, die Qualität der Ketten zugunsten der Quantität, also größerer Aufträge, zu vernachlässigen, reicht Karl Diehl nicht nur Klage auf Unterlassung, Widerruf und Schadenersatz ein, sondern er storniert auch alle Anzeigen im *Stern*, die immerhin einen Wert von knapp 150 000 D-Mark haben. Von einer »einstweiligen Verfügung« sieht er ab, weil er sein »gutes Verhältnis zur seriösen Wirtschaftspresse, das erst in den beiden vergangenen Jahren nach langer publizistischer Abstinenz angebahnt« worden sei, nicht »unnötig aufs Spiel setzen« wolle.

Tatsächlich hatte Karl Diehl Anfang April 1963 zum zweiten Mal die Presse empfangen. Anlaß war die Vorstellung der neuen Rechenmaschine »transmatic«. Der eigentliche Grund ist aber wohl darin zu sehen, daß der Name »Diehl« durch die Kampagnen von *Spiegel* und *Stern* inzwischen einer breiteren Öffentlichkeit bekannt ist. Und ausgerechnet bei diesem Treffen mit Vertretern der veröffentlichten Meinung gibt Karl Diehl zu Protokoll, er habe »gelernt, daß wenn man ein gutes Gewissen hat, Stillschweigen das beste Mittel ist, um grundlose Kombinationen ad absurdum zu führen. Sie erledigen sich, wenn sie wirklich grundlos sind, bald von selbst.« Gesagt, getan: Zwar ist die Presse im Oktober 1966 ein drittes Mal im Hause Diehl zu Gast, aber nur um einmal mehr zu erfahren, wie dessen Maxime für die Öffentlichkeitsarbeit lautet: »Redseligkeit«, erläutert Karl Diehl den versammelten Vertretern der Presse, »und Publicitysucht waren bei uns nie zu Hause – und werden auch nie bei uns heimisch werden.«

Dennoch oder vielleicht gerade deshalb sind die seltenen Vieraugengespräche Karl Diehls mit Vetretern der Presse nicht ohne Interesse; so auch eine Unterredung, die er im Mai 1963 mit dem *Stern*-Redakteur Sepp Ebelseder führt. »Ich bin«, sagt er da, »selbst Ingenieur, ich bin aber auch lange genug in der Führung des Betriebes, ich habe Verständnis dafür, dass Fehler gemacht werden und reiße niemand den Kopf ab. Ich weiß, dass man mit Fehlern rechnen muss und verlange nur, dass man sie bereinigt und die Fehler eingesteht, dass man sie gemacht hat. Das sind Grundsätze der Betriebserziehung, die bei uns üblich sind und die jeder im Hause kennt. Die Leute wissen bei uns, dass sie nicht sofort entlassen werden. Sie müssen nur am richtigen Strang ordentlich mitziehen und sie müssen möglichst Überdurchschnittliches leisten. Das sind unsere Prinzipien.«

So äußert sich Karl Diehl allerdings nicht nur gegenüber ausgesuchten Gesprächspartnern, sondern auch im Kreis seiner Mitarbeiter. »Arbeit«, führt er im September 1966 aus, »ist die Erfüllung des Lebens.« Er sage das deshalb, weil er sich mit den Versammelten einig in der Einsicht wisse, »daß Leben ohne Arbeit und ohne Leistung für einen Mann leer und sinnlos wäre. Gerade in unserer Zeit, in der so viele glauben, die überkommenen Ordnungen und Erfahrungen hätten für sie keine Bedeutung mehr, und in der immer häufiger der törichte Versuch unternommen wird, höheren Wohlstand mit weniger Arbeit zu erreichen.« Das sind auch deshalb keine Phrasen, weil Karl Diehl selbst diesen Prinzipien folgt. Der regelmäßige Besuch seiner Werke gehört zum Selbstverständnis des Unternehmers. Wenn er morgens, meist gegen acht Uhr, ins Büro kommt, ist er nicht selten schon in Röthenbach gewesen.

Anlaß der Rede ist übrigens die Feier des ersten fünfzigjährigen Arbeitsjubiläums in der Firma Diehl, die im Rahmen der jährlich stattfindenden Jubilarfeiern erfolgt. Der Jubilar ist niemand anderes als ebenjener Georg Hutzler, der aus diesem Anlaß seinen mehrfach zitierten »Lebenslauf bei Firma Heinrich Diehl« zu Papier bringt. Die Jubilarfeiern werden seit Anfang der sechziger Jahre regelmäßig abgehalten. Um ihre langjährigen und verdienten Mitarbeiter auszuzeichnen, lädt die Firmenleitung die Jubilare und ihre Angehörigen gegen Ende eines jeden Jahres in die Nürnberger Meistersingerhalle ein. Wer wissen will, wo die Stärken eines patriarchalisch geführten Familienunternehmens liegen, muß einer solchen Veranstaltung beiwohnen. Auf der Jubilarfeier des Jahres 2001 werden nicht weniger als 121 Mitarbeiter geehrt: Ordentlich aufgereiht, haben auf der Bühne 13 Mitarbeiter Platz genommen, die der Firma seit vier Jahrzehnten verbunden sind und bei dieser Gelegenheit unter anderem mit der »Heinrich Diehl Medaille« in Platin ausgezeichnet werden. Hinter ihnen sitzen jene 108 Diehlianer, denen anläßlich ihres fünfundzwanzigjährigen Firmenjubiläums die »Heinrich Diehl Medaille« in Gold überreicht wird.

Die Mitarbeiter: Hier der Personalbogen und die persönlichen Erinnerungen Georg Hutzlers, der 1966 als erster Firmenangehöriger sein fünfzigjähriges Betriebsjubiläum feierte.

Werner Diehl, der von seinem Vater diesen wichtigen Bereich der Unternehmenskultur übernommen hat, läßt es sich nicht nehmen, in seiner Ansprache auf jeden der »Vierzigjährigen« einzugehen und von ihrem Leben innerhalb und außerhalb des Betriebes zu berichten. Und natürlich nimmt der älteste Sohn Karl Diehls die Feier zum Anlaß, um einen Blick auf die Entwicklung des Unternehmens im zu Ende gehenden Geschäftsjahr zu werfen. Unter den 500 Gästen des Abends ist, wie bei allen vergleichbaren Anlässen, auch eine Gruppe Auszubildender, die so mit der Firma und ihren Traditionen vertraut gemacht und ermuntert werden, mit ihren erfahrenen Kollegen ins Gespräch zu kommen.

Die Jubilare des Jahres 2001 kommen übrigens aus sechs Nationen und gehen in der Diehl-Gruppe 43 unterschiedlichen Berufen nach – vom Laufkontrolleur über den Stapelfahrer, den Rundrichtarbeiter, die Sekretärin, den Presser, den Säger, den Meßtechniker, den Einsteller, den Entwicklungsingenieur, den Kraftfahrer, den Einkäufer, die Prüferin, die Produktionsmitarbeiterin bis zum Entwicklungscontroller, Betriebsschlosser oder Leiter Technik der Euro Rocket System GmbH. Nicht wenige von ihnen werden bald in den Ruhestand gehen, und die allermeisten werden auch danach dem Unternehmen verbunden bleiben.

Die Diehl Pensionisten-Vereinigung e.V. ist im November 1961 durch 104 ehemalige Mitarbeiter ins Leben gerufen worden. Hunderte strömen seither zur jährlichen Weihnachtsfeier. 1400 sind es 2001. Die Chefs, zunächst Karl, später Werner Diehl, nutzen die Gelegenheit, um den Pensionisten ihren Dank abzustatten, ihnen eine Sondervergütung, zum Beispiel eine Zuzahlung zum Weihnachtsgeld, anzukündigen und auf diese Weise sie und ihre Familien auch weiterhin an die Firma zu binden. Mehr als 70 Mitarbeiter sind 2002, dem Jahr des einhundertsten Firmenjubiläums, schon in der dritten Generation bei Diehl beschäftigt, drei sogar in der vierten.

Die Diehls wissen, warum sie ihre Mitarbeiter, aktive wie pensionierte, pfleglich behandeln: Für ein Familienunternehmen sind die Menschen, von denen die Diehl-Gruppe nach Angaben des *Spiegel* vom September 1962 »allein in Deutschland über 15 000« beschäftigt, ein wichtiges, wenn nicht das wichtigste Kapital. Im Fall Diehl kommt hinzu, daß die meisten Firmen der Gruppe vergleichsweise personalintensiv produzieren und die Produktpalette des gesamten Unternehmens wenig homogen ist. Die Einrichtung von vier Geschäftsbereichen sowie einer Zentralverwaltung stellen das Unternehmen nach außen strukturierter dar, als es tatsächlich ist. Zusammengehalten wird es durch die Mannschaft, also die Mitarbeiter, und durch den Chef. Der wiederum ist zwar ein fähiger Kopf und ein instinktsicherer Unternehmer, wie ihm auch Vertreter der nicht gerade freundlich gesinnten Presse durchweg attestieren, aber er leidet nicht unter Größenwahn. Die Größe Karl Diehls, wenn man denn von einer solchen sprechen will, besteht gerade darin, sich nicht für den Größten zu halten, der alles weiß und alles kann.

Deswegen hat er zeitlebens ausgewiesenen Sachverstand akquiriert, der ihm nicht nach dem Munde redet, sondern, wenn nötig, auch begründet widerspricht. Umgekehrt haben sich offenbar einige der besten Köpfe gerade wegen dieser Eigenschaft des Firmenchefs anwerben lassen. Zu ihnen zählt Johannes Schröder. Der 1905 geborene Diplomvolkswirt gilt als einer der herausragenden Finanzberater der deutschen Industrie während der Nachkriegszeit. Walther Wenck hat die Verbindung hergestellt. Schröder ist lange Zeit Direktoriumsmitglied und Leiter der Finanzabteilung bei Krupp in Essen gewesen. Mitte des Jahres 1962 ist er nach Meinungsverschiedenheiten über die Expansionspolitik des Konzerns und offenbar auch wegen erheblicher Differenzen mit Berthold Beitz, dem Generalbevollmächtigten, aus der Villa Hügel ausgezogen. An Johannes Schröder zu kommen ist alles andere als einfach, und sicher hat auch das Karl Diehl gereizt, nichts unversucht zu lassen. Am Ende ist er erfolgreich: Bis Ende 1979 wird Schröder die Firma Diehl beraten, seit 1971 als Mitglied des Verwaltungsrates, dessen Gründung maßgeblich auf seine Initiative zurückgeht.

Hintergrund beziehungsweise Anlaß des Streits auf der Führungsetage von Krupp sind die Finanzierungsprobleme der deutschen Industrie. Nach der Währungsreform waren zahlreiche deutsche Firmen illiquide und mußten sich mit finanztechnisch nicht einwandfreien, manchmal auch undurchsichtigen Methoden Geld beschaffen und einen Kapitalstock aufbauen. Der wirtschaftliche Boom der fünfziger Jahre hüllte die offenkundigen Probleme dieses Verfahrens in Nebel. Mit der Stagnation beziehungsweise dem Rückgang der Konjunktur konnten Strukturschwächen jedoch nicht mehr mit kurzfristig finanzierten Investitionen überdeckt werden. Die Folge war der »finanzielle Herzinfarkt«, wie Johannes Schröder im Juni 1962 in einem Beitrag für das *Handelsblatt* formulierte. Insbesondere in Familien- und Personengesellschaften, in denen ein einzelner das Sagen habe, werde immer wieder und nicht selten aus Unwissenheit gegen das Liquiditätsgebot verstoßen, was viele in den Konkurs treibe. Mit einer ordentlichen, veröffentlichten Bilanz, die eine Kontrolle von außen zulasse, könne man dieser Entwicklung gegensteuern.

Mit ebendieser Argumentation tritt Johannes Schröder bei Karl Diehl an und drängt ihn einerseits – ohne Erfolg – zur Umwandlung seines Unternehmens in eine Aktiengesellschaft und andererseits – mit Erfolg – zur Aufstellung konsolidierter Unternehmensbilanzen. Im Juni 1964 liegt die erste für die gesamte Firmengruppe vor. Sie erlaubt einen Einblick in die Vermögens-, Ertrags- und Liquiditätslage der einzelnen Unternehmensteile. Schröder kommt zu dem Ergebnis, daß die Firmenleitung die »goldenen Finanzierungsregeln« beachtet habe. Der Konzern sei für deutsche Begriffe normal finanziert, und seine Liquidität gebe keinen Anlaß zu Bedenken. Schröder empfiehlt jedoch, die Liquidität und insbesondere das Verhältnis von Eigen- und Fremdkapital weiter zu verbessern, »um internationalen Maßstäben gerecht« zu werden. Offenbar ist Karl Diehl von der Arbeit seines Finanzberaters so überzeugt, daß er Schröder bittet, Vorschläge für eine Reorganisation der gesamten Firmengruppe zu erstellen und überdies einen Testamentsentwurf vorzubereiten.

Im Sommer 1965 liegen die Ergebnisse vor, und sie dürfen schon deswegen einiges Interesse beanspruchen, weil sie eine aus heutiger Sicht bemerkenswerte Zwischenbilanz der einhundertjährigen Geschichte der Firma Diehl und insbesondere ihrer Nachkriegsentwicklung enthalten. Offenbar ist es gar nicht so einfach, einen Überblick über die Zusammensetzung des Unternehmens zu bekommen. Eine für Schröder angefertigte hausinterne Aufstellung listet 21 Firmen auf, bei denen der Anteil Diehls von 20 Prozent, wie im Fall der Süddeutschen Metall-Kontor GmbH in München, bis zu 100 Prozent reicht. Letzteres trifft auf 13 Firmen, also auf die Mehrzahl zu, darunter vor allem das Filetstück, die Nürnberger Diehl KG. Ähnlich weit gespannt stellen sich die Kapitaleinlagen in den einzelnen Firmen des Mischkonzerns dar. Sie reichen von knapp 17 Millionen D-Mark im Fall von Junghans bis zu 40 000 D-Mark bei einigen amerikanischen Firmen wie der in New York ansässigen Chronos Clock Corp., die Diehl zu 100 Prozent gehören.

Kein Wunder, daß auch Johannes Schröder beziehungsweise die in Luxemburg ansässige Internationale Finanzberatung, für die er damals tätig ist, Probleme mit der Bestandsaufnahme haben. »Ihr Konzern«, läßt Berater Schröder Konzernchef Diehl wissen, »besteht aus 4 Kommanditgesellschaften, 7 Kapitalgesellschaften ... und einer Einzelfirma. Nach Ihren Auskünften sind die Gesellschafter der einzelnen Kommanditgesellschaften nicht gleichmässig beteiligt. Demnach liegt umsatzsteuerlich gesehen keine ›Unternehmenseinheit‹ vor.«

Die gegenwärtige Konstruktion hält Schröder für »bedenklich«, wenn Karl Diehl »plötzlich ausscheiden« sollte. So bestehe die größte Gesellschaft, die Nürnberger Diehl KG, aus Karl Diehl als Komplementär und seinen drei Söhnen als Kommanditisten, die mit einer Vermögenseinlage von zehn Prozent beteiligt seien. Ohne ein Testament würden die Söhne jeweils ein Drittel des Anteils von Karl Diehl erben und, obwohl noch minderjährig, zugleich Komplementäre werden. Auch stelle sich die Frage, ob die Vormünder der Söhne den Aufgaben eines Unternehmens von der Größe und der Struktur der Firmengruppe Diehl gewachsen wären.

Um diesen Schwierigkeiten aus dem Weg zu gehen, rät Schröder Diehl, falls dieser die Form einer Kommanditgesellschaft erhalten wolle, zur Aufnahme eines »zweiten, unsterblichen Komplementärs« in Form einer Aktiengesellschaft, einer Stiftung oder einer GmbH. »Durch die Aufnahme einer G.m.b.H als Komplementär in Ihre K.G. wird der Bestand und das Schicksal Ihrer Firma von dem Ihrigen gelöst. Ihre Kinder haben später, wenn sie sich für ihren Lebensweg entschieden haben, jede Möglichkeit, die Firma so zu gestalten, wie sie es für richtig erachten.«

Tatsächlich wird im Juni 1967 ein erster Schritt in diese Richtung getan und beim wichtigsten Unternehmen der Gruppe, der Diehl KG in Nürnberg, der Komplementär ausgewechselt. An die Stelle von Karl Diehl tritt die Süddeutsche Metall-Kontor GmbH, die ebenfalls zu 100 Prozent Karl Diehl gehört. Mit dieser »Abwendung von der Form der klassischen Kommanditgesellschaft« soll, wie die *Frankfurter Allgemeine Zeitung* vermutet, »erreicht werden, daß die bedeutende Unternehmensgruppe ... in ihrer juristischen Struktur nicht mehr auf die zwei Augen ihres Chefs gestellt ist«.

Unternehmerfamilie: Karl und Irmgard Diehl mit den Söhnen Werner, Peter und Thomas (von links) bei Peters Konfirmation, März 1964.

Für Schröder ist das zwar ein Schritt in die richtige Richtung, aber es kann nur ein Anfang sein. Alle Umstände in Rechnung gestellt, hält er 1965 die Bildung einer GmbH auch deshalb für die beste Lösung, weil die im Bedarfsfall leicht in eine Aktiengesellschaft umgewandelt werden kann, die er eindeutig als Lösung favorisiert. Karl Diehl selbst könne, solange er dies wolle, »alleinverfügungsberechtigter Vorstandsvorsitzender« sein und sich zu gegebener Zeit auf den Vorsitz im Aufsichtsrat, der den Vorstand kontrolliere, zurückziehen. Natürlich weiß Schröder, woran sein Vorschlag letztlich scheitern muß: Das Familienunternehmen mit seiner ausgeprägt patriarchalischen Struktur scheut die Publizitätspflicht einer Aktiengesellschaft und vermutlich auch die jährlich anfallende Kontrolle durch einen Wirtschaftsprüfer wie der Teufel das Weihwasser.

Mit bemerkenswertem Geschick formuliert Schröder eine Reihe von Argumenten, die es Karl Diehl leichter machen werden, sich Anfang der siebziger Jahre aus dem operativen Geschäft zurückzuziehen und damit eine wichtige Voraussetzung für eine durchgreifende Reform der Firmengruppe zu schaffen. Es sei nämlich, so souffliert der Berater seinem Auftraggeber, durchaus eine Leistung, einem Konzern wie der Diehl-Gruppe eine Gestalt zu geben, die es ihrem Besitzer ermögliche, sich bei geeigneter Gelegenheit zurückzuziehen, die Leitung seinen Nachfolgern zu übertragen und dabei gleichwohl die Verfügungsgewalt zu behalten. Der »alte Krupp«, so Schröder hintersinnig, habe mit dem Problem seinen Lebensabend verbracht, ohne es zu lösen, weil er sich mit seinen Werken zu sehr identifiziert habe: »Er brachte den Mut nicht auf, das Unternehmen in eine Kapitalgesellschaft einzugliedern und ihm so ein eigenes Lebensrecht zu geben.«

Außerdem, und mit dieser Beobachtung lehnt sich Schröder gegenüber Karl Diehl erstaunlich weit aus dem Fenster, stünde keiner Familie eine nächste Generation mit gleicher Begabung oder Neigung zur Verfügung, wie einmal mehr das Beispiel Krupp, aber auch dasjenige von Blohm & Voß zeige. Und schließlich bemüht der Finanzberater die Geschichte: Karl Diehl habe das »Glück« gehabt, »von der großen Nachhol- und Wiederaufbauwelle nach oben getragen zu werden«. Die Kräfte, welche diese Welle erzeugt und getragen hätten, seien erschöpft; eine Kreditaufnahme stehe bevor; und es sei absehbar, daß der Kreditrahmen irgendwann ausgeschöpft sein werde, so daß über kurz oder lang der Weg auf den Kapitalmarkt gesucht werden müsse.

Einiges von dem, was sein Finanzberater ihm 1965 vorschlägt, hat Karl Diehl übernommen, anderes, wie namentlich die Umwandlung seines Unternehmens in eine Aktiengesellschaft, nicht, obgleich der Gedanke in den folgenden Jahren und Jahrzehnten immer wieder aufgetaucht ist. Diehl ist der Überzeugung, mit den klassischen Fähigkeiten des Vollblutunternehmers praktisch jede Herausforderung meistern zu können. Zu diesen zählt an vorderster Stelle, wie die *Frankfurter Allgemeine Zeitung* in einem Porträt des Nürnberger Industriellen vom Juni 1979 beobachtet hat, »Mut«, gepaart »mit bodenständigem Realismus, hausväterlicher Sparsamkeit und bedachtsamer Vorausschau«.

Mut läßt Karl Diehl in der Tat erkennen, und zwar nicht nur bei seinen unternehmerischen Entscheidungen, sondern, falls nötig, auch gegenüber den Vertretern großer Konzerne. Als Mitte 1963 Thyssen eine Zusammenarbeit mit Diehl sucht und die Düsseldorfer Manager Karl Diehl eine halbe Stunde warten lassen, wird der ungemütlich. So, erinnert er sich zweieinhalb Jahre später beim nächsten Kontaktversuch, »ließ ich natürlich auch nicht mit mir herumspringen, da bin ich dann etwas pampig geworden... Ich bin ein freier Unternehmer und ich bin ja nicht ... zu bestellen.« Gewiß, Thyssen habe einen »enormen Einfluß ..., aber deswegen lasse ich mich doch da nicht bluffen«. Auch ein »mittelständisches Unternehmen« habe seine Chance.

Thema der Gespräche beziehungsweise Verhandlungen ist der Panzerbau. Die angenommene drückende, jedenfalls numerische Überlegenheit der Sowjetunion beziehungsweise des Warschauer Paktes bei der Panzerwaffe, der aller Wahrscheinlichkeit nach in einem Krieg in Mitteleuropa die herausragende Bedeutung zukommen wird, rückt diese ins Zentrum auch der deutschen Planungen. Hinzu kommt die Ambition der deutschen Industrie, aber auch des deutschen Militärs, sich auf die eigene Tradition in diesem Bereich zu besinnen, damit insbesondere von amerikanischen Panzern unabhängig und zugleich exportfähig zu werden. Im Gespräch ist der »Zukunftspanzer 1970«, der spätere »Leopard«. Kein Wunder, daß praktisch die gesamte Rüstungsindustrie Interesse an diesem zukunftsträchtigen Projekt hat, neben Rheinstahl, Rheinmetall, Krauss-Maffei, Henschel und der Thyssen-Tochter Phoenix-Rheinrohr selbstverständlich auch Diehl.

Für das Nürnberger Unternehmen sind vor allem die Panzerketten von Interesse, und daß es Karl Diehl nach einer turbulenten Verhandlungsphase mit Konkurrenten, aber auch mit der Bonner Bürokratie schließlich gelingt, in das »Leopard«-Geschäft einzusteigen, ist eben auch ein Beleg dafür, daß er richtig liegt, wenn er jedenfalls für sein Unternehmen und seine Person von den »Chancen« mittelständischer Unternehmen in diesem umkämpften Bereich spricht. Im übrigen macht Diehl auch hier aus der Not eine Tugend: Hatte die Gummierung der Panzerketten, der Pads, in der Ära Backhaus die Achillesferse der Remscheider Panzerkettenhersteller gebildet, so nutzt Karl Diehl das *Know-how* in diesem Bereich, beseitigt die Fehler und kann so ein konkurrenzloses Produkt anbieten.

Jahre später, im Mai 1977, übernimmt Diehl den in Konkurs gegangenen, auf Gummiprodukte spezialisierten

Ketten aus Remscheid: die neue Montagestraße 1971 im Bau (oben) und die Montage der Kettenglieder für den »Leopard«-Panzer.

Emde-Betrieb und kann fortan durch das Werk »Diehl Blankenheim«, wie der Betrieb jetzt heißt, und in Zusammenarbeit mit Diehl Mariahütte und Diehl Remscheid praktisch jeden wichtigen Arbeitsschritt von der Entwicklung bis zur Produktion von Panzerketten in eigener Regie durchführen. Eine vergleichbare Weitsicht legen die Nürnberger bei der Munition an den Tag: Bei Einführung des »Leopard I« wird Diehl Alleinfertiger der 105-Millimeter-Treibladungshülse aus Messing. Um das zu schaffen, werden die vor Jahren sozusagen auf Verdacht in den USA gekauften Pressen installiert und umgerüstet, obgleich zunächst nur ein Auftrag über 5000 Stück eingeht. Aber Karl Diehl nimmt auch hier, beraten von erfahrenen Mitarbeitern, das Risiko in Kauf, weil man in Nürnberg darauf setzt, daß die Einführung des neuen Panzers durch die Bundeswehr umfangreiche Aufträge nach sich ziehen wird.

Auf ganz anderem Feld tritt der nüchterne Pragmatismus Karl Diehls im Jahr 1966 zu Tage, als sein Partner im USA-Geschäft, die Firma Rheinmetall, von ihrer Geschichte eingeholt wird. Seit Anfang 1965 nimmt der seit einigen Jahren zu beobachtende Druck auf das Düsseldorfer Unternehmen zu, die während des Zweiten Weltkriegs beschäftigten Zwangsarbeiter zu entschädigen. Rheinmetall lehnt das rundweg ab und führt dafür eine Reihe von Argumenten ins Feld: Nicht nur seien die Personalunterlagen während des Krieges nahezu vollständig vernichtet worden, vielmehr hätten bis 1965 lediglich acht Personen gegenüber Rheinmetall Ansprüche erhoben, von denen sechs keine konkreten Angaben über den Standort des Betriebes oder die Dauer ihrer Tätigkeit bei Rheinmetall hätten machen können. In den beiden anderen Fällen habe der Bundesgerichtshof (BGH) im März 1964 die Klagen als unbegründet abgewiesen. Tatsächlich hatte der Sechste Zivilsenat des BGH Mitte März 1964 unter Berufung auf das Londoner Schuldenabkommen vom Februar 1953 die »Prüfung dieser Ansprüche bis zur endgültigen Reparationsregelung mit dem Heimatstaat« zurückgestellt. Im übrigen, so Rheinmetall weiter, variierten die seitens der *Conference of Jewish Material Claims against Germany* genannten Zahlen zwischen 800 und 1200 Betroffenen; außerdem würden in der Regel keine Angaben über die Dauer ihrer Beschäftigung gemacht. Schließlich sei die Firma Rheinmetall-Borsig AG vor 1945 fast vollständig in Staatsbesitz gewesen; der derzeitige Inhaber, die Familie Röchling, habe die Rheinmetall AG erst 1956 erworben.

In dieser Argumentation spiegelt sich Mitte der sechziger Jahre die Mehrheitsmeinung in der Bundesrepublik wider. Das gilt für die Bevölkerung, soweit diese solche Fragen überhaupt interessiert; es gilt für die veröffentlichte Meinung, wie den *Spiegel*, der die Auseinandersetzung zwischen Rheinmetall und der jüdischen Interessenvertretung im März 1966 thematisiert und dabei zumindest unterschwellig Verständnis für die Position der rheinischen Industriellen erkennen läßt, da grundsätzlich auch die Ansprüche der ehemaligen Zwangsarbeiter durch das Bundesentschädigungsgesetz des Jahres 1956 abgegolten worden seien; und es gilt schließlich für die deutschen Unternehmer, auch für Karl Diehl.

Für Diehl sind die gegenüber Rheinmetall erhobenen Forderungen deshalb von Interesse, weil im Laufe des Jahres 1966, ausgelöst durch entsprechende Berichte amerikanischer Medien, indirekt ein Zusammenhang zwischen der Entschädigung ehemaliger Zwangsarbeiter und der Lieferung der HS 820-Kanone nebst Munition durch Rheinmetall und seine Partner, Hispano-Suiza und Diehl, hergestellt wird. Von Lobbyisten, die auf amerikanischer Seite an dem Geschäft beteiligt sind, auf die Notwendigkeit zu handeln hingewiesen, drängt Karl Diehl, beispielsweise in einem Gespräch mit dem Chef von Rheinmetall, Otto

Caesar, zu zahlen, ohne daß man damit »eine moralische Schuld« auf sich nehme. Damit bezieht der Nürnberger Unternehmer eine Position, die zu diesem Zeitpunkt auch von den übrigen beteiligten Firmen sowie der Bundesregierung eingenommen wird.

Dabei interessieren ihn weniger die Ansprüche ehemaliger Zwangsarbeiter in Deutschland, die auch Karl Diehl für abgegolten hält, als vielmehr das Waffengeschäft, das aus seiner Sicht wegen der schleppenden Rüstungskonjunktur in Deutschland keinesfalls gefährdet werden dürfe. Das sieht schließlich auch das Management von Rheinmetall ein, zumal die Höhe der Zahlung in keinem Verhältnis zum Umfang des Auftrags steht. Und so werden Mitte Mai 1966, unmittelbar vor Unterzeichnung des entsprechenden Rahmenabkommens zwischen dem deutschen und dem amerikanischen Verteidigungsminister, über einen Treuhänder 2,5 Millionen D-Mark bereitgestellt. Offiziell erfolgt die Zahlung, »um Widerstände in den USA gegen die Auftragsentscheidung der US-Regierung auszuräumen«; von Entschädigungszahlungen und damit von einer Anerkennung der Entschädigungsforderung ist nicht die Rede. Bei Rheinmetall zieht man es vor, von einer »nützlichen Abgabe« beziehungsweise einer »Geste guten Willens« zu sprechen.

Diehl beteiligt sich mit 500 000 D-Mark an der Zahlung, und das ist in mehrfacher Hinsicht bemerkenswert. Einmal wird seitens der jüdischen Interessenvertretung gegenüber Diehl keinerlei Forderung erhoben. Das deutet darauf hin, daß man zu diesem Zeitpunkt keine Informationen über eine Beschäftigung jüdischer Zwangsarbeiter durch Diehl während des Krieges hat. Möglicherweise weiß man auch die diskrete Rüstungshilfe Diehls für Israel zu würdigen. Umgekehrt geht Diehl, als er sich an den Zahlungen beteiligt, offensichtlich davon aus, daß durch die staatlichen Regelungen, wie das Bundesentschädigungsgesetz, und durch seine eigenen Rückzahlungen an die Flüchtlingshilfsorganisation der Vereinten Nationen alle Ansprüche abgegolten sind, auch wenn diese Gelder später, wie gesehen, nicht abgerufen wurden. Aus Sicht Karl Diehls handelt es sich also bei den Zahlungen des Frühjahrs 1966 nicht um eine Entschädigung, schon gar nicht für eigene ehemalige Zwangsarbeiter, sondern um die pragmatische Lösung eines politischen Problems.

Konzertierte Aktionen der Rüstungsindustrie, in diesem Fall die Kooperation von Diehl und Rheinmetall beim USA-Geschäft, bleiben der Öffentlichkeit natürlich nicht verborgen. Hatte sich diese bislang, die kritischen Medien eingeschlossen, gegenüber der Rüstungsindustrie neutral oder auch durchaus wohlwollend verhalten, weil sie seit Mitte der fünfziger Jahre zu einem der wichtigsten Arbeitgeber in der Bundesrepublik avanciert war, so beginnt sich das in den ausgehenden sechziger Jahren zu ändern: Die sogenannte Achtundsechziger-Bewegung nimmt auch die Rüstungsindustrie ins Visier und rückt sie immer stärker ins Zentrum ihrer theoretischen Debatten, später auch ihrer zunehmend militanten Aktionen.

Die außerparlamentarische, fast ausschließlich auf die intellektuelle, insbesondere die studentische Szene beschränkte Bewegung hat sich ursprünglich aus einem tief empfundenen politischen Protest gegen bestimmte Entwicklungen im In- und Ausland gebildet. Zu diesen gehören die lang anhaltenden Kontroversen um die sogenannte Notstandsgesetzgebung, die erst in der Zeit der Großen Koalition aus CDU/CSU und SPD die parlamentarischen Hürden hatte nehmen können, die Konfrontation mit der jüngeren deutschen Geschichte im Umkreis des Jerusalemer Prozesses gegen Adolf Eichmann und des Frankfurter Auschwitz-Prozesses oder auch das zunehmende militärische Engagement des wichtigsten deutschen Bündnispartners, der Vereinigten Staaten von Amerika, in Vietnam: Schon während der Kennedy-Ära, vor allem aber in der Amtszeit ihres Präsidenten Johnson waren die USA immer tiefer in den südostasiatischen Sumpf marschiert. Anfang 1969 stehen 543 000 amerikanische Soldaten in Vietnam.

Daß sich in diesem Zusammenhang der Protest und die Kritik zunehmend auch gegen den »militärisch-industriellen Komplex« und seine Verbindung mit den Schaltstellen der politischen Macht in der Bundesrepublik richtet, überrascht nicht; daß diese Protestwelle Bonn erreicht, als dort nach beinahe zwei Jahrzehnten ein politischer Machtwechsel stattgefunden hat, entbehrt nicht einer gewissen Ironie: Ausgerechnet die Regierung des Bundeskanzlers Willy Brandt, der in der Zeit des Dritten Reiches auf der Liste der Verfolgten gestanden und versucht hatte, die Nazi-Diktatur von außen, aus dem skandinavischen Exil heraus zu bekämpfen, muß sich mit den heftigen Protesten und handgreiflichen Aktionen einer nachfolgenden Generation auseinandersetzen.

Am 21. Oktober 1969 hatte der Deutsche Bundestag mit hauchdünner Mehrheit Brandt zum Bundeskanzler gewählt und damit nach zwanzigjähriger Vorherrschaft von CDU/CSU eine Regierung aus Sozialdemokraten und Freidemokraten ins Leben gerufen. Verteidigungsminister dieser ersten sozial-liberalen Regierung ist Helmut Schmidt. Als Frontoffizier des Zweiten Weltkriegs und als ausgewiesener Kenner strategischer Fragen sowie als Fraktionsvorsitzender der SPD im Deutschen Bundestag während der Zeit der Großen Koalition bringt er geradezu ideale Voraussetzungen für diesen schwierigen Posten mit.

Die braucht er auch, weil sich in diesen Jahren nicht nur die außerparlamentarische Opposition, sondern auch die Medien verstärkt mit dem Thema Rüstung beschäftigen. So geht der *Spiegel* wiederholt der »Verflechtung von Rüstungswirtschaft, Militär und Politik in der Bundesrepublik« nach, beispielsweise in einem Artikel des Politologen Claus Grossner, der im März 1971 erscheint. Die »allgemeine

Tendenz zur ökonomischen Konzentration in der spätkapitalistischen Gesellschaft«, heißt es im Jargon der Zeit, »ist besonders ausgeprägt in der Rüstungsindustrie ... Eine Eigentümlichkeit der deutschen Rüstungsindustrie ist ... die Besitzkonzentration der entscheidenden Rüstungsfirmen auf wenige Familienclans oder auf Einzelpersonen.« Dazu gehören laut *Spiegel* an vorderster Stelle auch Diehl und »die Röchlings«, also die Eigentümer von Rheinmetall.

Diese Entwicklung habe nicht nur, gewissermaßen als Nebeneffekt, den »ökonomischen Aufschwung« Bayerns, sondern auch eine hohe Abhängigkeit des Staates »von den wenigen leistungsfähigen, finanzstarken Firmen« zur Folge, »von ihrem technologischen *Know-how,* ihren Vorschlägen und Projektentwürfen«. Allerdings verschweigt das Nachrichtenmagazin seinen Lesern auch nicht die Gründe für diesen Prozeß: Aufträge solcher Art könnten eben nur an »Großfirmen« wie die genannten vergeben werden, denn Rüstungsaufträge seien »besonders forschungsintensiv«, und Forschung und Entwicklung erforderten »hochspezialisierte, kostspielige Anlagen und Wissenschaftlerteams«.

Die Firma Diehl ist ein nachgerade klassisches Exempel für diese Beobachtung, wenn man sie auch Anfang der siebziger Jahre gewiß nicht als »Großfirma« definieren wird. 1971 errichtet Diehl in Röthenbach ein eigenes Entwicklungszentrum für den Munitions- und Waffenbereich. Damit wird die Konsequenz aus den Aufträgen der sechziger Jahre gezogen, zu denen unter anderem die serienreife Entwicklung der 20-Millimeter-Munition für den Bundeswehrauftrag ebenso gehört hat wie die Arbeiten an der Panzerfaust 44 oder der 20-Millimeter-Munition für den »Starfighter«. Schon 1964 beliefen sich die Kosten für solche Entwicklungsarbeiten auf eine Million D-Mark. 1972 sind 100 Mitarbeiter im Röthenbacher Entwicklungszentrum tätig, 1977 beschäftigt Diehl bereits 222 im Rahmen eines Entwicklungsbudgets von 14,5 Millionen D-Mark.

Das Beispiel zeigt auch, warum sich die Kritiker der deutschen Rüstungsindustrie damals nicht leichttun. Abgesehen davon, daß es trotz verschiedener Initiativen seitens der NATO und des Warschauer Paktes keinerlei substantielle Fortschritte bei den Verhandlungen über einen Abbau der konventionellen Waffen in Europa gibt, haben Rüstungsaufträge einen nicht zu unterschätzenden volkswirtschaftlichen Effekt: Sie sichern und schaffen Arbeitsplätze, und sie tragen einiges dazu bei, dem Industriestandort Deutschland seine traditionelle Attraktivität für ausländische Investoren oder auch Partner zu sichern. Schließlich profitiert auch der Bereich des zivilen Konsums, so der Automobilbau, direkt oder indirekt von den technischen Fortschritten, die zuerst im Bereich der Militärtechnologie oder auch der Raumfahrt entwickelt werden beziehungsweise wegen ihrer enormen Kostenintensität zunächst dort entwickelt werden müssen.

Auch hier spielt das Nürnberger Unternehmen schon seit den sechziger Jahren eine Vorreiterrolle. 1971 gründet Diehl mit dem amerikanischen Batteriehersteller Eagle Picher Industries das deutsch-amerikanische Gemeinschaftsunternehmen Diehl & Eagle-Picher, das sich mit der Entwicklung und Herstellung von Spezialbatterien beschäftigt. Der neue Partner Diehls zählt damals zu einem Pionier im Bereich der Energieversorgung und hat als Partner der NASA die verschiedenen Stufen der amerikanischen Raumfahrt seit ihren Anfängen begleitet. Hinter der Gründung von Diehl & Eagle-Picher steht die Erkenntnis, daß die Elektronik künftig nicht nur in Zündern und Zündsystemen, sondern auch bei der Energieversorgung eine herausragende Rolle spielen werde.

Angesichts solcher neuen technologischen wie aber auch betriebswirtschaftlichen Herausforderungen, die mit der weiteren Ausdehnung der Unternehmenstätigkeit einhergehen, angesichts aber auch einer Umsatzentwicklung, die nach der Überwindung der sogenannten Rezession des Jahres 1967 kontinuierlich nach oben weist, entschließt sich Karl Diehl, den Vorschlägen seines Finanzberaters Johannes Schröder jedenfalls in einigen Punkten zu folgen: Am 29. Januar 1971 konstituiert sich der Verwaltungsrat. Ihm gehören als Vorsitzender Karl Diehl und als weitere Mitglieder Johannes Schröder und Hans Fischer an.

Diehl und Fischer, Jahrgang 1905, kennen sich seit den zwanziger Jahren, aus ihrer gemeinsamen Studienzeit an der Technischen Hochschule in München. Der gebürtige Augsburger hat eine klassische Industriellenkarriere hinter sich. Gelernt hat er bei MAN in Augsburg, zuletzt als Direktionsassistent, um dann nach einer Zeit als Vorstandsmitglied der Kabel- und Neumeyer AG in Nürnberg zum April 1954 in den MAN-Vorstand berufen zu werden und zum Juli 1969 als Vorstandsvorsitzender zur Gutehoffnungshütte zu gehen, die MAN übernommen hatte. Mit der fünfjährigen Tätigkeit im Verwaltungsrat der Firma Diehl schließt Fischer seine berufliche Laufbahn ab. Welches hohe Vertrauen Karl Diehl ihm wie auch Schröder entgegenbringt, zeigt seine Verfügung, wonach die beiden im Fall seines Todes als Testamentsvollstrecker fungieren sollen.

Mit dem Wechsel in den Verwaltungsrat zieht sich Karl Diehl aus dem operativen Geschäft zurück und verlegt bei dieser Gelegenheit seinen Lebensschwerpunkt endgültig nach Frankreich und in die Schweiz. Damit folgt er, wie die *Frankfurter Allgemeine Zeitung* ihren Lesern erläutert, »dem Grundsatz, daß es Geschäftsumfang und fortschrittliche Führungsmethoden gebieten, Überwachungs- und Kontrollfunktionen von denen der aktiven Geschäftsleitung zu trennen«. Die Geschäftsführung des Unternehmens liegt fortan in den Händen eines fünfköpfigen Gremiums, dessen Vorsitz Karl Beisel innehat. Auf den ersten

Blick sieht es so aus, als zöge Karl Diehl mit diesem Schritt auch die Konsequenz aus seinem Lebensalter. Immerhin geht er auf die Fünfundsechzig zu, und in diesem Alter scheiden die meisten aus dem aktiven Berufsleben aus. Auf Diehl trifft das freilich nicht zu. Schon weil seine Söhne noch nicht soweit sind, um die Leitung der Firmengruppe zu übernehmen, aber auch wegen des Selbstverständnisses eines Vollblutunternehmers behält er vorläufig die Fäden in der Hand.

Und so läßt er diesem ersten Schritt der Strukturreform keineswegs jenen zweiten folgen, den sein Finanzberater seit einigen Jahren wenn nicht für notwendig, so doch für sinnvoll hält: Der Verwaltungsrat wird nicht zu einem Vorläufer des Aufsichtsrates, und die Kommanditgesellschaft wird nicht in eine Aktiengesellschaft umgewandelt. Schon der Umstand, daß Aktiengesellschaften verpflichtet sind, ihren Jahresabschluß vollständig, also mit Gewinn- und Verlustrechnung, in den Gesellschaftsblättern bekanntzumachen, hält Karl Diehl davon ab, das Familienunternehmen an die Börse zu bringen. Daß auch er nach dem neuen Publizitätsgesetz verpflichtet ist, seit 1971 die Bilanz seiner Firmengruppe zu veröffentlichen, geht aus seiner Sicht weit genug.

Dieser erste Geschäftsbericht weist einen Umsatz von 705 Millionen D-Mark aus, die von 13 500 Mitarbeitern erwirtschaftet worden sind. Eine Gewinn- und Verlustrechnung wird nicht veröffentlicht, wohl aber wird deutlich, welche Unternehmensbereiche profitabel gearbeitet haben und welche nicht. Auffallend, aber nicht überraschend ist die Zunahme bei der Wehrtechnik, wohingegen fast alle anderen Bereiche Umsatzrückgänge hinnehmen mußten. Das gilt selbst für den traditionsreichsten Zweig der Unternehmensgruppe, das Halbzeug, insbesondere aber für die Datensysteme, die offenkundig der zunehmenden internationalen, namentlich der japanischen Konkurrenz kaum etwas entgegenzusetzen haben, und für die Uhren.

Unter Volldampf: Die Werke 3 und 4 in Röthenbach bei Nürnberg und eines ihrer Herzstücke, die Strangpresse, Anfang der sechziger Jahre.

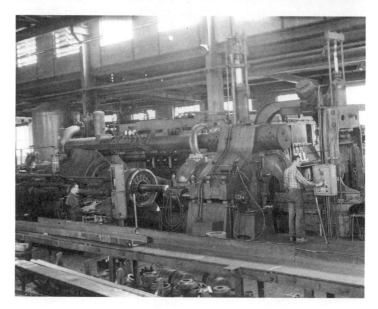

Hier ist ein Umsatzrückgang von elf Prozent zu verzeichnen, und insbesondere Junghans kommt nach wie vor nicht in die Gewinnzone.

Kein Wunder, daß im Sommer 1971 in der Öffentlichkeit Gerüchte über die Zukunft des Schramberger Uhrenherstellers kursieren. Mal heißt es, Diehl wolle mit Kienzle zusammengehen; mal ist von einem Verkauf von Junghans die Rede. Erst 1974 wird den Verkaufsspekulationen der Boden entzogen, als Diehl einerseits die Marken »Diehl« und »Junghans« in einem Sortiment zusammenführt und andererseits den französischen Uhrenhersteller Vedette erwirbt. Das Unternehmen war 1920 in Straßburg durch Paul Dentel gegründet worden und ist seit 1924 in Saverne ansässig. Der Kauf von Vedette Industries, die auf Installations- und Großuhren spezialisiert sind, ist für Diehl vor allem deshalb von Interesse, weil das Nürnberger Unternehmen mit der Übernahme der Vertriebsstrukturen seine eigene Marktposition in Frankreich deutlich verbessern kann.

Gleichzeitig wird damit Diehls Stellung als Partner führender Hausgerätehersteller gestärkt. Umgekehrt hilft Diehl mit seinem Know-how Vedette Industries auf die Sprünge, weil die jetzt als erste mit Quarzuhren auf den französischen Markt kommen können. Junghans beziehungsweise Diehl sind damals auf dem Gebiet der Quarzuhren führend. Schon 1967 hatten die Schramberger als erster deutscher Hersteller eine Tischuhr, die »Astro-Chron«, vorgestellt; 1974 kommt mit der »Astro-Quarz« eine Armbanduhr auf den Markt; und 1976 stellen Junghans und Vedette Entwicklung und Produktion konsequent auf elektronische Uhren um und legen den Schwerpunkt auf Quarzuhren: Im Quarzwecker »Junghans Astra-Quarz«, der eine Ganggenauigkeit von lediglich ein bis zwei Minuten Abweichungen pro Jahr erreicht, schwingt das Quarzkristall, elektrisch angeregt, über vier Millionen

Mal pro Sekunde. Einer geschlossenen Kollektion von Damen-Quarzuhren, die Junghans 1977 als erster europäischer Anbieter präsentiert, folgen 1979 Kinderuhren im Comic-Stil und 1980 unter anderem Analog- und Digitalquarzuhren mit Batterielaufzeiten von bis zu sieben Jahren.

So entwickelt sich Junghans unter der Regie von Diehl während der siebziger Jahre zu einem Pionier für Technik, Innovation und Präzision, wie es 1979 anläßlich der Verleihung der »Peter-Henlein-Medaille« durch den Zentralverband für Uhren, Schmuck und Zeitmeßtechnik heißt. Das ist die eine Seite; auf der anderen steht freilich das hohe Preisniveau: Nicht weniger als 1 600 D-Mark soll die 1974 vorgestellte Quarzarmbanduhr kosten. Und so prognostiziert der *Spiegel* schon Mitte 1971 kühl, das »langfristige Kalkül deutscher Marktstrategen« könne »nur dann aufgehen, wenn die mächtige Konkurrenz aus Japan stillhält«.

Dieses bedenkenswerte Argument findet allerdings in Nürnberg kaum Gehör; hier sonnt man sich im Licht einstweiliger Erfolge. Junghans hat 1971 das kleinste Quarzwerk der Welt entwickelt und damit übrigens die Voraussetzung dafür geschaffen, daß das Unternehmen den Zuschlag für die Olympischen Sommerspiele des kommenden Jahres in München erhält: Junghans chronometriert die Leichtathletikwettkämpfe mit elektronischen Sportzeitmessern aus eigenentwickelten Quarzuhren. Zu den Komponenten der Sportzeitmessung, die im Laufe der kommenden Jahre weiterentwickelt werden und zu zahlreichen Verträgen mit Sportverbänden führen, gehören Digitaluhren, Doppellichtschranken, Zielzeitkameras und andere Instrumente mehr. So gesehen, scheint der Diehl-Gruppe 1971 also auch auf diesem hart umkämpften Feld die Zukunft zu gehören.

Fehler und Fortune

»Deutschlands diskretester Milliarden-Konzern«
1971–1983

Fehler gehören dazu. Im hohen Alter danach befragt, ob ihm in seiner langen unternehmerischen Karriere Fehler unterlaufen seien, spricht Karl Diehl von »einer ganzen Reihe« und fügt hinzu, daß sie zu verkraften seien, wenn es die Bereitschaft gebe, sie zu korrigieren oder doch aus ihnen zu lernen. Das habe er immer auch seinen Mitarbeitern zugestanden. Zu den strukturellen Fehlern im weitesten Sinne gehört das grundlegende Problem eines Mischkonzerns: Je breiter und zugleich spezialisierter die Produktpalette wird, um so schwerer muß der Überblick auch demjenigen fallen, der das alles aufgebaut hat, und um so schwieriger wird es, rechtzeitig in allen Bereichen die Zeichen der Zeit zu erkennen und gegebenenfalls Fehlentwicklungen gegenzusteuern.

Ein solcher Fall sind die Rechenmaschinen. Nach dem Krieg hatte Karl Diehl hier instinktsicher eine Marktlücke entdeckt, zeitweilig eine marktführende Position behauptet und, da der Firmenschriftzug jedes Stück zierte, sein Unternehmen gewissermaßen nebenher einer breiten Öffentlichkeit bekannt gemacht. Irgendwann in den sechziger Jahren war dann der Zenit überschritten, weil man nicht rechtzeitig realisiert hatte, daß die Zukunft elektronischen Rechnern gehörte. Erst sehr spät, im Januar 1972, reagiert Diehl und stellt die Produktion von mechanischen Tischrechnern ein. Die Konsequenzen sind beträchtlich, schon weil bei dieser Gelegenheit 480 Mitarbeiter entlassen werden müssen.

Außerdem versucht Diehl jetzt, verspätet und also mit einigem Aufwand, auf den bereits abgefahrenen Zug aufzuspringen und mit Hilfe der Diehl Datensysteme GmbH (DDS) in den Markt der elektronischen Rechner einzudringen. Die Entscheidung trifft firmenintern nicht nur auf Zustimmung. Vor allem Johannes Schröder meldet erhebliche Zweifel an, ob man mit bereits gut positionierten beziehungsweise dynamischen Konkurrenten, wie mit IBM, Bull und einigen japanischen Firmen, werde mithalten können. Die Skepsis scheint begründet, summieren sich die Verluste für den Unternehmensbereich Datensysteme doch allein in den Jahren 1970 bis 1972 auf mehr als 60 Millionen D-Mark.

Mittelfristig können sich aber dann doch die Befürworter der neuen Strategie behaupten. Zum 1. Januar 1975 erwirbt Diehl die Mehrheit an der Konstanzer Computertechnik Müller GmbH (CTM). Damit sollen die Arbeitsgebiete mittlere Datentechnik und Textsysteme aufgerüstet werden. Vorerst scheinen die Erfolge für die Kaufentscheidung zu sprechen: Auf der Hannover Messe 1981 verzeichnet CTM insbesondere bei seinen »Small Business Systemen« einen Auftragseingang von 13 Millionen D-Mark; 1982 wird ein mehrplatzfähiger Digitalcomputer mit Winchester-Laufwerk vorgestellt; und im folgenden Jahr kann CTM in Hannover den ersten 32-Bit-Digitalcomputer des Modells 9032 präsentieren. 1985 erwirtschaftet CTM mit 650 Mitarbeitern einen Umsatz von gut 130 Millionen D-Mark und steigert diesen damit gegenüber dem Vorjahr um 25 Prozent.

Daß Diehl gleichwohl zum Dezember 1985 knapp die Hälfte der Anteile und dann, »früher als ursprünglich geplant«, wie die *Süddeutsche Zeitung* berichtet, das ganze CTM-Paket an die Standard Electronic Lorenz AG (SEL) abtritt, ist ein Indikator, daß man sich doch endgültig aus dem hart umkämpften EDV-Markt zurückziehen will. Die Fachpresse, wie das *Manager-Magazin*, das *Industriemagazin* oder die *Frankfurter Allgemeine Zeitung*, hatten das CTM-Engagement schon seit Anfang der achtziger Jahre zu den Problemfällen von Diehl gezählt.

Fehler beziehungsweise Fehlentscheidungen, wie der Einstieg Diehls in die Computertechnik, können für ein Unternehmen ruinös sein. Aber in einem gut geführten Mischkonzern, zumal einem Familienunternehmen, läßt sich im günstigen Fall aus der Not eine Tugend machen. Denn der rechtzeitige Rückzug aus einem nicht rentablen Feld kann sicherstellen, daß nicht der entsprechende Unternehmensbereich oder gar der Konzern insgesamt in Gefahr gebracht werden. Das setzt freilich voraus, daß beim Engagement in einer sich später als problematisch oder unprofitabel erweisenden Sparte die übrigen Bereiche nicht vernachlässigt werden. Und eben darauf hat das Unternehmen Diehl stets geachtet, so auch in den siebziger Jahren, als man neben den Investitionen in die Datensysteme auch die klassischen Produktionsbereiche weiter ausbaut.

Das gilt für die Wehrtechnik, für die Schaltuhren oder natürlich auch für das Halbzeug. Als im September 1973 der neue Flugabwehrpanzer »Gepard« vorgestellt wird, ist Diehl mit zahlreichen Produkten dabei, unter anderem mit der Kette und mit Teilen des Fahrwerks, mit Baugruppen der Fliegerabwehrkanone, mit Elektronik und Feuerleitung, vor allem aber mit der 35-Millimeter-Munition, welche nach eigener Einschätzung die bis dahin anspruchsvollste und wohl auch problemreichste Fertigung dieser Art darstellt.

Ähnlich erfolgreich ist man bei den Schaltsystemen. Mitte der siebziger Jahre gelingt Diehl der Durchbruch auf dem hart umkämpften Markt der Steckdosenschaltuhren. Das ist nicht selbstverständlich, weil wegen des hohen

Kostendrucks die Metallbauteile gegen Kunststoffkomponenten ausgetauscht werden müssen, und diese Maßnahme wirft wegen der hohen Umgebungstemperaturen beispielsweise von Herden einige Probleme auf. Im Zuge dieser Entwicklung wird Anfang 1973 in Werk 8 die Arbeit aufgenommen. 1977 wird die erste vollelektronische Herdschaltuhr präsentiert, und 1983 steigt Diehl mit der »multimat« zum Marktführer in Europa auf. Schon in den siebziger Jahren wird diversen Schaltuhren der Nürnberger Erfinder auf der Hannover Messe das Prädikat »Die gute Industrieform« verliehen, nach der »multimat« auch der »Variomat« oder der »Minitron«.

1981 sind zwei, 1983 bereits vier Millionen Steckdosenschaltuhren produziert, und Anfang der achtziger Jahre liegt der Exportanteil des Geschäftsbereichs Schaltsysteme bei mehr als 50 Prozent, wobei die Geschäfte mit Australien und Neuseeland vordere Plätze belegen. Diese Entwicklung legt es nahe, einen Teil auch dieser Produktion ins Ausland zu verlagern, um so die überseeischen Märkte effektiver und kostengünstiger bedienen zu können. Aus diesem Grund erwirbt Diehl im Dezember 1985 sämtliche Anteile der in Delavan ansässigen amerikanischen Firma Borg Instruments Inc., die ab Januar des kommenden Jahres im Geschäftsbereich Schaltsysteme geführt wird. 180 Mitarbeiter fertigen jenseits des Atlantiks die Herdschaltuhr »orbitron« sowie Automobiluhren.

Neben den Schaltsystemen hält Diehl vor allem das Halbzeug fest im Blick. Nirgends sonst reichen die Wurzeln des Unternehmens so tief wie hier. Aber natürlich kann man sich nicht mit dem Erreichten begnügen. Wie in anderen Bereichen auch kommt Diehl dabei zugute, daß er die richtigen Leute gewinnen kann. Im Fall des Halbzeugs ist es Peter Zabel. Der 1938 geborene Diplomingenieur kommt nach Tätigkeiten bei Krupp und den Vereinigten Deutschen Metallwerken 1978 als Generalbevollmächtigter für den Unternehmensbereich zu Diehl. Ihm gelingt es

Deutschlands diskretester Milliarden-Konzern 211

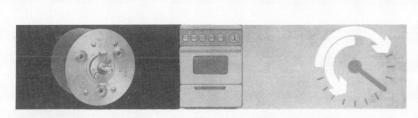

Diehl löst Zeitschaltprobleme

Herdschaltuhren

Besondere Merkmale: kleine Einbaumaße, große Funktionssicherheit, lange Lebensdauer, leiser Gang und Temperaturbeständigkeit bis 120° C, Temperaturzeichen T. Außerdem tragen die Uhren die Approbationszeichen des VDE, der SEMKO und der NEMKO.

Besonders wichtig: die Uhren sind lieferbar mit 2 verschiedenen Arten der Einstellung. In beiden Fällen ist die Einstellung leicht und übersichtlich. Das ist ausschlaggebend beim Kauf eines Automatic-Herdes.

DIEHL-Uhrenfabrik, Zeitschalterwerk, Nürnberg
Alleinvertreter: Stahl & Co. KG., Köln-Ehrenfeld, Simrockstraße 69/71

Dauerbrenner: Mit seinen Herdschaltuhren beliefert Diehl um 1970 etwa 80 Prozent des deutschen Marktes.

nicht nur, das Unternehmen in diesem traditionellen und schon deshalb umkämpften Markt auf die Zukunft vorzubereiten und innerhalb zweier Jahrzehnte und bei einer lediglich zehnprozentigen Zunahme der Mitarbeiter den Umsatz um mehr als das Doppelte zu erhöhen; er ist auch und eben deshalb neben Peter Diehl der einzige, der im Halbzeugbereich, der angestammten Domäne des Unternehmers, mit Karl Diehl auf gleicher Augenhöhe verkehren kann.

Weil aber auch die Konkurrenz nicht schläft und zunehmend selbst in die Kernmärkte drängt, gilt es für Diehl, seinerseits neue Horizonte zu erschließen: Mit dem Erwerb des Automobilzulieferers Bristan in São Paulo ist 1973 ein energischer Schritt auf dem Weg zur Eroberung des amerikanischen Markts getan worden. Die 1949 von den Halbbrüdern Brisgill und Stanzel gegründete Firma hatte sich unter anderem auf die Produktion von Messingteilen spezialisiert. Mit Hilfe der Neuerwerbung hoffen die Nürnberger die zunehmenden Halbzeugaktivitäten auf dem amerikanischen Markt bündeln und durch eine Produktion vor Ort zügig ausbauen zu können. Im Laufe der Jahre entwickelt sich Diehl do Brasil, wie die Firma seit 1981 heißt, zu einem wichtigen brasilianischen Preßteilproduzenten und einem Zulieferer für Automobil- und Getriebehersteller auf dem amerikanischen Kontinent. Und daß der Geschäftsbereich Halbzeug im August 1983 eine automatische Synchronringpresse für den Einsatz in einem sowjetischen Wolga-Automobilwerk liefert, zeigt, daß die Grenzen des Kalten Krieges für den Unternehmer Diehl keine unüberwindbaren Hürden sind.

Das alles erfolgt unter der energischen Regie Karl Diehls, der die Fäden der Unternehmensleitung nach wie vor fest in der Hand hält. Für ihn ist der fünfundsechzigste Geburtstag, den er am 4. Mai 1972 begeht, jedenfalls in beruflicher Hinsicht keine Zäsur. Vermutlich nimmt er die Bro-

Nürnberger Urgestein: Karl Diehl und Käte Strobel, Bundesministerin für Jugend, Familie und Gesundheit im ersten Kabinett Willy Brandts.

schüre, welche ihm Käte Strobel mit einem selbstverfaßten Gedicht zum Festtag überreicht, mit spitzen Fingern entgegen. Das Heft mit dem Titel »Sonniger Herbst. Rat und Hilfe für ältere Menschen« ist vom Bundesministerium für Jugend, Familie und Gesundheit herausgegeben worden, dem Käte Strobel, wie Karl Diehl Nürnberger Urgestein und ebenfalls Jahrgang 1907, viele Jahre vorgestanden hat, bis sie sich im Umkreis ihres Fünfundsechzigsten auf den Posten einer Nürnberger Stadträtin zurückzieht.

An das Altenteil kann Karl Diehl schon deshalb nicht denken, weil seine Söhne noch nicht soweit sind, um in das Unternehmen einzutreten und dessen Führung schrittweise zu übernehmen. Eine andere Lösung als die Fortführung des Familienunternehmens in der dritten Generation kommt für den Senior nicht in Betracht. Am 1. April 1975 tritt Werner Diehl, achtundzwanzigjährig, als Prokurist in die Firmen Diehl KG und Süddeutsches Metall-Kontor GmbH, den Komplementär der Diehl KG, ein, nachdem er im März als Rechtsanwalt am Oberlandesgericht Nürnberg zugelassen worden ist. In der Firma führt der Jurist zunächst das sensible Verbindungsbüro zwischen dem Verwaltungsrat und der Zentralverwaltung und ist dann, nach Stationen in den Bereichen Wehrtechnik und Halbzeug, ab September 1983 für die Finanz- und Vermögensverwaltung der Firmengruppe verantwortlich.

Nach der grundlegenden Strukturreform des Unternehmens Anfang der neunziger Jahre und seinem Eintritt in den Verwaltungsrat Mitte September 1992 wächst Werner Diehl mehr und mehr in die Rolle des Unternehmers hinein, der für die sozialen Belange des Familienkonzerns zuständig ist. Angesichts der enormen Herausforderungen, denen sich solche Unternehmen im Zeitalter der Globalisierung gegenübersehen, gehört diese Funktion ohne Zweifel zu den wichtigsten im Betrieb, und der Respekt und das Vertrauen, das dem ältesten Sohn Karl Diehls durch die Mitarbeiter, aktive wie ehemalige, entgegengebracht wird, bestätigen den Erfolg, den er in dieser Funktion verbuchen kann.

Im September 1976 folgt der Betriebswirt Peter Diehl seinem Bruder Werner und nimmt, siebenundzwanzigjährig, eine Tätigkeit als Prokurist in den Firmen Diehl KG und SMK auf. Nach sechsjähriger Erfahrung als geschäftsführender Gesellschafter der Firma Feindrahtwerke Edelhoff in Iserlohn wird Peter Diehl 1984 Geschäftsführer bei der Süddeutschen Metallhandelsgesellschaft mbH, übernimmt dann operative Leitungsfunktionen, beispielsweise die Marketingleitung des Geschäftsbereichs Metallhalbzeug, um schließlich Mitte September 1992, gemeinsam mit Bruder Werner, in den Verwaltungsrat der Unternehmensgruppe zu wechseln.

Der Jüngste der drei, der Ingenieur Thomas Diehl, hat wohl die härteste Bewährungsprobe zu bestehen: Unmittelbar nach Abschluß seines Studiums ist er für etwa vier Jahre, von 1977 bis 1980, in der Entwicklungsabteilung bei Junghans tätig und dort unter anderem dafür verantwortlich, daß dieses Sorgenkind des väterlichen Unternehmens den Einstieg in die Funktechnik schafft. Danach werden ihm in der Zentrale die ausländischen Zweigunternehmen anvertraut, und schon 1983 ist er Leiter von Forschung und Entwicklung im Geschäftsbereich Munition. 1988 erfolgt die Berufung von Thomas Diehl in die Geschäftsführung des Unternehmens, wo er das neugeschaffene Zentralressort Technik übernimmt. Er ist damit, wie die *Frankfurter Allgemeine Zeitung* einige Jahre später bilanziert, der einzige der drei Söhne Karl Diehls, der »den Sprung in die Geschäftsführung geschafft hat«. So gesehen überrascht es nicht, daß Thomas Diehl im September 1993 den Vorsitz der Geschäftsführung übernimmt. Diesen Karrieresprung in die unmittelbare Nachfolge seines Vaters hatten ihm manche Beobachter zugetraut, seit er sich 1987 mit Abwanderungsgedanken getragen hatte.

Stellt man die restriktive Informationspolitik des Hauses Diehl in Rechnung, bleibt es erstaunlich, wie zuverlässig die Fachpresse auch diese Entwicklung des Unternehmens begleitet, analysiert und kommentiert hat. Einer der wenigen Journalisten, zu denen Karl Diehl über die Jahre hinweg mehr oder weniger kontinuierlich den Kontakt pflegt, ist Hermann Bößenecker. Als er dem Wirtschaftsreporter, der für die *Welt* und die *Zeit* schreibt, im Januar 1988 zum sechzigsten Geburtstag gratuliert, antwortet ihm Bößenecker: »Ich habe dem Unternehmer Karl Diehl und seinem Unternehmen immer viel Aufmerksamkeit geschenkt. Am Anfang und lange Zeit war das Ihnen zu viel. Aber letztlich habe ich ... Recht behalten.« Tatsächlich ist das Verhältnis nicht immer spannungsfrei, wohl aber von gegenseitigem Respekt getragen.

1972 hatte Bößenecker in einem Buch über *Bayern, Bosse und Bilanzen. Hinter den Kulissen der weiß-blauen Wirtschaft* Diehl als »tatkräftigen, in seinen geschäftlichen Aktionen nicht zimperlichen, persönlich aber überaus sympathischen Unternehmer« charakterisiert. Als sich Bößenecker im September 1974 erkundigt, warum Diehl nicht mehr auf seine Schreiben und Fragen reagiere, antwortet ihm dieser, daß er »immer ein Gegner von überzogener Publizität« gewesen sei: »Ein Unternehmen wird immer gute und schlechte Zeiten habe und mein Bestreben war es immer, einen Ausgleich zu finden, d.h. in guten Zeiten Reserven zu schaffen, um die schlechten Zeiten sicher überstehen zu können.«

Ein Jahr später erhält Bößenecker dann nach neuerlicher Rückfrage einen Gesprächstermin, und es geht ein weiteres Jahr ins Land, bis sein Artikel im September 1975 in der *Zeit* erscheint. In der Sache enthält er kaum Neues, wohl aber macht er die Öffentlichkeit mit einigen bemerkenswerten Erkenntnissen Karl Diehls vertraut. So antwortet der Unternehmer auf die Frage, ob er sein millionenschweres Verlustengagement bei Junghans bereue, daß man »aus jeder Erfahrung« lerne: »Ich habe bei Junghans viel gelernt.« Im übrigen präsentiert Bößenecker seinen Lesern den »unbekanntesten Großunternehmer der Bundesrepublik« unter der Überschrift »Karl Diehls diskrete Geschäfte«, eine Charakterisierung, die Schule macht: Im August 1980 bezeichnet die *Frankfurter Allgemeine Zeitung* die Diehl-Gruppe als »Deutschlands diskretesten Milliarden-Konzern«.

Für diese Diskretion gibt es Gründe, ganz allgemein die Zurückhaltung des Familienunternehmens gegenüber einer neugierigen Öffentlichkeit und sehr konkret die innere Lage der Bundesrepublik in den ausgehenden siebziger Jahren. Am 19. August 1977, als Karl Diehl die Feiern zum fünfundsiebzigjährigen Bestehen seines Unternehmens vorbereitet, schreibt ihm sein ehemaliger Generaldirektor Walther Wenck: »Vergessen Sie auch bitte nicht ihre eigne Sicherheit, nachdem die Verbrecherbande auch vor den Wirtschaftsführern nicht halt macht.«

Den Hintergrund für diesen eindringlichen Appell bildet die Ermordung des Vorstandssprechers der Dresdner Bank, Jürgen Ponto, wenige Wochen zuvor. Verantwortlich ist die Rote Armee Fraktion (RAF), ein zur Gewalt entschlossener Abkömmling der außerparlamentarischen Bewegung. Die Gruppe um Andreas Baader, Gudrun Ensslin und Ulrike Meinhoff war zunächst, im April 1968, mit Brandanschlägen auf zwei Frankfurter Kaufhäuser auffällig geworden. Nach ihrer Inhaftierung wurden die Aktionen der Gruppe durch andere Mitglieder fortgesetzt und zugleich radikalisiert. Seit 1974 gehören Entführung und Mord zum Repertoire des deutschen Terrorismus, dessen Aktionen schließlich 1977 in der Ermordung Jürgen Pontos sowie des Generalbundesanwalts Siegfried Buback und des Präsidenten der Bundesvereinigung der Arbeitgeberverbände Hanns Martin Schleyer eskalieren.

Auf der Todesliste der Terroristen steht auch Karl Diehl. Am 4. Mai 1979, gegen 21.55 Uhr, stürmen Polizisten eine Wohnung in der Stephanstraße 40, überwältigen die mutmaßliche RAF-Terroristin Elisabeth von Dyck und verletzen sie dabei durch einen Schuß tödlich. In der Wohnung, die im Januar unter falschem Namen angemietet worden war, finden sich die Fingerabdrücke einer Reihe gesuchter RAF-Mitglieder. Besonders brisant an der Wohnung aber ist ihre Lage: Auf der schräg gegenüberliegenden Kreuzungsseite, gewissermaßen in Augen- und Schußhöhe, liegt das Büro Karl Diehls. Für die Terroristen ist der »Waffenfabrikant« und Repräsentant des »Monopolkapitals« das Feindbild par excellence.

1976 hat Diehl erstmals die magische Umsatzgrenze von einer Milliarde D-Mark überschritten; die 1,5 Milliarden-Hürde wird bereits 1980 genommen. Der Höchststand der Mitarbeiterzahlen war ein Jahr zuvor erreicht worden: 15 340 Mitarbeiter sind 1979 in den in- und ausländischen Betrieben Diehls beschäftigt, was gegenüber 1976 einer Zunahme von beinahe 20 Prozent entspricht. Sie ist nicht zuletzt das Ergebnis einiger Zukäufe, die ihrerseits wiederum im Gesamtzusammenhang eines recht großdimensionierten Um- und Neuordnungsprozesses in den ausgehenden siebziger Jahren gesehen werden müssen.

Erstaunlicherweise zeigt Karl Diehl angesichts der dafür notwendigen beträchtlichen finanziellen Investitionen keine »Spur finanzpolitischen Kopfwehs«. Das jedenfalls sagt er Gerd Materne, der das Unternehmen für die *Frankfurter Allgemeine Zeitung* über Jahre journalistisch eng begleitet, soweit das überhaupt möglich ist. Das »Familienunternehmen Diehl«, schreibt Materne nach einem Gespräch mit dem Senior im März 1979, »habe immer Wert auf Thesaurierung gelegt ... Man könne davon ausgehen, daß etwa 90 Prozent der erforderlichen Mittel aus dem eigenen Fundus stammen.« Tatsächlich hatte Karl Diehl im Mai 1976 auf einer Betriebsrätekonferenz eine Kapitalerhöhung von gut 20 auf 80 Millionen D-Mark bekanntgegeben und damit nach eigenem Bekunden demonstriert, daß die Familie entschlossen ist, das Unternehmen durch finanzielles Engagement wettbewerbsfähig zu halten.

Anlaß für den Zeitungsbericht vom März 1979 ist der Einstieg Diehls bei der Triumph-Adler-Gruppe, die zum amerikanischen Litton-Konzern gehört. Mitte April 1978 hat Diehl Aktien im Nominalwert von 5,9 Millionen D-Mark erworben und hält damit eine Beteiligung von knapp 13 Prozent. Formal getrennt davon war die Diehl Datensysteme GmbH durch die Triumph-Adler-Gruppe übernommen worden. Ein Jahr später erhöht Diehl seine Beteiligung auf gut 25 Prozent und stellt damit, so Materne, seinen »nüchternen Realitätssinn ... ebenso wie das Bemühen um moderne Technologie« unter Beweis. Dieser Vorgang sei insoweit bemerkenswert, als sich Karl Diehl damit zum ersten Mal mit einer Minderheitsbeteiligung zufriedengebe, um gleichsam als »Junior-Partner« des Volkswagenwerks, dem seit Anfang März 1979 die Mehrheit von Triumph-Adler gehört, »bei der zukunftsträchtigen Entwicklung in der Datentechnik mit dabei zu sein«.

Maternes Bericht zeigt, wie wenig selbst ein exzellenter Kenner den Nürnberger Unternehmer zu berechnen vermag: Lediglich anderthalb Jahre später trennt sich Karl Diehl von seiner Beteiligung und damit gleichzeitig vom Engagement seiner Firma in der Datentechnik. Nach außen hin argumentiert die Firmenleitung, daß sich bei der CTM in Konstanz eine Entwicklung ergeben habe, die zu einer Konkurrenz mit Triumph-Adler werden könnte. Tatsächlich haben wir es aber hier wohl mit dem ersten Schritt auf dem Weg zur endgültigen Lösung Diehls aus dem Computerbereich zu tun, die dann, wie bereits gesehen, fünf Jahre später mit dem Verkauf von CTM an SEL endgültig vollzogen wird.

Vor allem aber dokumentiert Karl Diehl mit dem Rückzug aus der Triumph-Adler-Verbindung, daß die Minderheitsbeteiligung seine Sache nicht ist. Dabei bleibt es. Eine

Ausnahme von der Regel wird nur dann gemacht, wenn sichergestellt ist, daß die Systemführerschaft bei Diehl liegt oder daß er sich qua Minderheitsbeteiligung eine Mitsprache bei einem Konzern sichert, der für seine Produkte marktstrategisch von zentraler Bedeutung ist.

Man hat das Gefühl, als habe sich Diehl auf dem Gebiet der Datensysteme auch deshalb schwergetan, weil er sich während der gut 15 Jahre, in denen er hier engagiert gewesen ist, nie wirklich heimisch und also wohl gefühlt hat. Das unterscheidet den Einstieg bei CTM oder auch bei Triumph-Adler von demjenigen bei Mauser: Zum 1. Januar 1979 erwirbt Karl Diehl von den Industriewerken Karlsruhe Augsburg (IWKA) die Mauser-Werke in Oberndorf. Aus der im November 1812 gegründeten königlich-württembergischen Gewehrfabrik hervorgegangen, waren diese im Dezember 1872 durch die Gebrüder Wilhelm und Paul Mauser gegründet worden. Zwei Jahre später erfolgte die Umwandlung in eine Kommanditgesellschaft, zu welcher die Brüder eine Gewehrfabrik hinzukauften. Seit 1922 als Aktiengesellschaft positioniert, werden jetzt neben Pistolen und Gewehren Spielzeuge, Rechenmaschinen, Nähmaschinen und sogar Personenwagen hergestellt.

Wie für Diehl bedeuten auch für Mauser die Machtübernahme durch die Nazis, die Wiedereinführung der allgemeinen Wehrpflicht und die enorme Aufrüstung Deutschlands die Rückkehr zur Produktion von Rüstungsgütern, insbesondere Waffen. Nach Krieg, Demontage und teilweiser Sprengung der Produktionsanlagen beginnt bei Mauser eine Entwicklung, die das Unternehmen für Diehl zunehmend interessant macht: 1954 wird die Mauser-Meßzeug GmbH gegründet; zwei Jahre darauf erfolgt mit dem Erwerb der Firma Otnima der Einstieg in den Maschinenbau. Kurz vor der Übernahme durch Diehl werden die Einzelgesellschaften 1975 zu den Mauser-Werken Oberndorf GmbH zusammengefaßt.

IWKA entscheidet sich für den Verkauf von Mauser an Diehl, weil sich das Unternehmen schon einige Jahre zuvor von seinem Munitionsgeschäft getrennt hatte und seither zu der Erkenntnis gekommen war, daß Waffensysteme auf Dauer nur dann erfolgreich entwickelt werden können, wenn eine eigene Munitionsfertigung zur Verfügung steht. Diehl besitzt eine solche, und so gesehen ist der Kauf von Mauser sinnvoll. Die Systeme von Mauser ergänzen diejenigen von Diehl, so daß die Nürnberger nunmehr Gesamtsysteme anbieten können. Auf dieser Basis will sich Diehl als »Systemhaus« für Heeresausrüstung und deren logistische Betreuung auf dem nationalen wie internationalen Markt positionieren. Mauser entwickelt unter anderem die 27-Millimeter-Bordkanone für das Mehrzweck-Kampfflugzeug »Tornado« und das Erdkampf-Flugzeug »Alpha-Jet«. Diehl ist zunächst nur mit Munitionskomponenten an der Entwicklung beteiligt, wird dann aber Fertiger der kompletten Munition.

Im übrigen ist, als Karl Diehl die Oberndorfer Werke kauft, der zivile Anteil am Umsatz von Mauser einschließlich der zivilen Jagdwaffen bereits geringfügig größer als die Quote der Wehrtechnik. So gesehen, demonstriert das Engagement bei Mauser zwar das unverminderte Interesse Karl Diehls an der Wehrtechnik, aber auch die Grenzen, die ihr durch die hohe Abhängigkeit vom staatlichen Auftraggeber gesetzt sind. Ein gutes Jahrzehnt später, als nach dem Zusammenbruch der Sowjetunion, des Warschauer Paktes und der alten Weltordnung insgesamt die Rüstungsaufträge dramatisch einbrechen, scheint das Kalkül aufzugehen: Mauser hat, wie der *Spiegel* 1991 wiederholt feststellt, »den besseren Riecher fürs zivile Geschäft«.

Die Grundlagen für die gute Positionierung werden in den siebziger und achtziger Jahren gelegt. So stellt Mauser 1980 auf der Züricher Messe Microtec die in ihrer Zeit genaueste Großmeßmaschine der Welt vor; 1982 wird die bis dahin schwerste Präzisions-3D-Koordinaten-Meßmaschine

Den richtigen »Riecher«: Karl Diehl mit Gerd E. Weers, Max Grundig und dem amerikanischen Außenminister Alexander Haig (von links), Oktober 1982.

der Oberndorfer mit Hilfe des größten verfügbaren Transportflugzeugs an einen amerikanischen Kunden ausgeliefert; und 1983 entwickelt Mauser für Japan, wo bereits acht Anlagen aus eigener Produktion stehen, eine vollautomatische Gewindemeßmaschine.

Vor diesem Hintergrund muß es zunächst überraschen, daß Karl Diehl, als er bald fünfundneunzigjährig auf sein Leben als Unternehmer zurückblickt, den Erwerb der Mauser-Werke als »schlechten Einkauf«, ja als seinen »größten Fehler« bezeichnet, weil er dabei »viel Geld verloren« habe. Daß sich der nüchtern kalkulierende Nürnberger Fabrikant durch den klingenden Namen des Oberndorfer Waffenbauers angezogen gefühlt hat, ist nicht auszuschließen, aber als entscheidendes Kaufmotiv wenig wahrscheinlich. Ohne Zweifel hat ihn und seine Berater die Aussicht auf die Installierung als »Systemhaus« für Wehrtechnik gereizt.

So sinnvoll dieser Schritt in unternehmensstrategischer Hinsicht ist, so wenig läßt sich zu diesem Zeitpunkt vorhersehen, daß dem gesamten Bereich schwere Zeiten bevorstehen. Das 27-Millimeter-Waffensystem ist die letzte Entwicklung auf dem Gebiet der Maschinenkanonen, das in der Bundesrepublik eingeführt wird. Danach brechen die Rüstungsaufträge dramatisch ein. Das geht an die Substanz, zumal gleichzeitig der zivile Bereich, auch bei Mauser, konsequent weiter ausgebaut werden muß, und das kostet Geld. Schließlich verliert auch der vornehmlich auf den Export in die Länder des Ostblocks ausgerichtete Maschinenbau den größten Teil seiner Kunden.

Kein Wunder, daß sich Diehl 1995/96 in zwei Schritten von den Oberndorfer Werken trennt und diese an Rheinmetall verkauft: Die Düsseldorfer sind eben traditionell auf die Produktion von Rohrwaffen ausgerichtet. Diehl hingegen konzentriert sich bei der Wehrtechnik im folgenden wieder ganz auf seine Kernarbeitsgebiete, also Entwicklung und Fertigung von Munition und Submunition, Zündern und Zündersystemen und deren logistische Betreuung sowie die Waffe mit Zukunft: die Lenkflugkörper und die intelligente Munition. So gesehen, ist der Mauser-Verkauf auch ein Beitrag zur Konsolidierung der wehrtechnischen Kapazitäten in Deutschland, auf die nicht zuletzt die Politik drängt.

So problematisch sich, jedenfalls in der Rückschau, der Kauf der Mauser-Werke darstellt, so eindrucksvoll belegt das Engagement bei den Lenkflugkörpern und der intelligenten Munition den Instinkt Karl Diehls, sich anbahnende Entwicklungen rechtzeitig zu erkennen und daraus zukunftsweisende Entschlüsse zu ziehen. In diesem Falle ist eine ungewöhnlich komplexe internationale Krisenlage so zu analysieren, daß Rückschlüsse auf die künftige Bedeutung neuer und traditioneller Waffensysteme möglich werden.

Eine Serie krisenhafter Entwicklungen sehr unterschiedlicher Art hat seit Mitte der siebziger Jahre Raketen beziehungsweise Lenkflugkörper in den Vordergrund der militärischen Planungen des Westens rücken lassen. Im Zentrum stehen zunächst die landgestützten nuklearbestückten Mittelstreckenraketen mittlerer Reichweite in Europa, die sogenannten eurostrategischen Systeme. Mit zunehmender Sorge beobachten westliche Militärs die Stationierung eines neuen Typs von sowjetischen Mittelstreckenraketen, der sogenannten SS 20, die das gesamte westliche Europa erreichen kann. Ende der siebziger Jahre werden Monat für Monat bis zu acht bewegliche Abschußrampen in Stellung gebracht, von denen Raketen mit je drei unabhängig voneinander steuerbaren Atomsprengköpfen in ihre Ziele gebracht werden können. Hinzu kommt die Stationierung von Mittelstreckenwaffen kürzerer Reichweite in der DDR und der Tschechoslowakei. Dem hat die NATO nichts Vergleichbares entgegenzusetzen.

Damit hat der Kreml auch deshalb ein »Erpressungsinstrument« in der Hand, weil auf der strategischen Ebene, also im Bereich der Interkontinentalraketen, mit denen sich die USA und die Sowjetunion gegenseitig in Schach halten, seit dem SALT-Abkommen des Jahres 1972 eine Patt-Situation herrscht. So jedenfalls sieht es Helmut Schmidt, der inzwischen das Amt des Bundeskanzlers der Bundesrepublik Deutschland bekleidet. Durch Frauen, Spione, Heckenschützen aus der eigenen Partei und einem enormen Kräfteverschleiß unter unerträglichen Druck geraten, hat Willy Brandt im Mai 1974, nach nicht einmal fünfjähriger Amtszeit, das Handtuch geworfen und ist als Bundeskanzler zurückgetreten. Sein Nachfolger, wie kaum ein zweiter Bonner Politiker mit militärischen beziehungsweise strategischen Fragen vertraut, wird zu einem Protagonisten der entschiedenen Reaktion auf die sowjetische Herausforderung.

Am 12. Dezember 1979 verabschiedet die NATO einen Doppelbeschluß: Entweder, so die Botschaft an die sowjetische Adresse, Moskau läßt sich auf Verhandlungen über diese Waffen mit dem Ziel eines Gleichgewichts zwischen Ost und West ein, und das kann zu diesem Zeitpunkt nur auf den einseitigen Abbau der SS 20 hinauslaufen, oder der Westen rüstet nach. Als sich die Kremlherren nicht auf den angebotenen Verhandlungsweg begeben, beginnt die NATO im Herbst 1983 mit der Stationierung neuer amerikanischer Mittelstreckensysteme in Europa. In der Bundesrepublik wird der Stationierungsbeschluß des Deutschen Bundestages erst nach einem Regierungswechsel möglich: Am 1. Oktober 1982 wählt der Deutsche Bundestag mit Hilfe eines konstruktiven Mißtrauensvotums den Vorsitzenden der CDU, Helmut Kohl, zum Bundeskanzler, nachdem Helmut Schmidt in dieser Frage die überwältigende Mehrheit seiner Partei nicht mehr hinter sich weiß.

Helmut Kohl, Jahrgang 1930 und damit jung genug, um nicht mehr zum Kriegsdienst eingezogen worden zu sein, hatte seine politische Karriere 1959 als Mitglied des Landtages von Rheinland-Pfalz begonnen und dort von 1969 bis 1976 als Ministerpräsident amtiert, bevor er, seit 1973 Bundesvorsitzender der CDU, 1976 endgültig nach Bonn geht. Kaum jemand traut dem Innen- und Parteipolitiker Kohl damals zu, daß er die Bundesrepublik erfolgreich durch die weltpolitisch bewegten letzten beiden Jahrzehnte des 20. Jahrhunderts führen könnte. Den Anfang macht die Umsetzung des von seinem sozialdemokratischen Amtsvorgänger übernommenen NATO-Doppelbeschlusses.

Das also ist der weltpolitische Hintergrund, vor dem sich die deutsche Rüstungsindustrie, auch das Nürnberger Unternehmen Diehl, neu positioniert. Zwar ist weder Diehl noch eine andere deutsche Firma unmittelbar an der Produktion der neuen amerikanischen Mittelstreckenwaffen vom Typ »Pershing II« oder »Cruise Missile« beteiligt, doch begreifen die fränkischen Rüstungsspezialisten sehr wohl, daß die Entwicklung im strategischen wie im eurostrategischen nuklearen Bereich auch unmittelbare Konsequenzen für das konventionelle Ungleichgewicht in Europa hat. So oder so führt die Entwicklung nämlich zu einer weiteren Aufwertung der ohnehin numerisch deutlich überlegenen Panzerwaffe des Warschauer Paktes in Mitteleuropa, zumal die seit 1973 geführten Verhandlungen über ihren beiderseitigen und ausgewogenen Abbau (MBFR) auf der Stelle treten: 1982 stehen den 27 000 Panzern des Warschauer Paktes in Nord- und Mitteleuropa 7700 Panzer der NATO in Westeuropa gegenüber. Ein ähnliches Bild ergibt sich bei Schützenpanzern, Panzerabwehrwaffen und anderen Systemen.

Dieser enorme quantitative Vorsprung kann nach Auffassung westlicher Militärs nur durch qualitative Überlegenheit ausgeglichen werden. Das ist die Geburtsstunde neuer Technologien auf dem Munitionssektor. Daß das fränkische Unternehmen bei diesen Entwicklungen mit von der Partie ist, liegt an einem weitsichtigen Entschluß: Bereits im Dezember 1976 hatte Diehl gemeinsam mit Messerschmidt-Bölkow-Blohm (MBB) die Raketen Technik Gesellschaft mbH (RTG) gegründet. Im September 1977 erläutert die Firmenleitung ihren Einstieg in diese zukunftsweisende Militärtechnologie gegenüber der Zeitschrift *Wehrtechnik* mit ihrer Erkenntnis, daß im Munitionsbereich ein Umbruch von der klassischen Rohrwaffe hin zur Rakete stattfinde. Ziele der RTG sind Forschung, Entwicklung, Herstellung, Vertrieb und Wartung von Streuwaffen und ballistischen Raketen. Dem werden MBB und Diehl mit der Fertigentwicklung des Streuwaffensystems MW 1, der Hauptbewaffnung des »Tornado«, gerecht.

Unabhängig davon führen Überlegungen zu indirekt gerichteten Waffensystemen schon 1975 zum Konzept des endphasengelenkten Mörsergeschosses »Bussard«. Zusammen mit den Erfahrungen, die man bei der Fertigung der leichten Artillerierakete 110-Millimeter gesammelt hat, bilden sie den Hintergrund für die Kooperation mit der amerikanischen Martin Marietta Corporation (MMC), die Anfang Mai 1978 bei einem Treffen Karl Diehls mit Vertretern Martin Mariettas eingefädelt wird und zu einem beeindruckenden transatlantischen Technologietransfer führt. MMC hatte gerade begonnen, mit der »Copperhead« die erste endphasengelenkte, aus Rohrwaffen abgeschossene Munition zur Bekämpfung von Panzern und Schützenpanzern zur Serienreife zu entwickeln, die allerdings erst Mitte der achtziger Jahre erreicht werden kann.

Immerhin erhält das Unternehmen 1979 einen Beschaffungsauftrag des Pentagon, und diese Perspektive in Verbindung mit der zuvor auf politischer Ebene vereinbarten amerikanisch-deutschen Zusammenarbeit bei dieser Technologie macht die Sache für Diehl interessant. »Wir sind der Meinung«, heißt es Mitte Februar 1981 in einem internen Resümee, »daß die Endphasenlenkung die einzige Marktlücke auf dem Gebiet zukünftiger Munition ist«, und um »auf diesem Gebiet die führende Rolle behaupten zu können«, müsse man sich »an den Marktführer«, also an Martin Marietta, »anschließen«. Tatsächlich werden, nach einigen Vorstufen, am 9. April 1981 in Orlando die Verträge zwischen Diehl und Martin Marietta unterzeichnet, und wenige Wochen darauf gründen beide zusammen die PGM-Systems Ltd.

Zwar ist dieses Geschäft eine äußerst kostspielige Angelegenheit, müssen die Nürnberger für den Technologietransfer und das Training ihrer Leute in Florida doch fast zehn Millionen US-Dollar überweisen; außerdem lehnt das Repräsentantenhaus die Einführung der »Copperhead«-Munition wegen schlechter Testergebnisse erst einmal ab. Dennoch hat sich der Einstieg für Diehl unbedingt ausgezahlt: Mit der Teilnahme eigener Mitarbeiter am Baseline-Programm in Orlando beginnt im März 1982 der Technologietransfer von Florida nach Franken. Damit sichert sich Diehl, gleichsam durch die Hintertür, ein umfassendes Basiswissen, das sich bei der Entwicklung sowohl der intelligenten Munition als auch der Lenkflugkörper einsetzen läßt, einen entscheidenden Anteil am Ausbau des Unternehmens zu einem der führenden Technologiekonzerne hat und die Voraussetzung für die Teilnahme an den Rüstungsprogrammen der Zukunft, wie SMArt 155 oder auch MLRS III TGW, bildet.

Das ballistische »Multiple Launch Rocket System« (MLRS) wird seit den siebziger Jahren, zunächst als »General Support Rocket System« (GSRS), von zwei amerikanischen Firmen in Konkurrenz entwickelt, von denen die Vought Corporation durch die amerikanische Armee im April 1980 den Zuschlag für die endgültige Entwicklung erhält. Diese wiederum ist auf der Suche nach europäischen Partnern, zumal sich im Juli 1979 die USA, Frankreich, Großbritannien sowie die Bundesrepublik in einem

Deutschlands diskretester Milliarden-Konzern 229

Raketenwerfer: Beim MLRS-System sticht Diehl in den achtziger Jahren die Konkurrenten aus.

Memorandum of Understanding, dem sich 1982 noch Italien anschließt, auf die gemeinsame Entwicklung und Produktion von GSRS beziehungsweise MLRS verständigt haben, dessen bis zu zwölf Raketen, je nach Version, Bombletmunition oder auch Panzerabwehrminen zur flächendeckenden Bekämpfung der zweiten Staffel eines Gegners ins Ziel bringen können. Gemäß Absprache steht der Bundesrepublik, die 200 MLRS-Werfersysteme mit den entsprechenden Raketen erwerben will, ein Anteil von 60 Prozent am europäischen Produktionspaket zu.

Im Juli 1983 wird mit Sitz in München die MLRS-Europäische Produktionsgesellschaft mbH (MLRS-EPG) aus der Taufe gehoben, an der neben Firmen aus Frankreich, Großbritannien und Italien für Deutschland der Favorit des Bundeswehrbeschaffungsamtes, nämlich die RTG, mit den besagten 60 Prozent beteiligt ist. Alsbald kommt es jedoch innerhalb der RTG zu Spannungen, die gegen Jahresende 1984 beigelegt werden können. Nachdem Diehl bei der Fertigungsausschreibung auf europäischer Ebene die Endmontage der Raketen gewonnen und damit alle Risiken – einschließlich möglicher Vertragsstrafen für Probleme der Zulieferer aus vier Ländern – akzeptiert hat, nimmt MBB seine Anteile aus der MLRS-EPG heraus und überläßt Diehl gegen eine Kompensation von 30 Millionen D-Mark und den Status eines assoziierten Mitgliedes das Feld. Das ist die Ausgangslage, als der Bund Ende Mai 1986 mit der MLRS-EPG den Produktionsvertrag schließt. Ganz so üppig, wie ursprünglich vorgesehen, fällt das Geschäft dann zwar nicht aus, weil das Ende des Kalten Krieges auch hier deutliche Spuren hinterläßt. Immerhin liefert Diehl aber zwischen 1990 und 1994 etwa 140 000 Raketen an die Bundeswehr und die Armeen der übrigen Vertragsstaaten.

Der Vorgang ist in mehrfacher Hinsicht bemerkenswert, läßt er doch erkennen, wie unübersichtlich sich das Vorfeld eines Auftrages solcher Dimension darstellen kann, welche unternehmerischen Risiken Geschäfte dieser Art auch nach Vertragsabschluß beinhalten können, wie entschlossen Diehl vorgeht, wenn die Nürnberger die Chance eines nützlichen Technologietransfers in Verbindung mit einem lukrativen Auftrag wittern, und welche vergleichsweise geringe Aussagekraft eine reine Zweckgemeinschaft wie die RTG besitzt. Anschauungsunterricht für all das bietet eine Weiterentwicklung des MLRS-Systems, der »Terminal Guidance Warhead« (TGW), mit dessen Hilfe ein breites Spektrum stationärer wie beweglicher gepanzerter Ziele zerstört werden soll.

Auch hier geraten die RTG-Partner Diehl und MBB in Konkurrenz, weil in diesem Fall MBB mit anderen Partnern aus Frankreich, Großbritannien und den USA am MLRS-TGW-Programm partizipieren will. Diehl reagiert entsprechend, geht seinerseits im Verbund mit eigenen Partnern, zu denen auf amerikanischer Seite Martin Marietta gehört, an den Start und erhält mit diesen im November 1984 den Zuschlag. Das Vorhaben wird indessen nicht von unternehmerischem Erfolg gekrönt, im Gegenteil: Obgleich die vier – neben Martin Marietta und Diehl die französische Thomson Brandt Armements und die britische Thorn EMI Electronics Ltd. – bis 1990 etwa 650 Millionen US-Dollar aufwenden und die Entwicklung erfolgreich abgeschlossen werden kann, leiten die USA mit dem Ende des Kalten Krieges die Abkehr von diesem System ein, für das im Jahr 1994 endgültig das Aus kommt. Zweifelsohne hätte dieser Rückschlag erhebliche Konsequenzen für die fränkischen Wehrtechniker haben müssen, hätte sich Diehl ausschließlich auf MLRS III TGW konzentriert und andere Bereiche vernachlässigt. Eben diesen Fehler machen die Nürnberger nicht.

Seit den frühen achtziger Jahren bildet die Entwicklung »intelligenter« Munition einen neuen Schwerpunkt des militärischen und mithin auch des unternehmerischen Interesses. Schon in den siebziger Jahren war von Diehl an der Entwicklung endphasengesteuerter Munition gearbeitet worden, allerdings hatte das Verteidigungsministerium in dem Maße sein Interesse an der Entwicklung des von Mörsern verschossenen »Bussard« verloren, in dem intelligente Artilleriemunition als die geeignetere Bekämpfung sogenannter harter und halbharter Ziele betrachtet werden. Wie schon beim »Bussard« spielt Diehl auch bei Entwicklung und Produktion des Geschosses SMArt 155 eine herausragende Rolle.

Mit ihrer Dreifachsensorik erkennt und vernichtet SMArt 155 (Suchzündermunition für die Artillerie im Kaliber 155-Millimeter) autonom harte und halbharte, stehende oder sich bewegende Ziele. 1989 erteilt das Bundesamt für Wehrtechnik und Beschaffung (BWB) der Gesellschaft für Intelligente Wirksysteme (GIWS), einer Tochterfirma von Diehl und Rheinmetall, den Auftrag zur serienreifen Entwicklung des Geschosses; acht Jahre später, im September 1997, erhält die GIWS die Einführungsgenehmigung; und 1999 beginnt die Auslieferung der vorgesehenen 9 000 Stück an die Bundeswehr. In Kombination mit der Panzerhaubitze 2 000 besitzen die deutschen Streitkräfte damit das weltweit modernste Rohrartilleriesystem.

Die künftige Bedeutung von intelligenter Munition wie von Lenkflugkörpern unterschiedlicher Art bereits in den ausgehenden siebziger Jahren erkannt zu haben, zählt ohne Zweifel zu den Stärken der Nürnberger Wehrtechniker. Zu dieser Erkenntnis gehört die Einsicht, daß die eigenen Mittel und das eigene *Know-how* nicht ausreichen, um im harten Konkurrenzkampf zu bestehen. Der Entschluß, den Rückstand durch einen gezielten Technologietransfer aufzuholen, zeugt von Risikobereitschaft, denn wie die Beispiele »Bussard« und TGW zeigen, ist der unternehmerische Erfolg keinesfalls garantiert; vor allem aber zeugt er von Weitsicht.

Deutschlands diskretester Milliarden-Konzern 233

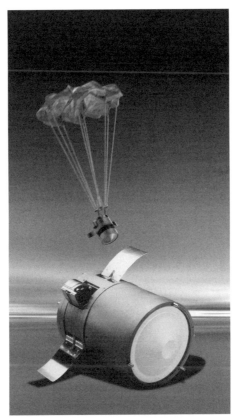

Technisch intelligent: Submunition für Suchzündergeschoß (oben) und Luft-Luft-Flugkörper »IRIS-T«, Nachfolger des legendären »Sidewinder«.

Die steht übrigens auch bei Diehls Entschluß Pate, sich mit anderen deutschen Firmen an jener *Strategic Defense Initiative* (SDI) zu beteiligen, die im März 1983 durch den amerikanischen Präsidenten Ronald Reagan ins Leben gerufen wird. Aus den deutschen Beiträgen zu SDI, über die erstmals im Mai 1985 im Bundeskanzleramt diskutiert wird, ist dann zwar kein großes Geschäft geworden, aber das hatten die Nürnberger Wehrtechniker auch nicht in erster Linie im Sinn, als sie ihr Interesse an dem weltraumgestützten Raketenabwehrprogramm signalisieren, bei dem übrigens auch der amerikanische Partner Martin Marietta mit von der Partie ist. Diehl ist vielmehr, wie einer internen Notiz zu entnehmen ist, daran interessiert, sich in das Programm »hineinzumogeln«, um so den Technologietransfer zu intensivieren.

Karl Diehl, dem bei diesen Weichenstellungen selbst noch einmal eine bedeutende Rolle zukommt, kann auch hier auf die richtigen Leute zurückgreifen. Das gilt vor allem für den Routinier in diesem Geschäft, Herbert Kuphal. Der gebürtige Schlesier, Jahrgang 1920, hat nach der Ausbildung zum Kaufmann und zum Feuerwerker und nach Ableistung von Arbeits- und Wehrdienst praktische und kaufmännische Erfahrungen unterschiedlichster Art gesammelt, als er im März 1958 in die »Neue Fertigung« bei Diehl eintritt. 30 Jahre später beendet er dort seine vielseitige berufliche Laufbahn in leitender Funktion. Durch und durch Praktiker, ist der Name Kuphal untrennbar mit dem Wiederaufbau der Munitionsproduktion bei Diehl verbunden. In diesem Sinne »konservativ«, wie Karl Diehl sagt, steht Kuphal der Ausweitung der Munitionspalette auf Lenkflugkörper und intelligente Munition wegen der zu erwartenden »finanziellen und personellen Anstrengungen« und der weitreichenden »Umstrukturierung der Fertigungsstätten« nicht so vorbehaltlos gegenüber wie andere, wenn er auch deren Bedeutung klar erkennt: Das Angebot von Martin Marietta, heißt es in einem auch von Kuphal unterzeichneten Bericht vom Juli 1980, »bietet die Möglichkeit für Diehl, an Entwicklungsergebnissen zu partizipieren, die aus eigener Kraft nicht nachvollziehbar sind. Dies kann einem Entwicklungssprung von 10 Jahren gleichgesetzt werden.«

Als Pionier auf dem Feld der Zünder und Zündersysteme hat Hans Bedall zu gelten. Der Ingenieur ist bereits Mitte Fünfzig, als er 1956 als freier Mitarbeiter für Diehl tätig wird. Bedall wird gerufen, wenn es »brennt«. Das gilt auch noch, nachdem der als »Zünderpapst« geltende Spezialist, nach kurzer Tätigkeit als Oberregierungsbaurat in bayerischen Diensten, 1969 für ein Jahrzehnt fest im Bereich Wehrtechnik angestellt ist. Zur treibenden Kraft wird Gerd Rudolf Gassner. Ein Vierteljahrhundert jünger als Bedall, tritt der Ingenieur nach Studium, Promotion und praktischer Tätigkeit, unter anderem bei Phoenix-Rheinrohr, 1970 in die Diehl-Gruppe ein und führt dort bereits 1973 den Unternehmensbereich Wehrtechnik. Wie Kuphal bleibt auch er dem Unternehmen in verschiedenen Funktionen, zuletzt als Mitglied des Vorstandes, über 30 Jahre verbunden.

Männer wie Kuphal, Bedall oder Gassner tragen auf ihre Weise maßgeblich dazu bei, daß der Nürnberger Konzern es immer wieder schafft, bei wichtigen Produkten eine führende Marktposition zu behaupten und in manchen Fällen, so bei der intelligenten Munition, einen Platz an der Weltspitze einzunehmen.

Die Zukunft, in diesem Fall der Wehrtechnik, sicher im Visier, hat Karl Diehl allen Grund, anläßlich seines siebzigsten Geburtstages, den er im Mai 1977 mit einem Empfang in der Nürnberger Meistersingerhalle feiert, die Vorzüge eines Familienunternehmens zu preisen. Das tut er unter anderem in einem Redaktionsgespräch mit der *Süddeutschen Zeitung*, das wenige Wochen vor seinem Geburtstag unter dem Titel »Dynastien, Außenseiter,

Newcomer: Karl Diehl – Von der Kunstgießerei zur Umsatzmilliarde« erscheint. Auf die Rolle und die Zukunft des Familienunternehmens in der Marktwirtschaft angesprochen, führt Karl Diehl den »unternehmerischen Einfallsreichtum« ins Feld, aber auch das »persönliche Engagement des Unternehmens oder der Unternehmerfamilie« und nicht zuletzt die »stärkere persönliche Verbundenheit mit Mitarbeitern aller Ebenen«.

Und die zahlt sich aus, immer wieder und in allen Bereichen. Als die Zeitschrift *Wehrtechnik* anläßlich des fünfundsiebzigsten Firmenjubiläums erstmals ein Industrieporträt der Diehl-Gruppe bringt, zitiert sie Gassner mit den Worten, daß Diehl ganz bewußt in strukturschwachen Gebieten investiert habe, weil dort ein stabiles Arbeitspotential bestehe, und das habe immerhin zur Folge, daß die Firma in den fünfundsiebzig Jahren ihres Bestehens nicht einen einzigen Streik verzeichnet habe. Karl Diehl weiß, warum er im Rahmen der Festlichkeiten sowohl die Pensionäre zu einem Besichtigungsprogramm nach Röthenbach und zu einem Essen in die Meistersingerhalle einlädt als auch für etwa 1 700 langjährige Mitarbeiter ebendort einen Festabend veranstaltet, auf dem unter anderem der Entertainer Peter Frankenfeld auftritt und den Gästen sein eigens für diesen Zweck komponiertes Lied »Das Diehl-Sortiment« zu Gehör bringt.

In den Jahren 1974 und 1975 tragen einige Neuerungen zur Intensivierung des Informationsflusses zwischen Unternehmensführung und Belegschaft bei: Im Februar 1975 erscheint das erste Heft der *DIEHL-Informationen für Mitarbeiter*. Nicht zufällig hatte der Gesamtbetriebsrat die Anregung für die regelmäßige Publikation eines solchen Mitteilungsblattes gegeben. Schon seit Januar 1974 gibt es in der Firmengruppe einheitliche Richtlinien für das »Betriebliche Vorschlagswesen«. Allein in diesem Jahr werden 1 075 Verbesserungsvorschläge eingereicht und Prämien in Höhe von insgesamt 114 402 D-Mark ausgeschüttet, wobei

Jubiläum: Günter Vogelsang, der langjährige stellvertretende Vorsitzende des Verwaltungsrates, General a. D. Walther Wenck, Generaldirektor 1961–1966, und Else Schoedel, Schwiegermutter Karl Diehls, feiern 1977 mit Karl Diehl und dem Entertainer Peter Frankenfeld das fünfundsiebzigste.

die Liste durch eine Einzelprämie von immerhin fast 12 000 D-Mark angeführt wird. Die höchste Einzelprämie der Firmengeschichte, beinahe 40 000 D-Mark, wird übrigens 1991 an einen Mitarbeiter im Geschäftsbereich Schaltsysteme ausgezahlt. Seit Ende der siebziger Jahre spielt bei den Vorschlägen das Thema Energie eine herausragende Rolle, und das ist kein Zufall.

Denn selbstverständlich wird auch das Nürnberger Unternehmen voll von der komplexen Währungs- und Wirtschaftskrise erfaßt, die in den ausgehenden siebziger Jahren die weltpolitische Landschaft prägt. Auslöser ist einmal mehr der US-Dollar, der sich im Frühjahr 1977 auf eine neue Talfahrt begibt und schließlich im März 1978 unterhalb der magischen Zwei-D-Mark-Grenze ankommt. Gewiß, mittel- beziehungsweise langfristig hat diese Krise auch ihr Gutes, führt sie die Europäer doch unter der entschlossenen Regie des deutschen Bundeskanzlers Helmut Schmidt und des französischen Staatspräsidenten Valéry Giscard d'Estaing dazu, ihre Währungen in einen festen Wechselkursverbund einzubringen und im Dezember 1978 das Europäische Währungssystem (EWS) zu installieren, in dem man durchaus einen Vorläufer des Euro sehen kann.

Kurzfristig helfen solche Maßnahmen der traditionell auf den Export orientierten deutschen Wirtschaft allerdings wenig. Das gilt auch für die Diehl-Gruppe, die von der Dollarkrise in besonderem Maße betroffen ist. Liegt die Exportrate im Bundesdurchschnitt bei 27 Prozent, so hat beispielsweise der Geschäftsbereich Uhren bei Diehl einen Exportanteil von 40 Prozent. Mißlich ist diese Lage auch deshalb, weil einige Geschäftsbereiche, beispielsweise die Elektronik und insbesondere die Wehrtechnik, zu ebendieser Zeit Neuaufträge einwerben können. So erhält Diehl im November 1978 von Boeing-Aerospace den Zuschlag für 26 Bodenprüfgeräte für das AWACS-Programm der NATO; trotz ungünstiger währungspolitischer Umstände kann das letzte Gerät im März 1982, vier Monate vor dem vereinbarten Termin, ausgeliefert werden.

Die Folgen der Währungskrise sind noch nicht überwunden, als Europa von einer schweren Energiekrise heimgesucht wird. Genauer gesagt handelt es sich um eine weitere Ölkrise, die zweite seit 1973. Damals hatte der vierte Nahostkrieg zwischen Israel und seinen arabischen Nachbarn, der sogenannte Jom-Kippur-Krieg, unter anderem ein Ölembargo gegen die Staaten der Europäischen Gemeinschaft und damit einen erheblichen Preisanstieg zur Folge. Jetzt, Ende der siebziger und Anfang der achtziger Jahre, sind der in der arabischen Welt heftig angefeindete Friede zwischen Ägypten und Israel vom März 1979, vor allem aber die Vorgänge im Iran der Auslöser. Als der Schah von Persien, Resa Pahlewi, im Januar 1979 sein Land verläßt, bereitet er nicht nur der Proklamation einer »Islamischen Republik Iran« durch Ayatollah Khomeini das Feld, sondern löst auch heftige Reaktionen an den Ölmärkten aus, zu denen Panikkäufe ebenso gehören wie das Anheben der Preise durch die erdölexportierenden Staaten. Im Januar 1981 ist der Dollarpreis pro Barrel etwa zweieinhalbmal so hoch wie im Dezember 1978; für die deutschen Energieverbraucher verteuert sich die Einfuhr von Rohöl- und Mineralölerzeugnissen 1979 und 1980 um jeweils etwa 45 Prozent.

Die Entwicklungen im Iran sind auch für die Firma Diehl von unmittelbarer Bedeutung. Zum einen hat man Glück: Wenige Wochen bevor der Schah seine Paläste räumt und seine kämpfenden Truppen im Stich läßt, hat er die letzte Rate für einen Industriekomplex überweisen lassen, den Diehl im Rahmen eines von der Bundesregierung zusammengestellten Konsortiums im Sand der persischen Wüste aus dem Boden gestampft hatte. Dabei handelt es sich um einen der größten Einzelaufträge der Firmengeschichte. Dieses »Werk für Panzerketten«, wie der *Spiegel* im März 1979 schreibt, wird durch den Remscheider Anlagenbau erstellt und umfaßt neben einem Stahl- und einem Gummiwerk unter anderem auch ein Kraftwerk und ein eigenes Straßensystem.

Andererseits treffen die Auswirkungen der Ölkrise natürlich auch die Diehl-Gruppe, zumal der Energieverbrauch des Unternehmens ohnehin erstaunliche Dimensionen hat. Im Dezember 1978 liegt die erste umfassende Energiebilanz vor. Danach beläuft sich der Verbrauch der Diehl-Gruppe auf 52 316 Tonnen Steinkohleeinheiten (SKE) im Wert von rund 25 Millionen D-Mark. Damit entfallen auf Diehl 0,5 Prozent des bundesdeutschen Industrieenergieverbrauchs. Mit 66,7 Prozent liegt der Nutzungsgrad allerdings deutlich über dem Industriedurchschnitt von 55,7 Prozent. Dennoch entspricht die Verlustenergie der gesamten Gruppe dem jährlichen Wärmeverbrauch von etwa 10 000 Personen.

Im Zuge des dramatischen Anstiegs der Ölpreise als Folge der krisenhaften weltpolitischen Entwicklung, insbesondere im Mittleren Osten, wird das Energiesparen zum »Gebot der Stunde«, wie es im Rahmen des Betrieblichen Vorschlagswesens heißt. Dazu gehört unter anderem die Umstellung auf Erdgas, beispielsweise im Werk 3 in Röthenbach. Insofern profitiert das Unternehmen Diehl zusehends von den deutsch-sowjetischen sogenannten Erdgas-Röhren-Abkommen, von denen in der ersten Hälfte der siebziger Jahre durch die sozial-liberale Koalition insgesamt drei abgeschlossen werden. Auf Basis des dritten vom Oktober 1974 hat die Bundesrepublik zwischen 1978 und 2000 die Lieferung von 60 Milliarden Kubikmeter sowjetischen Erdgases in Aussicht.

Schließlich versuchen die Nürnberger Unternehmer den Energieverbrauch durch ständige technische Veränderungen zu senken. Das fällt insofern leicht, als auf diese Weise zwei Fliegen mit einer Klappe geschlagen werden. Denn seit Anfang der siebziger Jahre wird der Umweltschutz auch bei Diehl zu einem Thema. Auslöser sind zunehmende Beschwerden und Proteste der Bevölkerung von Röthenbach und Schwaig gegen die Luft- und Wasserverschmutzungen durch die Produktion im Halbzeugwerk. Ende August 1975 wird im Röthenbacher Werk 3 ein neuer Schornstein mit Luftreinigungsanlage in Betrieb genommen, der pro Arbeitstag etwa zwei bis drei Tonnen Staub zurückhält. Auch weil für die Anlage technisches Neuland betreten werden muß, belaufen sich die Investitionen auf immerhin zwei Millionen D-Mark.

Ende der siebziger Jahre fallen für die bis dahin getroffenen Umweltschutzmaßnahmen, wie das Recycling von Metall, die Entstaubung, die Entgiftung der Säuren im Wasser, die Entgiftung der Abluft oder die Abwasserreinigung, Folgekosten von jährlich 1,1 Millionen D-Mark an. Mitte der achtziger Jahre wird der Umweltschutz in Röthenbach durch eine Abwasserneutralisierungs-, eine Wärmerückgewinnungs- und eine Entgiftungsanlage für die neuinstallierte Chromatbeize systematisch ausgebaut. Vergleichbare Maßnahmen werden natürlich auch in den anderen Werken, beispielsweise in Remscheid oder Mariahütte, getroffen.

So gesehen, ist es nur konsequent, daß sich die Unternehmensleitung zur Gründung einer zentralen Abteilung »Umweltschutz« entschließt. Seit 1991 ist sie für fünfundzwanzig deutsche und drei ausländische Werke zuständig und legt seit Ende 1992 regelmäßig einen eigenen Umweltschutzbericht für die Firmengruppe vor. Einmal mehr hat das Unternehmen aus der Not eine Tugend gemacht, und diese wird honoriert. Nicht nur tragen die investitionsintensiven Maßnahmen langfristig zur Einsparung von Energie und damit von Kosten bei; vielmehr wird die Diehl-Gruppe auch wiederholt ausgezeichnet, so unter anderem zweimal mit dem Saarländischen Umweltpreis sowie mit dem Umweltaudit der Europäischen Gemeinschaft, der im Sommer des Jahres 1998 dem Geschäftsbereich Controls und zwei Jahre darauf dem Geschäftsbereich Metall in Röthenbach für ihre ökologischen Standards verliehen wird.

Diehl wäre nicht das erfolgreiche Unternehmen, das es ist, hätten die Nürnberger die Gelegenheit verstreichen lassen, ohne eine dritte Fliege mit einer Klappe zu schlagen: Wenn der Umweltschutz zu einer unabweisbaren ökologischen und politischen Notwendigkeit wird, lassen sich mit ihm auch Geschäfte machen. Also werden 1990 das neue Geschäftsfeld »Umwelttechnik« und zugleich mit dem Institut für gewerbliche Sicherheitstechnik und Umweltschutz die Situs Umwelttechnik GmbH gegründet, die sich auf die Sanierung von Umweltschäden und die Beseitigung von Altlasten spezialisiert – angesichts der militärischen Hinterlassenschaften der aus Deutschland abziehenden sowjetischen Armeen eine lohnende Aufgabe. Im übrigen sind alle Geschäftsbereiche aufgerufen, sich mit ihren Mitteln an der Entwicklung der Umwelttechnik zu beteiligen. So kommt es, daß die Bodenseewerk Gerätetechnik, die seit 1984 zu Diehl gehört und auf Lenkflugkörper spezialisiert ist, 1994 eine Farbsortiermaschine für Altglas entwickelt, die fünf Tonnen unsortierter Scherben pro Stunde bewältigen kann.

Es ist natürlich kein Zufall, daß die umfangreichsten Investitionen in den Umweltschutz an den Standorten nötig werden, an denen die traditionellen schwerindustriellen Produktionsstätten liegen. Bei allen Neu- und Fortentwicklungen etwa auf dem Uhrensektor oder bei den Lenkflugkörpern vergißt Karl Diehl keinen Augenblick, wo das Unternehmen seine Ursprünge hat, weiß er doch sehr wohl, daß die Metallverarbeitung bei allen konjunktur- und marktbedingten Schwierigkeiten vergleichsweise wenig krisenanfällig ist, vorausgesetzt, man hält mit der Entwicklung Schritt. Das gilt sowohl für neue Produkte als auch für die Erneuerung der Produktionsstätten. So entwickelt der Geschäftsbereich Metall 1979 mit den Legie-

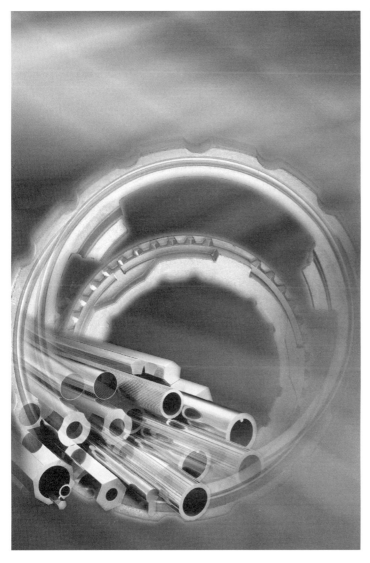

Kerngeschäft
seit den
Anfängen:
Stangen,
Rohre und
Profile.

rungen 410 und 420 entzinkungsbeständiges Messing. Diese Erfindung hat Zukunft, weil sie verhindert, daß bei zunehmend weichem und chlorhaltigem Wasser dem Messing Zink entzogen wird und dieses korrodiert. Entzinkungsbeständiges Messing kommt fortan vor allem im Sanitär- und Heizungsbereich immer stärker zum Einsatz.

Was die Investitionen in die Produktionsanlagen angeht, so wird 1982 in Röthenbach eine neue Zwei-Walzen-Richtmaschine im Wert von 750 000 D-Mark in Gang gesetzt, die das vollautomatische Richten von gepreßten oder gezogenen Rundstangen sowie dickwandigen Rohren in einem Arbeitsgang und mit hoher Geschwindigkeit ermöglicht. Im selben Jahr wird in Sundwig ein neues Bandwalzwerk im Wert von 25 Millionen D-Mark in Betrieb genommen. In Verbindung mit einem Vorwalzwerk und mehreren Bandstranggußanlagen ist das westfälische Werk damit einer der modernsten und leistungsfähigsten Hersteller von Bändern, Drähten und Rohrhalbzeug in Europa. Um einen höheren Ausstoß zu erzielen und damit die Wettbewerbsfähigkeit zu steigern, wird 1983 die Draht- und Rohrfertigung im Werk Sundwig auf einen Dreischichtenbetrieb umgestellt, eine Maßnahme, die nach einem offiziellen Firmenbericht bei der Belegschaft nicht gerade populär ist, aber auf »Verständnis« stößt.

Im übrigen ist es keineswegs leicht, qualifizierte Arbeitskräfte für die Schwerindustrie zu finden. Das überrascht, wenn man in Rechnung stellt, daß Anfang der achtziger Jahre etwa eine Million Arbeitslose registriert sind. Vor allem das Remscheider Werk hat hier große Probleme, und so versucht Diehl 1981 – gemeinsam mit dem Arbeitsamt und in einem auf sechs Monate begrenzten Praxisprogramm –, minderqualifizierte Arbeitslose auf ihre Eignung zu prüfen und auf eine Einstellung vorzubereiten. Das Ergebnis ist für beide Seiten aufschlußreich, können doch lediglich zwölf Teilnehmer gefunden und von diesen wiederum nur fünf als Arbeiter übernommen werden.

Inzwischen steht in Remscheid, wie das *Manager-Magazin* im Juli 1982 berichtet, die weltweit größte Fabrik für die Kettenproduktion, womit Diehl praktisch eine Monopolstellung besitzt. Um das zu erreichen, ist auch in Remscheid erheblich investiert worden, so 1980 in eine Raupenband-Strahlanlage, mit deren Hilfe die Oberfläche für die spätere Verbindung mit Gummiteilen präpariert wird, oder in eine neue Mehrzweckhalle, die Ende September 1981 eingeweiht wird. In ihr sind unter anderem der Werkzeugbau, der Formenbau, die Werkzeugschleiferei, das Betriebsmittelmagazin und das Labor mit Technikum für die Gummientwicklung untergebracht.

Sowenig sich Diehl Ende der siebziger und Anfang der achtziger Jahre bei den Panzerketten besorgniserregender Konkurrenz ausgesetzt sieht, so sehr machen dem Unternehmen die Konkurrenten bei der Uhrenproduktion zu schaffen. Kein Wunder, daß 1981 wieder Gerüchte kursieren, Diehl wolle Junghans an das japanische Unternehmen Seiko verkaufen. Wie stets dementiert die Geschäftsführung solche Gerüchte, und in der Tat scheint ein neues Konzept, mit dem man Anfang 1982 in die Offensive geht, für den Verbleib von Junghans in der Diehl-Gruppe zu sprechen: Indem Diehl vor allem auf den anspruchsvollen Kunden setzt, formuliert man eine deutliche Alternative zur japanischen Billigkonkurrenz. Damit scheinen die Nürnberger beziehungsweise Schramberger auf dem richtigen Weg zu sein, wählt der Fachhandel doch im gleichen Jahr Junghans zum »Partner Nr. 1«. Die Mehrheit der Fachhändler plazieren Junghans vor Seiko und Citizen an die Spitze des Treuebarometers und loben insbesondere die Verkaufsförderung und die Werbung.

Durchschlagender Erfolg ist dieser Positionierung aber offenbar nicht beschieden, denn schon in den folgenden Jahren orientiert man sich erneut um, verlegt die Produktion teilweise in ostasiatische Billiglohnländer und greift die asiatische Konkurrenz auf ihren Heimatmärkten an, beispielsweise seit Februar 1984 in Indonesien. 1988 gehen die Schramberger noch einen Schritt weiter und schließen mit Partnern in Indien und in der Volksrepublik China Kooperationsverträge.

Das sind übrigens nicht die ersten Kontakte Diehls zum Reich der Mitte: 1977 und 1978 waren mit Peking Gespräche über den Bau eines Panzerkettenwerks geführt worden; seit Mai 1981 ermittelt die Staatsanwaltschaft in dieser Angelegenheit wegen Verstößen gegen das Kriegswaffenkontrollgesetz. Als dieser Vorgang in die Öffentlichkeit dringt, stellt die Firmenleitung klar, daß die Gespräche nicht unter Umgehung der Behörden geführt worden seien. Ähnliches gelte für die Sondierungen über den Bau einer Munitionsfabrik im Irak, die etwa zur gleichen Zeit bekannt werden. Auch in den kommenden Jahren werden immer wieder Vorwürfe laut, so zum Beispiel im März 1988, als der *Spiegel* über Waffenlieferungen von Heckler & Koch an die »Contras« in Nicaragua und auch darüber berichtet, daß die Oberndorfer Firma die Vertriebsrechte der zugehörigen »40-Millimeter-Munition der Nürnberger Rüstungsfirma Diehl« besitze. Tatsächlich lag in allen Fällen die erforderliche Genehmigung vor.

Mit Uhren gibt es derartige Probleme nicht, im Gegenteil. Allerdings beschränkt sich Diehl hier nicht auf die Exportinitiativen, sondern kopiert die japanische Konkurrenz auch in einem weiteren Punkt und wirft 1984 mit dem Typ »Astra« eine Billigmarke für den Nichtfachhandel auf den Markt. Mit einer offensiven Vertriebspolitik werden jetzt Warenhäuser und andere Großabnehmer wie Quelle, Aldi, Hertie, Horten, Karstadt und Kaufhof beliefert. Schließlich setzt Diehl einmal mehr auf einen Innovationssprung und konzentriert sich fortan verstärkt auf die Funk- und Solartechnologie.

Um dem Eindruck vorzubeugen, die Uhrenproduktion sei die Angelegenheit eines Zweigwerkes, und um die

»volle Identität von Anbieter und Marke« sicherstellen zu können, werden die industriellen und vertrieblichen Aktivitäten der Junghans-Uhren wieder in einer Firma mit eigener Rechtspersönlichkeit zusammengefaßt: Anfang April 1985 wird die Junghans Uhren GmbH gegründet. Ein Jahr später, beim einhundertfünfundzwanzigjährigen Firmenjubiläum, scheint Junghans dann im alten Glanz zu strahlen. Mit 60 000 Einheiten pro Tag ist die Firma unter anderem der drittgrößte Quarzwerkhersteller der Welt.

Karl Diehl persönlich hat zum Kräftesammeln geblasen und die Uhrenbauer seines Unternehmens auf die Vorwärtsstrategie eingeschworen. Wie so häufig reagiert der Senior auf die Krise mit der erprobten Maxime, aus der Not eine Tugend zu machen und in diesem Falle durch einen energischen Modernisierungsschub die Konkurrenzfähigkeit von Junghans zu sichern. Man müsse sich, erklärt er anläßlich des Schramberger Jubiläums, durch Qualität und mit Hilfe modernster Technologie gegen die fernöstliche Konkurrenz behaupten. Keinesfalls dürfe man sich von der »Japanitis« infizieren lassen, und im übrigen sei Angst noch nie ein guter Ratgeber gewesen. Zeiten des Umbruchs seien immer auch Zeiten des Aufbruchs, und Karl Diehl wäre nicht der erfolgreiche Unternehmer geworden, der er ist, hätte er nicht auch bei dieser Gelegenheit die Mitarbeiter aufgefordert, nunmehr kräftig in die Hände zu spucken und Junghans in eine gesicherte Zukunft zu führen. Noch einmal hat der beinahe Achtzigjährige seinen Mitarbeitern gezeigt, was Unternehmensführung ist.

Allerdings läßt sich nicht übersehen, daß jede Karriere irgendwann ihren Höhe- und damit ihren Scheitelpunkt erreicht. Je erfolgreicher diese gewesen und je stärker sie im Zentrum des Lebens gestanden hat, um so schwerer fällt der Abschied. Das gilt in besonderem Maße für ein Familienunternehmen, dessen Schicksal aufs engste mit der

Persönlichkeit an seiner Spitze verbunden ist. Kein Wunder, daß anläßlich des fünfundsiebzigsten Geburtstags, den Karl Diehl am 4. Mai 1982 zurückgezogen im Kreis seiner Familie feiert, auch in der Öffentlichkeit die Frage der Nachfolge gestellt wird. So beschäftigt sich das *Manager-Magazin* in seiner Juliausgabe mit den Problemen von Familienunternehmen nach dem Abtritt der Patriarchen, beleuchtet die Fälle Bauknecht, Dual, Kreidler und Pelikan und stellt die Prognose, daß es auch bei einem so umsichtig geführten Unternehmen wie der Diehl-Gruppe nach dem Abtritt des Gründerpatriarchen knirschen müsse. Begründet wird diese Vermutung mit der spezifischen Konstruktion des »virtuos zusammengebosselten Firmenimperiums«, die das Magazin als »unübersichtlich verschachtelt« bezeichnet.

Offensichtlich ist der Fünfundsiebzigste Karl Diehls dann auch der Anlaß beziehungsweise Anstoß für eine umfassende Reform der Unternehmensorganisation, die im Juni 1983 bekanntgegeben wird. Wer die treibenden Kräfte innerhalb der Familie beziehungsweise des Managements gewesen sind, läßt sich nicht mehr eindeutig sagen. Fest steht, daß Karl Diehl die Unternehmensberater von McKinsey tätig werden läßt und daß es nach der Reform sieben Geschäftsbereiche gibt, und zwar für Halbzeug, Uhren, Schaltsysteme, Maschinenbau, Waffensysteme, Munition und Ketten. Gleichzeitig wird die zentrale Geschäftsleitung von acht auf fünf Mitglieder verkleinert und bei dieser Gelegenheit das Kollegialprinzip für das Gremium eingeführt.

Peter Stehle, der als Sprecher fungiert und für die Strategie verantwortlich zeichnet, stehen Werner Steingrobe für die Finanzen, Horst Haun für die Unternehmensplanung, Gerd Rudolf Gassner für die Außenbeziehungen und Helmut Keese für das Personal zur Seite; hinzu kommen die Verantwortlichen für die Geschäftsbereiche Halbzeug, Peter Zabel, und Munition, Herbert Kuphal. Stehle hat dann übrigens nicht einmal zweieinhalb Jahre die Geschäftsführung bei Diehl inne, als die Firma »mit Bedauern« seinen Wunsch zur Kenntnis nimmt, zum 30. Juni 1986 auszuscheiden und in den Vorstand der AEG zu wechseln.

Offenbar ist dieser Wechsel durch Werner Niefer eingefädelt worden. Niefer, Jahrgang 1928, hat bereits vor dem Studium der Ingenieurwissenschaften eine Werkzeugmacherlehre »beim Daimler« in Untertürkheim gemacht und ist dann dem Unternehmen bis zu seinem frühen Tod im September 1993 in verschiedenen Funktionen verbunden geblieben, zuletzt als Mitglied des Aufsichtsrats. Unter seiner Ägide, schreibt ihm Karl Diehl anläßlich dieses letzten Schritts auf der Karriereleiter, sei Daimler-Benz »zum größten Unternehmen Deutschlands« geworden. Seit September 1980 gehört Niefer dem Verwaltungsrat der Firma Diehl als Mitglied an, nach seinem Ausscheiden Ende 1989 als »Gast«. Im Mai 1993 bezeichnet ihn Karl Diehl als in »jeder Hinsicht echten Freund und Helfer« und fügt hinzu, daß sein Unternehmen ihm »unendlich viel zu verdanken« habe.

Nachfolger Stehles als Sprecher der Geschäftsleitung wird Bernhard Schmidt, der einige Jahre Vorstandsvorsitzender beim Flugzeugbauer Dornier gewesen war und seit September 1985 Mitglied des Verwaltungsrats der Nürnberger ist. Kann es überraschen, daß die im Sommer 1983 nur zurückhaltend informierte Presse einmal mehr über die Zukunft des Unternehmens und insbesondere über seine Umwandlung in eine Holding spekuliert? Firmenintern ist man über die Presseberichterstattung irritiert und empört, hält aber an der überkommenen Linie fest, im Rahmen der Öffentlichkeitsarbeit »soviel Zurückhaltung« zu üben »wie möglich«. »Wenn es gar nicht mehr anders geht«, so Stehle süffisant, »sind wir zu Auskünften bereit.«

Mithin machen sich die Pressevertreter ihre eigenen Gedanken. So kommt der Autor der *Süddeutschen Zeitung* zu dem mangels anderer Informationen nahe liegenden Schluß, daß nunmehr die »lange autoritäre Phase von einem kollegialen Führungsstil abgelöst« werde; und die *Frankfurter Allgemeine Zeitung* vermutet, daß die Veränderung beim »größten europäischen Hersteller von Knallfröschen« auch damit zusammenhängen könnte, »daß die drei Söhne des Seniorchefs und Verwaltungsratsvorsitzenden Karl Diehl ihrer Ausbildung gemäß offenbar zunehmend in leitende Funktionen hineinwachsen«.

Mit den »Knallfröschen« erlauben sich die Frankfurter im übrigen keinen schlechten Scherz, sondern beziehen sich auf die Tatsache, daß Diehl im Februar 1979 mit der in Bremerhaven ansässigen Comet GmbH nicht nur einen führenden Anbieter von Seenotrettungssystemen erworben hat, sondern auch den Marktführer bei Feuerwerkskörpern und anderen pyrotechnischen Erzeugnissen; und was die Söhne angeht, so ist die Unternehmensgeschichte der kommenden Jahre in der Tat auch von der Frage geprägt, wer in Zukunft das Familienunternehmen führen wird.

Diehl global: Das Nürnberger Unternehmen produziert weltweit, hier Diehl do Brasil in São Paulo.

Rat und Tat

Ein Mischkonzern im weltpolitischen Umbruch 1983–1992

Es ist wie auf einer Achterbahn: Seit den siebziger Jahren, als die Entspannungspolitik auf der Konferenz über Sicherheit und Zusammenarbeit in Europa (KSZE) einen allseits gefeierten Höhepunkt erreicht hatte, befinden sich die internationalen Beziehungen auf einer scheinbar nicht zu kontrollierenden Berg- und Talfahrt. Ausgerechnet die Sowjetunion, die sich jahrzehntelang um diese Konferenz bemüht und ihre Ergebnisse, soweit die Festschreibung der bestehenden Grenzen in Europa betroffen waren, als großen Erfolg gefeiert hatte, trug entscheidend und in vieler Hinsicht auch auslösend zu einer erneuten Erkaltung des internationalen Klimas bei. Was die sowjetischen Politbürokraten und Militärs dazu trieb, war aus westlicher Sicht ebensowenig eindeutig zu bestimmen wie in den ausgehenden siebziger und beginnenden achtziger Jahren vorauszusehen war, daß wenige Jahre später eine erneute Tauwetterperiode einsetzen und in diesem Klima nicht nur die Sowjetunion und ihr Imperium untergehen, sondern der Ost-West-Gegensatz des Kalten Krieges überwunden werden würde.

Ganz im Gegenteil sieht es am Ende der siebziger Jahre so aus, als befände sich der Kreml in einer Phase imposanter innerer und äußerer Stärke. Dafür spricht nicht nur die Hochrüstung im Bereich der landgestützten nuklearen Mittelstreckenraketen in Europa, sondern auch die massive maritime Aufrüstung, die Mitte der siebziger Jahre unter anderem in der Indienststellung des ersten sowjetischen Flugzeugträgers ihren sichtbaren Ausdruck findet, und vor allem das vielfältige Engagement, das der Kreml nach einer Phase der Zurückhaltung in vielen Ländern der Dritten Welt erkennen läßt. Mit zunehmender Sorge beobachtet der Westen Aktivitäten unterschiedlichster, auch indirekt militärischer Art im angolanischen Bürgerkrieg, im äthiopisch-somalischen Konflikt am strategisch sensiblen Horn von Afrika und vor allem im Mittleren Osten: Der sowjetische Einmarsch in Afghanistan, der zu Weihnachten 1979 beginnt, läßt in den westlichen Metropolen sämtliche Alarmglocken läuten, weil er unmittelbar auf den Sturz des Schah-Regimes und die Errichtung einer fundamentalistischen Mullah-Herrschaft im Iran folgt und die Frage nach der Sicherheit der Öltransporte durch den Persischen Golf aufwirft.

Die durchweg unter amerikanischer Regie erfolgenden Reaktionen sind vielfältig und unmißverständlich. Zu ihnen gehören Deklarationen wie der zitierte NATO-Doppelbeschluß vom Dezember 1979 oder die Erklärung Jimmy Carters vom Januar 1980, in welcher der amerikanische Präsident den Versuch »irgendeiner auswärtigen Macht, die Kontrolle über die Region des Persischen Golfes zu erlangen, ... als einen Angriff auf die lebenswichtigen Interessen der Vereinigten Staaten« bezeichnet und ankündigt, einen solchen Angriff »unter Einsatz aller notwendigen Mittel, einschließlich militärischer Macht«, zurückzuweisen. Zu dieser Reaktion zählen aber auch die Verhängung eines Weizenembargos gegen die Sowjetunion, der Boykott der Olympischen Spiele in Moskau, dem sich unter Druck der USA auch einige von deren Verbündeten anschließen, und die Errichtung neuer amerikanischer Stützpunkte im Oman, in Somalia, Kenia oder Ägypten.

Eine neuerliche Verschärfung erfährt der Ost-West-Gegensatz nach dem Einzug des Republikaners Ronald

Reagan ins Weiße Haus. Konsequent setzt der neue Präsident seit Januar 1981 die unter seinem Amtsvorgänger begonnene verstärkte Aufrüstung der USA in allen Bereichen fort. Daß ausgerechnet dieser Präsident dann nicht einmal ein Jahr später, im November 1981, mit radikalen Vorschlägen für eine Abrüstung sowohl im Bereich der in Europa stationierten nuklearen Mittelstreckenraketen als auch der strategischen Systeme der Vereinigten Staaten und der Sowjetunion hervortritt, betrachten seine zahlreichen Gegner im In- und Ausland damals noch als reines Täuschungsmanöver.

Die amerikanischen Reaktionen auf das globale sowjetische Vorgehen treffen in der Öffentlichkeit, allen voran der deutschen, auf wenig Verständnis. Einen inzwischen Jahrzehnte dauernden Frieden für selbstverständlich haltend und mit internationalen Problemen oder gar strategischen Fragen wenig vertraut, formiert sich in der Bonner Republik ein Massenprotest insbesondere gegen den NATO-Doppelbeschluß, der nahtlos in eine neue Welle des Antiamerikanismus übergeht und, wie gesehen, unter anderem den Sturz des sozialdemokratischen Bundeskanzlers Helmut Schmidt mit herbeigeführt hat.

Unmittelbare Konsequenzen haben diese Entwicklungen auch für die Nürnberger Firma Diehl. Sosehr ein in der Wehrtechnik tätiges Unternehmen grundsätzlich von den westlichen Reaktionen auf die politischen und militärischen Vorgaben der Sowjetunion profitiert, so sehr muß es auf die sensibilisierte, friedensbewegte Öffentlichkeit Rücksicht nehmen, auch wenn man damals noch nicht mit Sicherheit weiß, daß der sogenannte Krefelder Appell vom November 1980, unter den Hunderttausende ihre Unterschrift setzen, auf das Konto einer gezielten Stasi-Arbeit geht. Jedenfalls mahnt Gassner mit Blick auf die für Ende Juli 1984 angesetzte Pressekonferenz der Diehl-Gruppe zu einem vorsichtigen Umgang mit Zahlen und Daten: »Das könnte sonst für uns ein Bumerang werden, nachdem ich von höchster Stelle bereits mit erhobenem Zeigefinger ermahnt wurde, daß wir bei der diesjährigen Pressekonferenz nicht die üblichen Klagen führen sollen.« Für die Bilanzpressekonferenz des Jahres 1986 wird daher für alle Fälle hausintern ein fiktives Frage- und Antwortspiel vorbereitet, dessen Themen unter anderem die 1985 eingegangene Beteiligung der RTG an Krauss-Maffei, aber auch das Verhältnis von militärischem zu zivilem Bereich sind.

Tatsächlich lassen die Geschäftsberichte für die Jahre 1983 und 1984 zum Beispiel bei den Munitionsaufträgen einen Aufwärtstrend erkennen. Zugleich wird immer deutlicher, daß sich der Geschäftsbereich Munition auf dem Weg vom Lizenzfertiger herkömmlicher Munition zu einem technologisch kompetenten Systemhaus mit vorwiegend selbstentwickelten Produkten befindet. Im Juli 1984 erhält die RTG den ersten Serienauftrag für die Lieferung der Hauptbewaffnung des »Tornado« zur Bekämpfung von Bodenzielen im Tiefstflug, die MW 1. Den Bau der Bordkanone für den »Tornado« wie auch für den »Alpha-Jet« hat Diehl ja gewissermaßen mit dem Kauf von Mauser übernommen.

Im Sommer 1985 schlägt Karl Diehl dann persönlich noch einmal ein neues wehrtechnisches Kapitel in der Firmengeschichte auf. Als sich die Nürnberger im Juli und November 1984 öffentlich überrascht zeigen, daß sie als Partner bei der geplanten Übernahme des Münchener Panzerherstellers Krauss-Maffei gehandelt werden, weiß man, daß dieses Interesse grundsätzlich besteht. Immerhin liefert Diehl unter anderem die Ketten auch für den »Leopard«-Panzer der zweiten Generation, der in München gebaut wird. In den folgenden Monaten laufen sich die Verhandlungen zwischen Flick, dem Mehrheitseigner von Krauss-Maffei, und wechselnden Käufergruppen immer wieder fest, weil zum einen das Bundeskartellamt Bedenken gegen den Aufbau eines süddeutschen Rüstungsmonopols anmeldet und weil sich zum anderen die bayerische Staatsregierung, allen voran Ministerpräsident Franz Josef Strauß, gerade für eine solche bayerische Lösung stark macht.

Dieses unmittelbare Interesse des CSU-Vorsitzenden ist gewiß ein Grund für das über die RTG eingegangene Engagement des Nürnberger Unternehmens bei Krauss-Maffei. Möglicherweise sieht Karl Diehl bereits zu diesem Zeitpunkt in der Minderheitsbeteiligung an der Münchener Panzerfabrik auch eine geeignete Kapitalanlage; jedenfalls sucht er in den folgenden Jahren nach profitablen Beteiligungen in dieser Größenordnung, da der »kleine Krimskrams«, bei dem man sich nur »verzettele«, ja »keinen Zweck« habe. »Man sollte«, sagt er im Juni 1988 zu Werner Niefer, »richtige Sachen machen.« So gesehen, ist der private Kauf der MBB-Anteile an Krauss-Maffei durch die Söhne Karl Diehls in den Jahren 1989/90 konsequent.

Noch aber ist es nicht soweit. Im Juli 1985 steigt Diehl über die RTG erst einmal mit knapp 12,5 Prozent und zu einem geschätzten Kaufpreis von 20 bis 25 Millionen D-Mark bei Krauss-Maffei ein. In den großen Rest, soweit er nicht zu etwa 15 Prozent beim alten Anteilseigner bleibt, teilen sich mehrere Banken, darunter die Bayerische Landesanstalt für Aufbaufinanzierung, die 25,45 Prozent der Anteile übernimmt. Damit ist die von Franz Josef Strauß favorisierte Lösung unter Dach und Fach, bleiben doch gut 50 Prozent von Krauss-Maffei in Bayern. Denn die Landesanstalt ist nichts anderes als ein Finanzierungsinstitut des Freistaats, und die RTG gehört eben zu gleichen Teilen dem in Ottobrunn bei München ansässigen Luft- und Raumfahrtkonzern MBB sowie der Nürnberger Diehl-Gruppe.

Das Jahr des Einstiegs bei Krauss-Maffei hat es in sich: 1985 setzt die Diehl-Gruppe erstmals mehr als zwei Milliarden D-Mark um. Dabei beschäftigt der Konzern 13 273

Mitarbeiter. Das sind etwa 4,5 Prozent mehr als im voraufgegangenen Jahr, aber deutlich weniger als etwa zwanzig Jahre zuvor, als man mit mehr Beschäftigten weniger Umsatz erzielte. Für diese Entwicklung gibt es Gründe: Karl Diehl ist von seinen frühesten Anfängen an auch in dem Sinne immer ein moderner Unternehmer gewesen, als er den Entwicklungsarbeiten in seinen Werken stets eine hohe Bedeutung zugemessen hat. Daran ändert sich für ihn bis ins hohe Alter hinein nichts. So wird im Januar 1986 im Röthenbacher Werk 4 der Öffentlichkeit ein neues Entwicklungszentrum vorgestellt, das mit einem Investitionsaufwand von 12 Millionen D-Mark in nicht einmal einem Jahr errichtet worden ist. Auf einer Brutto-Geschoßfläche, die zwölf Fußballfeldern entspricht, werden hier die bislang verstreuten Entwicklungsbereiche, in denen 1988 500 Mitarbeiter tätig sind, zusammengeführt. Zum Entwicklungsauftrag der Nürnberger Ingenieure zählt nicht nur die Erfindung und Verbesserung von Produkten, sondern auch die Optimierung von Produktionsprozessen: Als wenige Wochen später, im Februar 1986, das Gummiwerk Blankenheim ein neues Gebäude mit einer Anlage erhält, die dem letzten Stand der Kettentechnologie entspricht, haben bei der Planung nicht nur die Qualitätssicherung und die Produktionserweiterung eine herausragende Rolle gespielt, sondern auch die Rationalisierung.

Die wiederum ist, jedenfalls für die Belegschaft, prinzipiell ein zweischneidiges Schwert. Einerseits bedeutet Rationalisierung immer auch den Verlust von Arbeitsplätzen; andererseits ist sie ein Beitrag zur »Humanisierung der Arbeit«. So jedenfalls lautet das Motto, das die *Diehl-Infos* ausgeben. In diesem Sinne und unter diesem Motto wird allein 1986 in der Röthenbacher Munitionsfabrik ein neues Kontrollband zur Endprüfung der etwa sieben Kilogramm schweren Treibladungshülsen installiert, im Remscheider Kettenwerk ein Montageautomat für Gleisketten in Betrieb genommen, der die manuelle Montage der dreiunddreißig Kilogramm schweren Kettenglieder ebenso überflüssig macht wie die Arbeit mit Hammer und Schlagschrauber, und im Sundwiger Halbzeugwerk eine automatische Verpackungsanlage für Metallbänder installiert, dank deren körperliche Schwerarbeit in diesem Bereich der Vergangenheit angehört.

Gewiß, Effektivitäts-, Qualitäts- und Leistungsgesichtspunkte spielen bei diesen Maßnahmen eine hervorragende Rolle. Die Rationalisierungsmaßnahmen und das ihnen zugrundeliegende Motto »Humanisierung der Arbeit« auf diese Aspekte zu reduzieren, hieße allerdings, Motive und Bewegungsgesetze des Familienunternehmens zu verkennen. Denn selbstverständlich gilt für die achtziger und neunziger Jahre immer noch jenes Rezept, dem die Familie Diehl in erheblichem Maße den imposanten Aufstieg ihres Konzerns verdankt: Ein Unternehmen dieser Dimension, dieser Struktur und dieser wohl einzigartigen Mischung aus traditionsreichen und hochmodernen Arbeitsabläufen und Produkten ist wie kaum ein zweites auf seine Belegschaft angewiesen.

Und so werden die Rationalisierungsmaßnahmen von einer konsequenten und umfassend angelegten Sozialpolitik flankiert. Die Erstellung neuer Sozialgebäude wie in Sundwig, wo den Mitarbeitern seit dem Sommer 1983 moderne Umkleide-, Wasch-, Pausen-, Sanitäts- und Ruheräume sowie eine Kantine zur Verfügung stehen, zählen ebenso dazu wie die Errichtung eines neuen Wohnheims für Gastarbeiterfamilien auf dem Röthenbacher Firmengelände ein Jahr darauf oder das Angebot einer eigenen Betriebskrankenkasse: 1983 betreut die Kasse der Diehl-Gruppe etwa 11 000 Mitglieder und deren Familienangehörige.

Einen besonders hohen Stellenwert nimmt bei Diehl traditionell die Lehrlingsausbildung ein. Als die Firma im Juni 1984 vom Bundespräsidenten für ihre »beispielhaften

Leistungen in der Berufsausbildung junger Menschen« ausgezeichnet wird, ist das zugleich die Würdigung eines sehr persönlichen Verdienstes von Karl Diehl. Von Anfang an hat er die firmeneigene Ausbildung gefördert. Offenbar sind die ersten Lehrlinge bei Diehl im April 1937 eingestellt worden. Als am 28. und 29. August 1942 beim Luftangriff auf Nürnberg das Hauptwerk des Unternehmens schwer getroffen wird, weist die Schadensmeldung auch die Zerstörung des Lehrbetriebs für inzwischen 260 Lehrlinge aus. Daß die Ausbildung in einem angemieteten Nachbargebäude weitergeführt wird, entspricht dem Selbstverständnis des Unternehmers Karl Diehl.

Zu den frühen Maßnahmen im Zuge des Wiederaufbaus zählt unter anderem die Wiederaufnahme der Lehrlingsausbildung. Ein Familienunternehmen, das großen Wert auf die Bindung seiner Mitarbeiter an den Betrieb legt, hat an der Schulung des eigenen Nachwuchses naturgemäß ein hohes Interesse. Allerdings wird die Lehrlingsausbildung im Zuge einer immer strafferen staatlichen Regelung zu einem kostspieligen Geschäft. Während eines Informationsgesprächs der Geschäftsführung mit 180 Auszubildenden beziffert Werner Diehl schon im Dezember 1977 den durchschnittlichen Aufwand der Firma für einen Auszubildenden auf 40 000 D-Mark. Gleichwohl verzeichnet die Firmengeschichte 1984 mit mehr als 600 Lehrlingen, das sind immerhin fünf Prozent der Gesamtbelegschaft, einen Rekord, der gewiß jedem Vergleich mit anderen Firmen dieser Größenordnung standhält, zumal die Tendenz auch in den kommenden Jahren deutlich steigend ist. Überdies haben alle Lehrlinge eine Übernahmegarantie in der Tasche. In der deutschen Unternehmenslandschaft ist das keineswegs selbstverständlich.

Im September 1984 wird zu Ausbildungszwecken die Juniorenfirma Diehl Juventus GmbH gegründet, die in gewisser Weise an das Modell der »Übungsfirma« für den kaufmännischen Nachwuchs aus den späten dreißiger Jahren anknüpft. Hier sollen kaufmännische Auszubildende des Unternehmens die Produkte der im technischen Bereich geschulten Lehrlinge an den Kunden bringen. Drei Jahre später richtet Diehl Juventus die Junioren-Firmenmesse in Nürnberg aus. Immer wieder können Auszubildende der Diehl-Gruppe auch bei Wettbewerben vordere Ränge belegen, so zum Beispiel 1978 bei der nationalen Ausscheidung zum internationalen Berufswettbewerb für Auszubildende im Bereich Feinmechanik.

Daß deutlich mehr als ein Drittel der Auszubildenden am Stammsitz, also in Nürnberg und Röthenbach, lernt, hat Tradition. Bei aller Expansion des Unternehmens vergißt Karl Diehl auch jetzt nicht, wo seine Wurzeln liegen. Außerdem sind die hier angesiedelten Produktionen, eine solide Geschäftspolitik vorausgesetzt, vergleichsweise krisenresistent. Das gilt in besonderem Maße für das Halbzeug. Es ist gewiß kein Zufall, daß die Qualitätsauszeichnungen, die Diehl während der neunziger Jahre erhält, zum überwiegenden Teil auf diesen Bereich entfallen: So erhält zum Beispiel das Sundwiger Messingwerk 1990 von Texas Instruments Holland B.V. die Auszeichnung »most valuable supplier«, und dem Röthenbacher Halbzeugwerk wird von Ford Europe der »Q 1-Preferred Quality Award 1990« verliehen, von Volkswagen, das dieses Gütesiegel an nur 23 von 1 400 Zulieferbetrieben vergibt, ein Jahr darauf die »Formel-Q-Auszeichnung« und von der Fiat-Gruppe 1995 der »Qualitas«-Preis für herausragende Qualität als Automobillieferant.

Als stabile Faktoren in der Diehl-Gruppe dürfen auch der Geschäftsbereich Controls und hier namentlich die Steckdosen-Schaltuhren gelten. Im November 1989 wird das neu erbaute Werk in der Nürnberger Donaustraße bezogen. Mit etwa 80 Millionen D-Mark stellt der Bau die bislang größte Einzelinvestition in der Firmengeschichte dar. Das Werk ist weltweit eins der größten Produzenten

Ein Mischkonzern im weltpolitischen Umbruch 261

Größte Einzelinvestition in der Firmengeschichte: In der Donaustraße werden seit November 1989 Schaltuhren aller Art produziert.

von Herdschaltuhren sowie der daraus – ursprünglich als Nebenprodukt – weiterentwickelten Steckdosenschaltuhren, die zu einem Verkaufsschlager werden, weil sie für den Endverbraucher direkt einsetzbar sind. Von der Donaustraße aus plant Diehl, neue Märkte in Europa, insbesondere in Großbritannien und Italien, aber auch in Nordamerika zu erschließen. Mit dem Umzug an den neuen Standort werden übrigens am angestammten Produktionsstandort an der Stephanstraße erhebliche Flächen frei. In den kommenden Jahren geht man dazu über, diese an Fremdfirmen zu vermieten. Anfang des Jahres 2001 haben etwa vierzig kleinere Betriebe rund ein Drittel der Fläche angemietet und gehen in der Stephanstraße mit dreihundert Mitarbeitern ihren Geschäften nach.

Krisen- und konjunkturanfälliger als das Halbzeug oder die Schaltsysteme bleiben die Uhren. Daß sich Diehl nicht längst von diesem Bereich getrennt und Junghans verkauft hat, liegt in erster Linie am Seniorchef, der schon während des Zweiten Weltkriegs die Weichen für die Uhrenproduktion gestellt und seither darauf vertraut hat, daß es mit den vereinten Schramberger und Nürnberger Kräften möglich sein müsse, sich auch auf diesem Feld erfolgreich gegen die harte Konkurrenz zu behaupten und im internationalen Geschäft zu bleiben. Wie unkalkulierbar das ist, zeigen die Bilanzen der achtziger Jahre: Kann Junghans 1985 mit schwarzen Zahlen abschließen, so drücken die »fernöstlichen Wettbewerber«, wie es im Geschäftsbericht für das Jahr 1986 heißt, die Firma mit »unglaublich niedrigen Preisen« wieder unter die Gewinnschwelle, die dann schon zwei Jahre später mit einem Umsatzplus von zehn Prozent erneut klar passiert werden kann.

Erklärt wird diese stürmische Entwicklung mit den Funk- und Solaruhren, bei deren Entwicklung Junghans beziehungsweise Diehl einmal mehr seine innovativen Energien unter Beweis stellt. Präsentiert werden die beiden technologischen Weltneuheiten 1985 auf der Baseler

Messe. 20 Millionen D-Mark haben die Nürnberger dafür in neue Produkte und Fertigungstechnologien investiert. Die erste funkgesteuerte Analogtischuhr funktioniert auf einer Cäsium-Atomzeitbasis und besitzt eine Abweichung von lediglich einer Sekunde in 150 000 Jahren; für die Solargroßuhren wird ein Quarzwerk mit extrem niedrigem Stromverbrauch entwickelt; und 1986 kann Junghans, rechtzeitig zum einhundertfünfundzwanzigjährigen Firmenjubiläum, die erste funkgesteuerte Solaruhr der Welt präsentieren.

Ein Durchbruch ist die erste Funkarmbanduhr der Welt, die »MEGA 1«, die 1990 auf den Markt kommt und zu einem derart durchschlagenden Erfolg wird, daß der Umsatz von Junghans um 35 Prozent steigt. Vor allem gibt die Firma endgültig ihre Zurückhaltung gegenüber Modetrends auf. So erwirbt man 1987 die Lizenz für die »Otticlocks« beziehungsweise »Ottiwatches« mit Motiven des »Ottifanten« aus der Produktion des Komikers Otto Waalkes. Gleichzeitig wird die Kollektion »benetton« eingeführt, und 1994 folgt mit der »MEGA STAR« die erste hochwertig Lifestyle-Funkarmbanduhr der Welt mit integrierter Antenne.

Einen weiteren Höhepunkt erlebt das Uhrengeschäft der Firma Diehl nach dem Fall der Berliner Mauer, von dem noch die Rede sein wird: Am 1. Oktober 1990 gründet Junghans im thüringischen Seebach die Eurochron GmbH. Partner der Schramberger ist die Uhrenfabrig Ruhla, und das ist schon deshalb bemerkenswert, weil hier, in Ruhla, gewissermaßen die Wurzeln der Diehlschen Uhrenproduktion liegen. Die »Zeitzünder-Uhrwerkzünderfertigung«, aus der heraus Karl Diehl in der Endphase des Zweiten Weltkriegs die zivile Uhrenproduktion entwickelt, erfolgte nach dem System und mit einer Lizenz der in Ruhla ansässigen Firma Thiel.

Im Januar 1991 beginnt die Uhrenproduktion bei Eurochron mit 26 Mitarbeitern; bereits im kommenden Jahr

Weltspitze: Die erste Solar-Funkuhr der Welt, 1986.

erwirtschaften 130 Mitarbeiter an einer der modernsten Fertigungsanlagen der europäischen Uhrenindustrie einen Umsatz von 36 Millionen D-Mark; und 1993/94, also im dritten Jahr ihres Bestehens, avanciert Eurochron zum drittgrößten Uhrenhersteller Deutschlands. So hat auch Eurochron seinen Anteil an jenem beachtlichen Erfolg, mit dem der Geschäftsbereich Uhren innerhalb der Diehl-Gruppe Anfang der neunziger Jahre abschließt: 1991 kann Junghans mit einem Umsatzzuwachs von knapp 40 Prozent einen der besten Abschlüsse seiner einhundertdreißigjährigen Firmengeschichte vorweisen, und 1993 wird der Umsatz gegenüber 1989 fast verdoppelt – von 136 auf 263 Millionen D-Mark.

Karl Diehl weiß, daß der steinige Weg seines Unternehmens in eine ungewisse technologische, wirtschaftliche, aber auch politische Zukunft nur mit Erfolg zurückgelegt werden kann, wenn man sich nicht nur auf den eigenen, ohne jeden Zweifel exzellent entwickelten Instinkt verläßt, sondern auch externen Sachverstand zu Rate zieht. Auch hier bleibt sich der Nürnberger Unternehmer, der inzwischen auf die Achtzig zugeht, treu: Am 3. Februar 1987 unterrichtet er namens der Gesellschafter der Diehl GmbH & Co. und des Süddeutschen Metall-Kontors GmbH Hilmar Kopper brieflich über dessen einstimmige Wahl in den Verwaltungsrat. Ausdrücklich betont der Senior, daß die Wahl des Vorstandsmitglieds der Deutschen Bank in den Diehl beratenden Kreis »ad personam« erfolge, da die Hausbanken der Familie und des Unternehmens die Bayerische Vereinsbank und die Dresdner Bank seien.

Schon knapp drei Jahre später muß Kopper sein Mandat im Verwaltungsrat der Firma Diehl niederlegen, weil er von Alfred Herrhausen, der Opfer eines terroristischen Mordanschlages geworden ist, zwar nicht, wie er irrtümlich an Karl Diehl schreibt, den »Aufsichtsratsvorsitz«, wohl aber den Posten des Vorstandssprechers der Deutschen Bank übernimmt. Die Entscheidung tue ihm »außerordentlich leid«, weil er sich Karl Diehl, seinen Söhnen und dem Unternehmen »sehr verbunden« gefühlt habe. Wie Niefer sieht sich auch Kopper zu diesem Schritt gezwungen, weil der Wirtschaftsminister seine noch zu erläuternde Genehmigung der Fusion von Daimler-Benz und MBB unter anderem mit der Auflage verbindet, daß die betroffenen Vorstände sich aus den Führungs- und Aufsichtsratsorganen von rüstungsproduzierenden Firmen zurückziehen.

An der Verbundenheit Koppers mit den Nürnberger Unternehmern wird sich auch in den kommenden Jahren wenig ändern. Schon der einseitige handschriftliche und selbstverfaßte Brief, mit dem sich Karl Diehl, ungewöhnlich genug, bei Kopper für seine Tätigkeit bedankt, läßt erkennen, daß er auch weiterhin den Rat des Bankiers suchen wird. Ähnlich wie Werner Niefer bleibt Hilmar Kopper dem Verwaltungsrat nach seinem Ausscheiden als »Gast« erhalten, und in dieser Funktion sucht Karl Diehl in den kommenden Jahren gelegentlich seinen Rat, so im Februar 1990, als der Unternehmer den Bankier nach seiner Einschätzung der Zinsentwicklung fragt und seinen Rat wegen eines möglichen Halbzeugengagements in den USA in Höhe von 25 Millionen D-Mark sucht.

Wie sehr Karl Diehl das Urteil Hilmar Koppers schätzt, zeigt sich im September 1992, als er sich mit ihm über seine Söhne berät und den Gedanken erörtert, Werner und Peter Diehl in den Verwaltungsrat zu holen. In diesem Zusammenhang sagt Kopper ihm »ganz aufrichtig«, er müsse »froh sein, diese Söhne so zu haben ... Das allergrößte Plus, Herr Diehl, das möchte ich wirklich sagen, wie ich es bei allen Ihren Söhnen sehe, so wie ich sie erlebt habe, das liegt auf der charakterlichen Seite ... Und sie haben auch untereinander einen Zusammenhang ... Das ist ja auch ganz wichtig für die Zukunft, daß das weiter gefördert wird ... Das sind anständige Burschen. Das sagt man

Unternehmer mit Beratern: Karl und Thomas Diehl mit den Verwaltungsratsmitgliedern Hilmar Kopper und Werner Niefer (von rechts), Mai 1991.

heute nicht mehr von allzu vielen.« Alldem kann der Vater nur zustimmen, ist doch auch er mit den Söhnen »zufrieden«. Besonders weiß er zu schätzen, daß »sie nicht streitsüchtig sind und daß sie immer wieder zusammenfinden«.

Die Verbundenheit Karl Diehls und seiner Söhne gegenüber Kopper zeigt sich in handschriftlichen Geburtstagsgrüßen, aber auch in Briefen der Söhne an Hilmar Kopper, beispielsweise aus der Feder Werner Diehls, der sich Ende der neunziger Jahre, vor dem Hintergrund der Pressekampagne gegen Karl Diehl, wiederholt für die »prompte Hilfe bei den perfiden Angriffen« auf den Vater bedankt und hinzufügt: »Das werden wir Ihnen nicht vergessen.« Vorderhand zeigt man sich gegenüber Hilmar Kopper wie auch gegenüber anderen Persönlichkeiten, die der Familie verbunden sind, durch ein gelegentliches Geburtstagsgeschenk, zum Beispiel eine Funkuhr in Gold aus eigener Produktion, oder auch durch eine Einladung an die Côte d'Azur erkenntlich.

Als Hilmar Kopper zum 1. Januar 1987 in den Verwaltungsrat der Firma Diehl berufen wird, gehören diesem neben dem Seniorchef auch Werner Niefer, von dem schon die Rede war, sowie Günter Vogelsang an. Beinahe zwei Jahrzehnte spielt Vogelsang für den Nürnberger Unternehmer eine herausragende Rolle, vergleichbar derjenigen Karl Beisels, Hans Fischers oder Johannes Schröders. Der promovierte Kaufmann, Jahrgang 1920, hat seine berufliche Laufbahn bei einer Wirtschaftsprüfergesellschaft begonnen und dann bei Mannesmann und Krupp Karriere gemacht. Nachdem er 1972 als Chef des Essener Industrieunternehmens ausgeschieden ist, nimmt er in diversen Aufsichtsräten, beispielsweise der VEBA, Daimler-Benz, Thyssen oder der Ruhrkohle AG die Interessen der Eigentümer wahr und macht sich einen Namen als »graue Eminenz« der deutschen Wirtschaft. Er fange, sagt er damals, »unternehmerisch zu wirken an, wo der Vorstand aufhört«.

Im August 1973 läßt Karl Diehl Informationen über den ehemaligen Vorstandsvorsitzenden von Krupp einholen, und nach ersten Telefonaten scheint man bei einem Besuch Vogelsangs in Nürnberg gegen Ende des Jahres 1973 handelseinig geworden zu sein: Der erst Mitte Juli 1975 unterzeichnete, aber auf den 1. Januar 1974 datierte Vertrag sieht die »Beratung der Unternehmen der Diehl-Gruppe und ihrer Gesellschafter in geschäftspolitischen und unternehmerischen Grundsatzangelegenheiten« vor. Schwerpunkt der Beratertätigkeit Vogelsangs sind die künftige Organisation der Diehl-Gruppe und die Rolle der drei Söhne Karl Diehls im Unternehmen.

Als der am 4. Mai 1987 seinen achtzigsten Geburtstag begeht, würdigt ihn Vogelsang mit den Worten: »Wer Sie kennt, der weiß, daß Sie Führungs- und Leitungsfunktionen des Unternehmers nie als Anspruch auf mehr Macht, sondern stets als Verpflichtung zu mehr Verantwortung verstanden haben. Für Sie war und ist das Führen auch Dienen, Dienen mit Autorität.« Das klingt pathetisch, und doch trifft es das Wesen dieses Unternehmers. Wenn man, sagt Karl Diehl einige Jahre später zu Hilmar Kopper, Verantwortung für die Familie und das Unternehmen trage, müsse man »bereit sein, die Qualität der Leute anzuerkennen, mit den Leuten zu sprechen, Leute zu beeinflussen. Auch gutwillige Überlegungen, wie kann ich mit den Menschen, die ich brauche, auch gut zusammenarbeiten«, gehörten dazu.

Kein Wunder, daß sich die Presse zum runden Geburtstag Karl Diehls ganz in diesem Sinne äußert: Immer habe er sich »als erster Mitarbeiter unter den Mitarbeitern gefühlt«, schreibt die *Süddeutsche Zeitung*, stets habe er »seine intellektuelle Neugier den technischen Herausforderungen der Zeit gestellt«. Die *Frankfurter Allgemeine Zeitung* zählt ihn bei dieser Gelegenheit »zu den herausragenden Unternehmergestalten der Nachkriegszeit« und berichtet, daß Karl Diehl mit Gustav Schickedanz und Max Grundig im Wirtschaftsraum Nürnberg-Fürth eine »Art Triumvirat« gebildet und gemeinsam mit ihnen vorgeführt habe, »welche unternehmerischen Kräfte die Befreiung von den Fesseln der Zwangswirtschaft durch den geborenen Fürther Ludwig Erhard auslöste«.

Ausdrücklich weist das Frankfurter Blatt darauf hin, daß es »mehr als eine Geste« sei, wenn der »zurückhaltende und konservative Mann« anläßlich seines Geburtstages eine Stiftung ins Leben rufe. Tatsächlich hat Karl Diehl am 30. Oktober 1987 die Einrichtung der »Karl-Diehl-Stiftung« verfügt. Sie soll in Nürnberg und seiner Umgebung Menschen Hilfe gewähren, die in Not geraten sind; die Hilfe soll unbürokratisch und ohne Ansehen von Konfession oder Nationalität erfolgen. Dem Stiftungskuratorium gehören neben Karl Diehl als Vorsitzendem und seinem Sohn Werner als Geschäftsführer unter anderem Vertreter der Kirchen und des Gesamtbetriebsrats von Diehl an. Bis Ende 2001 hat die Stiftung beinahe 4 000 Hilfsanträge bewilligt.

Anläßlich seines Geburtstags werden Karl Diehl zahlreiche Auszeichnungen und Ehrungen zuteil. So erhält er unter anderem die Ehrenmedaille der Industrie- und Handelskammer Nürnberg in Gold und die Verdienstmedaille des Landes Baden-Württemberg. Daß jüdische Freunde anläßlich seines Geburtstags in Israel für ihn Bäume pflanzen lassen, berührt den alten Mann sehr. Offenbar hat man dort nicht vergessen, daß Karl Diehl Israel zu einer Zeit geholfen hat, als die Existenz des Landes durch seine Nachbarn in Frage gestellt wurde.

Zu den 1 000 geladenen Gästen, die am 9. Mai 1987 zum offiziellen Festakt in die Nürnberger Meistersingerhalle strömen, gehören zahlreiche Persönlichkeiten aus Wirtschaft und Politik, unter ihnen Franz Josef Strauß. In seiner Festrede würdigt der bayerische Ministerpräsident

Karl Diehl als einen Unternehmer, der sich durch sein soziales Engagement auszeichne, einen erheblichen Anteil am Aufstieg Bayerns zu einem modernen Industrieland habe und zu den profiliertesten Unternehmerpersönlichkeiten des Freistaates gehöre. Die Gäste spüren, daß sich hier nicht ein Politiker seiner Pflicht entledigt, sondern jemand über einen langjährigen Weggefährten spricht.

Wann und wie sich die beiden kennengelernt haben, ist nicht mit Bestimmtheit zu sagen. Die Verbindung ist wohl durch Josef Müller hergestellt worden, und sie wird erkennbar eng, nachdem Franz Josef Strauß Mitte Oktober 1956 in Bonn das Amt des Verteidigungsministers übernommen hat. Im Juli des folgenden Jahres gratuliert Karl Diehl dem Minister zur Hochzeit mit einem »Angebinde« und einer Uhr, für die sich Franz Josef Strauß wenig später brieflich und mit der Versicherung bedankt, daß er die Uhr »als Preis für die sportlich beste Leistung bei einem der nächsten Wettkämpfe in der Bundeswehr zur Verfügung« stellen werde. In den folgenden Jahren gratuliert der Nürnberger Unternehmer dem Bonner Minister bayerischer Herkunft immer wieder zum Geburtstag, aber auch zur Geburt des ersten Sohnes Max, und im Sommer 1960 wollen sich die beiden Familien in Südfrankreich treffen, wo sie jeweils ein Feriendomizil unterhalten.

In den sechziger und siebziger Jahre macht Franz Josef Strauß – als Privatmann, aber auch als Bundestagsabgeordneter, Bundesminister und bayerischer Ministerpräsident – gern vom Flugdienst der Firma Diehl Gebrauch. Über viele Jahre genehmigt Karl Diehl persönlich Flüge des Politikers, der dabei nicht selten von seiner Frau begleitet wird, innerhalb Deutschlands, in diverse europäische Metropolen, aber auch zum südfranzösischen Urlaubsdomizil. Wenn Franz Josef Strauß an Bord geht, wird das Flugzeug nicht nur mit dem »Üblichen« betankt, also mit Mineralwasser, Coca-Cola, Saft, Whisky, Klarem oder Cognac, sondern auch mit Bier, Frankenwein, Sekt und »Champagner!«, wie Karl Diehl gelegentlich, zum Beispiel im Juli 1981, handschriftlich die Vorbereitungen ergänzt.

Insgesamt haben Karl Diehl und Franz Josef Strauß politisch beziehungsweise unternehmerisch voneinander profitiert. Der CSU-Vorsitzende und bayerische Ministerpräsident weiß Diehls Verbundenheit mit Franken und damit auch mit Bayern insgesamt zu schätzen, weil sie entscheidend dazu beiträgt, daß er sein ehrgeiziges politisches Ziel erreichen kann, Bayern zu einem modernen Industriestandort in Deutschland und Europa auszubauen. Der Nürnberger Unternehmer seinerseits weiß, was er in der Aufbauphase der Bundeswehr an diesem Verteidigungsminister hat und wie sehr dessen Vision seinen geschäftlichen Interessen entgegenkommt. Kein Wunder, daß auch Karl Diehl vom plötzlichen Tod des bayerischen Ministerpräsidenten tief betroffen ist. Er erfährt davon am 3. Oktober 1988, als er, wie in jedem Jahr, seiner langjährigen Sekretärin einen Geburtstagsbesuch abstattet. Ganz bleich sei er geworden, sagt Hertha Jaeckel, und habe sich umgehend verabschiedet.

Ohne Zweifel haben die Pläne, mit denen Franz Josef Strauß Bayern an die Spitze der technologischen Entwicklung führen will, einen entscheidenden Anteil am Ausbau der Diehl-Gruppe zu einem Hochtechnologiekonzern. Die Nürnberger wiederum wissen, daß sie in der bayerischen Staatsregierung eine Ansprechpartnerin haben, die stets ein offenes Ohr für ihre Sorgen und Nöte hat. Das Ende der Ära Strauß ändert daran nichts. Mitte November 1988 wird Karl Diehl bei dessen Nachfolger Max Streibl vorstellig und beklagt sich über die Konsequenzen der geplanten Fusion von Daimler-Benz mit MBB.

Die Staatskanzlei ist insoweit die richtige Ansprechpartnerin, als der Freistaat Bayern gemeinsam mit Hamburg und Bremen mehr als 50 Prozent an MBB hält. Außerdem, so das aus Nürnberg zu hörende Argument, würde ein

Ein Mischkonzern im weltpolitischen Umbruch 273

Unter Freunden: Karl Diehl mit Monika Hohlmeier und Franz Josef Strauß in Antibes, wenige Wochen vor dessen plötzlichem Tod, September 1988.

Einstieg Daimlers bei MBB nichts anderes bedeuten, als daß der Stuttgarter Konzern über die fünfzigprozentige MBB-Beteiligung an der gemeinsam mit Diehl gegründeten RTG direkten Einfluß auf die zukunftsträchtige bayerische Raketen- beziehungsweise Lenkflugkörpertechnologie nehmen könnte. Ebendas scheint die Absicht von Edzard Reuter zu sein, der als Vorstandsvorsitzender von Daimler-Benz gerade dabei ist, den traditionsreichen Automobilbauer in einen komplexen Hochtechnologiekonzern umzubauen. Ein Standbein soll die Luft- und Raumfahrt sein, ein Gebiet, auf dem Reuter mit der im Mai 1989 gegründeten DASA Deutschland beziehungsweise Europa gegenüber den Vereinigten Staaten von Amerika konkurrenzfähig machen will.

Indessen ruft der geplante MBB-Kauf nicht nur bei der industriellen Konkurrenz, sondern auch in der Politik erhebliche Widerstände hervor. Hatte Strauß die Fusion von Daimler und MBB favorisiert und in gewisser Weise aus der Kulisse heraus mitbetrieben, weil er sich von diesem industriellen Konzentrations- und Modernisierungsschub Vorteile für den Standort Deutschland insgesamt versprach, so rücken seine Nachfolger um Ministerpräsident Streibl und Finanzminister Tandler die »bayerische Lösung« in den Vordergrund und machen sich für die Bildung eines Konsortiums unter der Führung von Diehl, also für einen Erwerb von MBB durch das Nürnberger Unternehmen, stark. Zudem hat das Kartellamt erhebliche Einwände gegen eine Fusion von MBB und Daimler-Benz, was man verstehen kann, wenn man die Konsequenzen bedenkt: Mit der Fusion würde nicht nur der größte Rüstungskonzern in der Bundesrepublik entstehen; vielmehr müßte der Zusammenschluß auch unmittelbare Konsequenzen für die übrige Wehrtechnik haben. Am Ende, so die durchaus begründete Befürchtung der Kartellwächter, könnte eine Gruppe von zwei bis drei Rüstungskonzernen stehen, die, weil auf bestimmte Sparten spezialisiert und konzentriert, ihre Produkte konkurrenzlos anbieten und also auch die Preise diktieren könnten.

Was folgt, gehört zu den bemerkenswertesten Kapiteln deutscher Industriegeschichte nach 1945, und daß Karl Diehl dabei eine entscheidende Rolle spielt, darf man mit Fug und Recht als Beleg für die ungewöhnlich erfolgreiche Karriere eines mittelständischen Unternehmers in Deutschland betrachten. Teil dieser Erfolgsgeschichte ist die nüchterne unternehmerische Analyse, und die führt die Nürnberger am Ende der achtziger Jahre zu der Erkenntnis, daß man mit Blick auf die Neuordnung der deutschen Raumfahrt- und Raketentechnologie schlecht beraten wäre, sich auf die Politik zu verlassen: Bayern hat, zumal in der schwierigen Situation nach dem unerwarteten Tod von Franz Josef Strauß, weder die politische Energie noch die ökonomische Macht, um die Daimler-Pläne durch eine rasch realisierbare »bayerische Lösung« zu verhindern; und die Bundesregierung, namentlich Wirtschaftsminister Helmut Haussmann von der FDP, ist wie die Stuttgarter Konkurrenz der Überzeugung, daß die deutsche beziehungsweise europäische Luft- und Raumfahrt nur in einem Konzern der geplanten Dimension eine Zukunft haben und zudem der Bundeshaushalt nur auf diese Weise längerfristig von Dauersubventionen im »Airbus«-Bereich entlastet werden kann. Also setzt sich der Minister, gleichsam mit einem Federstrich, über die Entscheidung des Kartellamts hinweg, das Ende April 1989 die Fusion zunächst einmal untersagt hatte, und genehmigt fünf Monate später den Zusammenschluß von Daimler-Benz und MBB.

Das ist die Stunde des Karl Diehl. In der Erkenntnis, daß es nicht in seiner Macht steht, diese Entwicklung aufzuhalten, nüchtern kalkulierend, daß Daimler künftig in der Wehrtechnik etwa das Zehnfache des eigenen Umsatzes von einer Milliarde erwirtschaften wird, und wohl wissend, daß Haussmanns Fusionsgenehmigung an Bedingungen geknüpft ist, geht der selbstbewußte Nürnberger

Unternehmer auf die nicht minder selbstbewußten Stuttgarter Manager zu und schlägt ihnen eine Art *Gentleman's Agreement* vor.

Tatsächlich hat Karl Diehl Pfunde, mit denen er wuchern kann. Dazu gehört einmal sein *Know-how* auf dem Gebiet der Lenkflugkörper. Daß sein Unternehmen unter anderem über das MLRS-Programm hier im Geschäft ist, weiß man; ob er technologisch wirklich einen Vorsprung hat und wie groß dieser ist, weiß nur er, und mit diesem Wissen pokert er. Vor allem aber hat Diehl die Möglichkeit, Daimler-Benz den Einstieg bei MBB zu erleichtern: Zu den vom Bundeswirtschaftsminister formulierten Bedingungen für die Übernahme gehört, daß sich die Stuttgarter bei der Fusion mit MBB von einigen Rüstungssparten trennen, vor allem von der Beteiligung an Krauss-Maffei. Eben hier springen die Söhne Karl Diehls ein, erwerben privat jene Anteile, die MBB über die RTG an den Münchner Panzerherstellern hält und erhöhen bei dieser Gelegenheit ihre Beteiligung an Krauss-Maffei auf knapp 25 Prozent.

Begünstigt wird die Entwicklung durch die bereits im Vorfeld, also von der Fusion mit MBB weitgehend unabhängig getroffenen Entscheidungen der Stuttgarter Manager, sich von Krauss-Maffei zu trennen und außerdem keine profilierten Ambitionen auf dem Gebiet der Lenkflugkörper zu entwickeln. So gesehen, fällt es ihnen nicht schwer, sich gegenüber den fränkischen Entrepreneuren entgegenkommend zu zeigen und ihnen gewissermaßen im Gegenzug zur Übernahme der Krauss-Maffei-Anteile von MBB die Zusage zu geben, die neue starke Stellung der DASA bei der RTG nicht gegen die Interessen Diehls auszuspielen, und das ist immerhin einiges, gehört doch die Hälfte der 1976 von Diehl und MBB gegründeten RTG jetzt zu Daimler.

Noch wichtiger für Diehl dürfte allerdings gewesen sein, daß die Stuttgarter nicht den geplanten Kauf der Bodenseewerk Gerätetechnik GmbH (BGT) verhindern. Die BGT ist auf militärische Lenkflugkörper spezialisiert und gilt damals, so der *Spiegel*, als »technologische Perle«. Da der »lange Arm der Deutschen Bank«, von dem das Hamburger Nachrichtenmagazin in diesem Zusammenhang berichtet, bei der Übernahme der BGT im Spiel ist, hat die stillschweigende Zustimmung Daimlers einiges Gewicht, befindet sich doch fast ein Drittel des Stuttgarter Konzerns im Besitz der größten deutschen Bank. So gesehen hätte Daimler den geplanten Kauf durch Diehl durchaus erschweren können, wenn auch die DASA selbst angesichts der mit dem MBB-Kauf verbundenen Auflagen kaum das Geschäft hätte machen können.

Die BGT ist nämlich grundsätzlich für beide, für die DASA wie für Diehl, eine hochinteressante Übernahmekandidatin: Das Unternehmen war noch in der Endphase des Zweiten Weltkriegs, im Januar 1945, aus der ausgelagerten Entwicklungsgruppe des Luftfahrt Gerätewerks der Berliner Askania Werke AG entstanden und hatte sich zunächst auf die Fertigung ziviler feinmechanischer und optischer Geräte verlegt. 1954 hatte die amerikanische Perkin-Elmer Corporation die Anteilsmehrheit übernommen und zwei Jahre später damit begonnen, die Entwicklung und Fertigung von Luftfahrtausrüstungsgegenständen wiederaufzunehmen. 1960 gelingt dann der Durchbruch, als die jetzt unter amerikanischer Führung stehende BGT den Zuschlag als Generalunternehmer für das europäische Produktionsprogramm des Luft-Luft-Flugkörpers »Sidewinder« erhält und mehr als 30 000 Exemplare dieses Typs baut. Zum Zeitpunkt der Übernahme durch Diehl hat die BGT, bei einem Jahresumsatz von 300 Millionen D-Mark, 1 500 Mitarbeiter. Am 25. September 1989 geben die Nürnberger den Erwerb der BGT bekannt; wenige Wochen später erhält das französische Industrieunternehmen Matra, das ebenfalls großes Interesse an einer Übernahme von

BGT gezeigt und ursprünglich einen deutlich höheren Kaufpreis geboten hatte, eine zwanzigprozentige Kapitalbeteiligung.

Fortan, so die rückblickende Selbsteinschätzung der Nürnberger Unternehmerfamilie, spielt man in der »Oberklasse« der deutschen Luftfahrtunternehmen mit, und zwar, jedenfalls im Bereich der Lenkflugkörpersysteme, auf gleicher Augenhöhe mit der mächtigen DASA. Das ist keineswegs selbstverständlich, wenn man bedenkt, daß Diehl ursprünglich, Anfang der achtziger Jahre, durch seine Konkurrenten von diesem lukrativen Geschäft gerade ferngehalten werden sollte. Schon seit 1982 nämlich arbeiten MBB, AEG und eben BGT bei der Entwicklung eines Waffensystems zusammen, dem damals auf deutscher und amerikanischer Seite eine hohe Bedeutung beigemessen wird. Das »Rolling Airframe Missile Weapon System« (RAM) gilt als intelligente, zukunftsträchtige Antwort auf eine Waffe, die seit den ausgehenden sechziger Jahren den Militärs zu schaffen macht.

Sowohl während des Sechstagekrieges von 1967 als auch während des Jom-Kippur-Krieges von 1973 hatten Israel und seine Gegner Antischiffsraketen eingesetzt. Die große Gefahr dieses schnell weiterentwickelten Systems zeigte sich Anfang der achtziger Jahre: Im sogenannten Falklandkrieg, der Reaktion Großbritanniens auf die Inbesitznahme der Inselgruppe durch Argentinien im April 1982, waren mehrere britische Kriegsschiffe durch von Argentinien eingesetzte französische Antischiffsraketen vom Typ »Exocet« beschädigt beziehungsweise versenkt worden; und nachdem der damals noch vom Westen massiv unterstützte irakische Diktator Saddam Hussein im September 1980 den Iran angegriffen und damit den Ersten Golfkrieg ausgelöst hatte, stellte man sich dort vernehmlich die Frage, wie man die Öltransporte durch den Golf vor iranischen Angriffen schützen könne.

An der militärischen Antwort, einer Anti-Raketen-Rakete, ist neben der amerikanischen schon seit den siebziger Jahren auch die deutsche Marine interessiert. Das erklärt, warum sich die Vereinigten Staaten von Amerika und die Bundesrepublik Deutschland 1979 in einem *Memorandum of Understanding* auf die gemeinsame Entwicklung von RAM einigen. Bereits im August dieses Jahres wird Diehl von General Dynamics mit der Werferführungsstruktur beauftragt. Sechs Jahre später steht fest, welche Firmen auf deutscher Seite an dem Geschäft beteiligt sind. Dank ihrer exzellenten Verbindungen, aber auch wegen der Erfahrungen, welche die Nürnberger inzwischen auf dem Gebiet der MLRS-Produktion gesammelt haben, ist Diehl schließlich neben AEG, MBB und BGT einer der vier gleichberechtigten Partner, die am 25. Januar 1985 in München das Gemeinschaftsunternehmen RAM-System GmbH aus der Taufe heben. Mit dieser schließt der amerikanische Generalunternehmer General Dynamics im Mai 1986 eine Reihe von Verträgen, die ihrerseits die Voraussetzung für ein neues politisches Rahmenabkommen bilden: Am 3. August 1987 unterzeichnen die Verteidigungsminister Weinberger und Wörner in Washington eine Vereinbarung, wonach 70 Prozent des RAM-Systems in Deutschland und die restlichen 30 Prozent in den USA produziert werden sollen.

Die letzte Runde im Wettbewerb um die lukrativen Anteile am deutschen RAM-Geschäft wird eingeläutet, als Daimler zunächst AEG und dann MBB übernimmt und damit etwa die Hälfte der RAM-Produktion kontrolliert. Dieser Konzentrationsprozeß bildet, wie gesehen, den Hintergrund für die Übernahme der BGT durch Diehl im September 1989. Nach eigener Einschätzung übernehmen die Nürnberger damit die Systemführerschaft bei den Lenkflugkörpern. Schließlich steckt im BGT-Suchkopf die eigentliche Intelligenz der Waffe. Nicht nur hat Diehl entscheidenden Anteil an der Produktion des RAM-Systems und ist über dieses Produkt als einer der ganz wenigen europäischen Anbieter auch in den amerikanischen Streitkräften vertreten; vielmehr partizipiert das Unternehmen über die BGT auch am Programm für die »Sidewinder«, eine Luf-Luft-Rakete kurzer Reichweite, sowie an den Regel- und Steuergeräten für den »Airbus« und den »Tornado«.

Im Rückblick muß der Zeitpunkt des Erwerbs von BGT durch Diehl überraschen. Zu ebenjener Zeit nämlich, als die Nürnberger energisch in die Lenkflugkörperproduktion einsteigen, befindet sich die Weltpolitik in der Phase eines dramatischen Umbruchs, an dessen Ende im Dezember 1991 die Auflösung der Sowjetunion und ihres Imperiums, mit ihr das Ende des Ost-West-Konflikts und zugleich die Frage stehen werden, was mit den überquellenden Waffenarsenalen beider Seiten geschehen solle. An Fahrt gewinnt diese Entwicklung mit einem Besuch, den der ungarische Außenminister Gyula Horn Ende Juni 1989 Österreich abstattet. Zum Abschluß seiner Visite entfernt er gemeinsam mit seinem Wiener Amtskollegen Alois Mock ein Stück des Stacheldrahtzaunes an der ungarisch-österreichischen Grenze, mit dessen Abbau ungarische Soldaten bereits am 2. Mai begonnen hatten. Damit wird sozusagen vor den Augen der Welt ein Loch in jenen »Eisernen Vorhang« geschnitten, der Europa seit Jahrzehnten teilt. Und so überrascht es nicht, daß dieser symbolträchtige Akt der beiden Außenminister eine Entwicklung in Gang setzt, die schon bald nicht mehr kontrolliert werden kann.

Nachdem am 10. September der ungarische Außenminister über das Fernsehen die Grenzöffnung bekanntgegeben hatte, passieren innerhalb von 48 Stunden 10 000 Flüchtlinge aus der DDR die ungarische Grenze nach Österreich; Anfang Oktober dürfen Tausende von DDR-Bürgern, die sich auf dem Gelände der Bonner Botschaft in Prag aufhalten, das Land verlassen; wenige Tage später, am 18. Oktober, wird Erich Honecker »auf eigenen Wunsch« von seinen Funktionen als Staats- und Parteichef der DDR entbunden; und am 8. November macht das SED-Politbüro einer deutlich verkleinerten Riege Platz. Am folgenden Tag, kurz vor 19 Uhr, erläutert Günter Schabowski, der Informationssekretär des Zentralkomitees, auf einer Pressekonferenz den Stand der Ausarbeitung eines neuen Reisegesetzes für DDR-Bürger. Befragt, wann die Regelung in Kraft trete, antwortet der völlig übermüdete Sekretär vor laufenden Fernsehkameras: »Sofort, unverzüglich!« Als sich daraufhin immer mehr Menschen vor Ort vom Wahrheitsgehalt dieser Nachricht überzeugen wollen, öffen die verunsicherten Grenzsoldaten um 23.14 Uhr die ersten Schlagbäume.

Das ist der Anfang vom Ende der Teilung Deutschlands und Europas, die vier Jahrzehnte zuvor eingeleitet worden war, und zugleich der sichtbare Ausdruck eines rasanten weltpolitischen Klimawechsels, der seit einigen Jahren zu beobachten ist. Denn seit 1985 legen der amerikanische Präsident Ronald Reagan, der im Januar in seine zweite Amtszeit geht und unter anderem wegen der »Iran-Contra-Affäre« unter erheblichem innerem Druck steht, und der wenig später, im März, zum Generalsekretär der KPdSU berufene Michail S. Gorbatschow bei den Abrüstungsverhandlungen ein Tempo vor, das alle Welt, übrigens auch die beiden selbst, überrascht.

Im September 1986 kann in Stockholm unter dem Dach der KSZE die Konferenz für Vertrauens- und Sicherheitsbildende Maßnahmen und Abrüstung in Europa erfolgreich zum Abschluß gebracht werden, und im Dezember des folgenden Jahres unterzeichnen Reagan und Gorbatschow in Washington den INF-Vertrag. Auf der Basis des Stockholmer Abkommens beobachten beispielsweise 1987 erstmals zwei Bundeswehroffiziere in Uniform ein Manöver des Warschauer Pakts auf dem Boden der DDR

– ein während des immer noch andauernden Kalten Krieges unerhörter Vorgang; und der INF-Vertrag schreibt nicht weniger fest als die komplette Vernichtung aller landgestützten sowjetischen und amerikanischen Mittelstreckenraketen mittlerer und größerer Reichweite in Europa.

Einiges spricht dafür, daß man in der Konzernzentrale der Firma Diehl sehr früh erkennt, welche erheblichen Rückwirkungen der erneute weltpolitische Klimawechsel auf das Rüstungsgeschäft haben dürfte. In welchem Maße der Ausbau der zivilen Bereiche bei Diehl durch die sorgfältige Beobachtung dieser weltpolitischen Großwetterlage mitbedingt wird, läßt sich schwer sagen; fest steht, daß er seit Mitte der achtziger Jahre forciert wird. So erwirbt Diehl im Oktober 1986 einige Betriebe der vor dem Konkurs stehenden Flensburger Harmstorf AG, darunter insbesondere die Flensburger Fahrzeugbau GmbH (FFG). Die Norddeutschen und vor allem die Flensburger wissen den Nürnbergern ihr Engagement zu danken. »Wir sollten ihnen«, zitiert die Presse im Februar 1988 einen Betroffenen, »die Füße küssen.«

Andererseits baut Diehl mit der FFG konsequent den Bereich der Fahrzeuginstandsetzung und des Neubaus von Spezialfahrzeugen aus. Auf dieser Linie liegt auch der Kauf der S. Gehrke Umwelttechnik Handelsgesellschaft mbH in Bad Oldesloe und der Alu-Car-Fahrzeugbau GmbH in Plattling. Die in Flensburg konzentrierten Firmenaktivitäten Diehls sind eine wichtige Voraussetzung, um auf den weltpolitischen Umbruch der ausgehenden achtziger Jahre zu reagieren. Die nüchterne Analyse der politischen Entwicklung tritt flankierend hinzu. Im Juni 1989 veranstaltet der Geschäftsbereich Munition mit 66 Führungskräften einen Workshop zu diesem Thema, ruft bei dieser Gelegenheit eine Arbeitsgruppe ins Leben, welche die zivile Nutzung vorhandener Technologien prüfen soll, und rich-

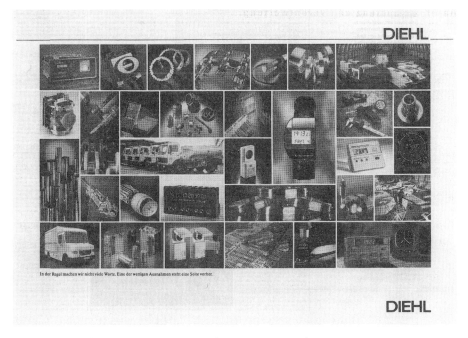

Die ganze Palette: Aus einer Imagekampagne, Herbst 1990.

tet ein Jahr darauf eine zivile Sparte ein, die Diehl Systemtechnik. Außerdem wird ein neues Geschäftsfeld Diehl-Engineering eröffnet, welches das wehrtechnische Entwicklungspontential für den zivilen Sektor erschließen soll.

In der richtigen Erkenntnis, daß der voranschreitende Zusammenbruch des Ostblocks über kurz oder lang zu einem Stillstand, wenn nicht gar zu einem Rückgang bei den Rüstungsaufträgen und darüber hinaus zu der naheliegenden Frage führen müsse, was mit den riesigen, nicht mehr benötigten Beständen der Armeen des Kalten Krieges geschehen solle, werden bei Diehl die Weichen neu gestellt. Die in diesem Zusammenhang 1990 und 1991 getroffenen Entscheidungen zeugen nicht nur von hoher Flexibilität, sondern auch von beachtlichem unternehmerischem Instinkt: Wenn es irgendwo, so das Kalkül, einen Vernichtungs- und Verschrottungsbedarf bei militärischem Gerät gibt, dann in der DDR beziehungsweise in den neuen Bundesländern, wie sie seit der Vereinigung Deutschlands am 3. Oktober 1990 genannt werden.

Im Sommer 1990 gründet Diehl in Neubrandenburg die System-Instandsetzungs- und Verwertungs-GmbH (SIVG). Gründungspartner ist die Neubrandenburger Maschinenbau GmbH i.G., hinter der sich das größte Panzer-Instandhaltungswerk der alten DDR verbirgt. Die SIVG konzentriert und spezialisiert sich auf die Wartung und Instandsetzung, die Konversion und vor allem die Verschrottung und Zerlegung militärischer Systeme und Geräte. Immerhin muß die Bundesrepublik infolge der Verpflichtungen, die sie im Rahmen der Verhandlungen über Konventionelle Streitkräfte in Europa (VKSE) eingegangen ist, 2 967 Panzer, 6 152 gepanzerte Fahrzeuge und 1 939 Artilleriegeschütze verschrotten. Weil sich aber mehrere Unternehmen für diesen lukrativen Großauftrag interessieren und überdies die Verschrottung militärischen Materials irgendwann ein natürliches Ende finden muß, denkt Diehl von Anfang an daran, dieses Geschäft auch auf den zivilen Bereich, also insbesondere auf das Recycling von Personenkraftwagen, auszudehnen.

Zugleich machen sich die Nürnberger Unternehmer sehr rasch als Spezialisten für die Umrüstung beziehungsweise Konversion militärischen Materials einen Namen. Auf der Berliner Internationalen Luft- und Raumfahrtausstellung präsentiert die SIVG 1992 den »Wasserbüffel«, einen umgerüsteten russischen Panzer vom Typ T-55, der 15 000 Liter Wasser faßt und bei Waldbränden und ähnlichen Großkatastrophen eingesetzt werden kann. Der bei gleicher Gelegenheit vorgestellte »Hurrican«, ein Gerät zum Freiblasen bei Tunnel- und Hallenbränden, wird vom Triebwerk einer sowjetischen MIG 21 angetrieben und kann bei einem Verbrauch von 3 600 Litern Kerosin gut eine Stunde ohne Unterbrechung eingesetzt werden. Aber die Umrüstungsmaßnahmen der SIVG beschränken sich keineswegs auf derart spektakuläre technologische Innovationen: 1994 erhält das Unternehmen von den Vereinten Nationen den Auftrag, 149 Mannschaftstransportwagen der ehemaligen Nationalen Volksarmee für den Blauhelmeinsatz in Bosnien umzurüsten.

Wenige Monate nach Gründung der SIVG ruft Diehl, gleichfalls in Neubrandenburg, die Fahrzeug- und Umwelttechnik GmbH (FUG) ins Leben. Schwerpunkte der unternehmerischen Tätigkeit bilden neben der Umrüstung und Konversion militärischen Materials die Wartung von Transport- und Servicefahrzeugen sowie von Geräten und Verfahren zur Reinhaltung und Sanierung der Umwelt. Schon im April und Mai 1992 setzt die FUG in einer »Blitzaktion« 91 Fahrzeuge der Nationalen Volksarmee für den Einsatz von Blauhelmtruppen auf dem Gebiet des ehemaligen Jugoslawien instand. 1993 erhält das Unternehmen zwei Großaufträge der Deutschen Telekom und des Bundesinnenministeriums zum Ausbau von 75 Instandsetzungswagen und 35 Feuerwehrrüstwagen. Daß

Diehl Mitte Juli 1994 seine Töchter SIVG und FUG in den Neubrandenburger Fahrzeugwerken GmbH (NFW) zusammenfaßt, ist angesichts der vergleichbaren Aktivitäten beider Gesellschaften naheliegend.

Einen begrenzten Auftrag und also eine vergleichsweise kurze Lebensdauer hat die ebenfalls Ende des Jahres 1990 gegründete Entsorgungs-Betriebsgesellschaft mbH (EBV) im sächsischen Vogelgesang, an der Diehl zu 70 Prozent beteiligt ist. Zweck des Unternehmens ist die Teilnahme an der Vernichtung und Entsorgung von rund 300 000 Tonnen Munition aus DDR-Beständen. Nach eigenen Angaben ist Diehl Anfang der neunziger Jahre mit einer Kapazität von 30 000 Tonnen und einem Geschäftsvolumen von 30 bis 50 Millionen D-Mark der »größte Munitionsvernichter«. Nachdem die entsprechenden Aufträge abgewickelt sind und sich die EBV auf neue Geschäftsfelder verlegt, die, wie das Kabelrecycling, nicht zu den Kernaktivitäten von Diehl zählen, ziehen die Nürnberger Anfang August 1994 die Konsequenz und trennen sich von der EBV.

Allerdings beschränkt sich Diehl bei der Neustrukturierung des zivilen Bereichs nicht auf die neuen Bundesländer. 1992 erwirbt Diehl die Industriewerke Saar (IWS) in Freisen, an denen man schon seit den achtziger Jahren Anteile hält. Die Werke waren 1963 aus der Auto Union Saar GmbH, der Vorläuferin der Audi-Werke, hervorgegangen und hatten sich zunächst auf die Instandsetzung von Bundeswehrjeeps spezialisiert. Später macht sich das Unternehmen als Hersteller des Schützenpanzers »Marder« einen Namen, von dem bis zum Herbst 1984 1 000 Exemplare gebaut werden. Unter der Regie von Diehl konzentriert sich IWS, ähnlich wie SIVG und FUG, unter anderem auf die Konversion sowie auf die Instandsetzung von militärischem Gerät. Ende Juni 1996 liefert das Freisener Werk den ersten von 40 Straßentankwagen für die im ehemaligen Jugoslawien eingesetzten Bundeswehrtruppen aus. Das

Fahrzeug war in der Rekordzeit von fünfzehn Wochen umgerüstet worden. Im Frühjahr 1999 entsendet IWS ein Team zur Instandsetzung deutscher SFOR-Fahrzeuge nach Bosnien, und im Juni des Jahres schließt man die Umrüstarbeiten für die Remotorisierung der Panzerhaubitze PzH M 109 G erfolgreich ab.

Insgesamt aber bekommen die Umrüstungs- und Instandhaltungswerke von Diehl die enormen Kürzungen des Bundeswehretats immer deutlicher zu spüren. Einige Aufträge aus dem Ausland, wie zum Beispiel ein im Juni 1989 mit General Dynamics geschlossener Kooperationsvertrag über die Depotinstandsetzungsarbeiten an den in Europa stationierten Ketten- und Radfahrzeugen der US-Armee, können die ausbleibenden Aufträge aus Bonn nicht kompensieren. Und so entschließt sich Diehl Ende der neunziger Jahre zu einer durchgreifenden Konzentration: Der Standort Neubrandenburg wird wegen mangelnder Bundeswehraufträge geschlossen und die Flensburger FFG an regionale Investoren verkauft. Damit bleibt von den Instandsetzungstöchtern lediglich die IWS erhalten. Allerdings trifft die Straffung nicht nur die neuen Bundesländer: Auch die Fahrzeugbau und Fahrzeugtechnik GmbH (FFT) in Mainz, die Diehl erst im August 1994 aus einer Konkursmasse erworben hatte und die auf die Umrüstung von Standard- in Sonderfahrzeuge spezialisiert ist, muß zum Jahresende 1999 ihre Tore schließen.

Dabei hatte es zunächst, Ende der achtziger und Anfang der neunziger Jahre, so ausgesehen, als könnten Betriebe wie FFT oder SIVG und FUG beziehungsweise – nach deren Zusammenlegung – NFW sowie die Flensburger FFG einen Teil der ausbleibenden Bundeswehraufträge auffangen. Immerhin kann Diehl im zivilen Bereich eine breite Produktpalette präsentieren, zu der unter anderem Sonderfahrzeuge für kommunale und private Abwasserentsorgung sowie für die Entsorgung von gefährlichen

Stoffen, Kanalreinigungsfahrzeuge oder auch Aluaufbauten für Paketdienstfahrzeuge gehören, bei denen sich die FFG bis zum Jahr 2000 zum Marktführer entwickelt.

Gleichzeitig kann Diehl insbesondere über die FFG im militärischen Bereich zusehends gesuchte und zugleich hochspezialisierte Dienste anbieten. Dazu gehört beispielsweise der Bau von Minenräumfahrzeugen wie des »Minebreaker«. Solche Geräte werden seit den neunziger Jahren dringend gebraucht, liegen doch nach Schätzung der Weltgesundheitsbehörde in den Krisengebieten der Welt 110 Millionen Landminen, die Jahr für Jahr Zehntausende töten oder verstümmeln. Auch Diehl selbst hat bis 1965 solche Minen gebaut, allerdings nur für die Bundeswehr, die dort bis 1997 vernichtet werden; darüber hinaus werden bis Ende der achtziger Jahre Antipanzerminen und bis in die Gegenwart Komponenten für Waffensysteme gebaut, die, wie zum Beispiel MLRS AT 2, Minen gegen mechanisiertes Gerät zum Einsatz bringen. Daß Diehl bei der Minenräumung reüssiert, überrascht daher nicht. Im Herbst des Jahres 2000 besteht die jüngste Entwicklung des »Minebreaker« einen vielbeachteten Praxistest: Als es darum geht, einen Teil des Minengürtels zwischen Nord- und Südkorea zu entsorgen, steht weltweit nur dieses Gerät zur Verfügung.

Allerdings kann mit diesen und anderen Maßnahmen nur ein Teil des Auftragseinbruchs bei der Wehrtechnik aufgefangen werden, und so stellt sich am Ende des Jahrzehnts noch drängender als zuvor die Frage, »ob wir das ganz stillegen oder nicht … Es tut einem in der Seele leid, wenn man alles so zerschlägt, nicht nur auf der Produktions-, sondern auch auf der Entwicklungsseite.« Das hatte kein anderer als Karl Diehl schon im Juni 1991 gegenüber einem hochrangigen Vertreter des Bundesverteidigungsministeriums erklärt. So schlimm ist es dann zwar nicht gekommen, aber die enormen Probleme sind immerhin ein Anstoß für die Neuorganisation der Diehl-Gruppe.

Ein Mischkonzern im weltpolitischen Umbruch 289

Im Einsatz: Minenräumer »Minebreaker«, 2001.

Von der Mechanik zur Elektronik

Die dritte Generation
1992–2002

Wie lange kann man führen? Wilhelm II. war 30 Jahre lang König von Preußen und Deutscher Kaiser; Willy Brandt hatte über 23 Jahre das Amt des SPD-Vorsitzenden inne; und Helmut Kohl amtierte 16 Jahre als Bundeskanzler der Bundesrepublik Deutschland. Im November 1988 ist es 50 Jahre her, daß Karl Diehl von seinem Vater die Leitung des Familienunternehmens übernommen hat. Gewiß, seither hat es eine Reihe organisatorischer Reformen gegeben, zu denen der förmliche Rückzug Karl Diehls aus der operativen Führung des Unternehmens und die Einrichtung eines Verwaltungsrats gehören.

Tatsächlich hat aber niemand einen Zweifel, wer die Fäden der Diehl-Gruppe in der Hand hält – im November 1988 nicht, als sich der Todestag Heinrich Diehls zum fünfzigsten Mal jährt, und im Mai 1992 auch nicht, als Karl Diehl seinen 85. Geburtstag begeht. Auch jetzt noch wacht er, wie die *Frankfurter Allgemeine Zeitung* aus diesem Anlaß schreibt, »über sein Lebenswerk« – mit »Zielstrebigkeit, kalkulatorischer Strenge, Risikobereitschaft und Selbstdisziplin«. Allerdings hat er 1988 begonnen, der Führung seines Unternehmens eine neue Struktur zu geben. Am Ende dieser Entwicklung wird der Generationswechsel in dem traditionsreichen Familienunternehmen stehen.

Im März 1988 sprechen Karl Diehl und Günter Vogelsang, der nach dem Ausscheiden Werner Niefers und Hilmar Koppers aus dem Verwaltungsrat in eine zusehends einflußreiche Position gerückt ist, erstmals über eine weitergehende »Dezentralisation«. Wenn auch vorerst keine konkreten Pläne geschmiedet oder gar Maßnahmen getroffen werden, bleibt das Thema doch im Gespräch. Aus einer Reihe von Notizen, die Karl Diehl in den kommenden Monaten und Jahren zu Papier bringt, lassen sich Ursachen und Motive für die Strukturreform deutlich erkennen. Vordergründig geht es darum, die Kosten zu senken und zu sparen. Insbesondere der Auftragseinbruch bei der Wehrtechnik, die hohe Steuerbelastung, aber auch die nach Diehls Empfinden überzogenen Tarifabschlüsse machen durchgreifende Maßnahmen erforderlich. Zu diesen gehört eine Stärkung der einzelnen Geschäftsbereiche, und die wiederum hat Rückwirkungen auf die Unternehmensleitung.

Es spricht für das Format Karl Diehls, daß er auch in dieser Situation die Probleme und Fehler nicht nur bei anderen, in diesem Falle bei den leitenden Angestellten seiner Firma, sondern bei sich selbst sucht. Gewiß, die »in Harvard gelernten Management-Schemata« sind, wie er im September 1990 notiert, »nicht ohne weiteres auf jedes Unternehmen zu übertragen«, und in seinem Betrieb sei nun einmal »keine Konfektionsware« gefordert, sondern Maßarbeit. Bei der Frage, wer das letztendlich beurteilen und verantworten könne, will er zwar seinen Managern einen deutlich größeren »Spielraum« einräumen, aber selbstverständlich nichts an der Grundmaxime seiner Unternehmensphilosophie ändern, und die lautet: »Der Eigentümer entscheidet.«

Und eben hier liegt denn auch ein Schwachpunkt des Unternehmens, je stärker es wächst und je komplexer seine Strukturen werden: 1991, als sich Karl Diehl diese Gedanken macht, nimmt die Firma erstmals in ihrer Geschichte beim Umsatz die Drei-Milliarden-D-Mark-Hürde. Den neuen Herausforderungen, das stellt kein Geringerer als

Karl Diehl selbst im März 1992 fest, ist »das alte, mit vielen Improvisationen durchsetzte patriarchalische System« in dieser Form nicht mehr gewachsen. Gefordert ist eine »neue Führungsstruktur«.

Erarbeitet wird sie durch Vogelsang, der dabei auf die Vorarbeiten der Unternehmensberater von McKinsey aus den frühen achtziger Jahren zurückgreift. Fixiert wird das Ganze in einem *Organisationshandbuch mit Geschäftsordnung*, und die wiederum tritt mit Wirkung zum 1. Januar 1992 in Kraft. Danach ist die Geschäftsführung das »oberste Exekutivorgan« der Diehl-Gruppe. Seine Mitglieder werden durch den Verwaltungsrat im Einvernehmen mit der Gesellschafterversammlung berufen. Die Mitglieder der Geschäftsführung sind gleichberechtigt, in dem Gremium gilt das Kollegialprinzip; bei Beschlüssen wird Einstimmigkeit »angestrebt«. Die Geschäftsführung legt die Unternehmensstrategie der Gruppe fest, allerdings im Einvernehmen mit dem Verwaltungsrat, der auch ein Mitglied des Gremiums zum Vorsitzenden beziehungsweise Sprecher bestimmen kann. Gleichzeitig ist die Geschäftsführung bei der strategischen Ausrichtung des Unternehmens an den Gesellschafterwillen gebunden.

Zwei Eigenarten der neuen Geschäftsordnung fallen unmittelbar ins Auge: Einmal wertet sie die Stellung der Leiter der einzelnen Geschäftsbereiche auf und nimmt sie zugleich für die erfolgreiche Entwicklung der gesamten Firmengruppe in die Pflicht. Gleichzeitig wird der Verwaltungsrat deutlich aufgewertet und in eine mehr oder minder gleichberechtigte Stellung mit der Gesellschafterversammlung manövriert. Im Klartext heißt das nichts anderes, als daß die Gesellschafter, also Karl Diehl und seine Söhne Werner, Peter und Thomas, in der Unternehmenshierarchie auf gleicher Augenhöhe mit den Mitgliedern des Verwaltungsrats verkehren, und dem gehört, neben Karl Diehl und den »Gästen« Niefer und Kopper, nur noch der Erfinder des Ganzen an: Was mit der Idee einer

»Dezentralisation« begonnen hatte, endet auf der obersten Ebene mit einer Kompetenzkonzentration bei Günter Vogelsang.

Fast zwangsläufig eskaliert in den kommenden Monaten diese Konstellation zu einer Situation, die man in der Rückschau durchaus als Nachfolgekrise bezeichnen kann. Erstaunlich ist dabei nicht, daß eine solche Krise entsteht, sondern daß sie gelöst wird, ohne daß das Unternehmen Schaden nimmt. Selbstverständlich nämlich ist das nicht, geht es doch 1992 um die Frage, ob sich Karl Diehl nach mehr als einem halben Jahrhundert endgültig aus der Führung des Unternehmens zurückzieht und diese an seine Söhne übergibt. Wenn Karl Diehl in dieser Hinsicht während seiner langen unternehmerischen Karriere einen Fehler gemacht hat, dann den, diesen Zeitpunkt immer wieder hinauszuschieben, sich also wie jene Politiker und Staatsmänner zu verhalten, die sich im Laufe der Jahre und Jahrzehnte so mit ihrem Partei- beziehungsweise Staatsamt identifizieren, daß die Nachfolgefrage für sie zu keinem Thema werden kann.

In einem Familienunternehmen liegen die Dinge insoweit anders, als die Frage der Nachfolge selbst gewissermaßen auf natürlichem Wege geregelt ist und damit alles auf die Frage zuläuft, wann und unter welchen Umständen der Stafettenwechsel stattfindet. Was die Umstände angeht, kann nur einer der drei Söhne im operativen Geschäft bleiben, weil die Geschäftsführung beziehungsweise deren Vorsitz im Interesse des Unternehmens nicht teilbar ist. Folglich gibt es aus Sicht der beiden anderen nur eine Möglichkeit, bei der Unternehmensführung ein entscheidendes Wort mitzusprechen: den Sitz im Verwaltungsrat. Ebenden beanspruchen Werner und Peter Diehl nach Inkrafttreten der neuen Geschäftsordnung vernehmlicher denn je und schließlich mit Erfolg. In der Verwaltungsratssitzung vom 24. September 1992 nehmen die beiden ihre Sitze ein – neben Karl Diehl und Günter Vogelsang.

Der hatte bereits eine Woche zuvor die Konsequenz aus dieser sich abzeichnenden Entwicklung gezogen und sein Verwaltungsratsmandat in der Diehl-Gruppe zum Jahresende niedergelegt. Ein Jahr später, am 28. September 1993, findet die Nachfolgekrise ihren konsequenten Abschluß: Mit der Berufung des jüngsten Sohns von Karl Diehl zum Vorsitzenden der Geschäftsführung steht erstmals seit fast einem Vierteljahrhundert, wie die *Frankfurter Allgemeine Zeitung* festhält, »wieder ein Mitglied der Gründerfamilie an der Spitze der Geschäftsführung«. Damit löst Thomas Diehl Bernhard Schmidt ab, der, wie die Zeitung weiter berichtet, am gleichen Tag »überraschend in den Ruhestand getreten ist«. Die fachliche Kompetenz des neuen Geschäftsführers steht nicht nur innerhalb der Firma weitgehend außer Frage: Im Oktober 1999 verleiht ihm die Technische Fakultät der Friedrich-Alexander-Universität Erlangen-Nürnberg, in Anerkennung seiner Verdienste um die Entwicklung und Produktion funkgestützer Meßsysteme für einen breiten universellen Einsatz sowie für seinen maßgeblichen Beitrag bei der Einführung der adaptiven Optik in die Lasermaterialbearbeitung, als jüngstem Laureaten in ihrer Geschichte die Würde eines Doktors der Ingenieurwissenschaften ehrenhalber.

Mit ihren Entscheidungen, insbesondere aber mit der Neubesetzung des Verwaltungsrats, haben die Söhne Karl Diehls zugleich eine eindeutige Antwort auf die Fragen gegeben, ob das Unternehmen als reiner Familienkonzern geführt werden könne und ob er des Rats von außen bedürfe oder nicht. Die Antwort ist nicht ohne Risiko. Ohne Zweifel befindet sich die Firma in den Jahren 1992/1993 in einer gefährlichen Situation. Daß die Krise, die letztlich auch eine Krise zwischen Karl Diehl und seinen Söhnen ist, gemeistert werden kann, daß die potentielle Gefahr nicht zu einer realen Gefährdung wird, stellt sich im Rückblick als beachtliche Leistung und als Stärke dieses

Familienunternehmens dar. Immerhin geht die Nachfolgekrise mit einer der schwersten Strukturkrisen der Diehl-Gruppe einher, dem Zusammenbruch der Wehrtechnik, die in der Geschichte des traditionsreichen Unternehmens zeitweilig mehr als 50 Prozent zum Umsatz beigesteuert hat.

Jetzt macht sich bezahlt, daß die Nürnberger Unternehmer, noch unter maßgeblicher Regie Karl Diehls, schon seit Mitte der achtziger Jahre instinkt- und zielsicher mit einer Verlagerung der Produktion von den militärischen in die zivilen Bereiche begonnen hatten. Diesen Prozeß erfolgreich abzuschließen und den Konzern ohne Schaden in eine unsichere Zukunft zu führen ist die Herausforderung, der sich die dritte Generation der Unternehmerfamilie jetzt gegenübersieht. Sie steht in nichts der Herausforderung nach, die Karl Diehl zu bewältigen hatte, als er 55 Jahre zuvor von seinem Vater Heinrich die Führung des Betriebes übernahm.

In den folgenden Jahren setzt die Diehl-Gruppe konsequent den Umstrukturierungsprozeß fort. So gesehen, stellt die Zäsur der Jahre 1992 beziehungsweise 1993 keinen Bruch in der Firmengeschichte dar, im Gegenteil: Zum Jahresbeginn steigt Diehl bei der VDO Luftfahrtgeräte GmbH ein. Als übernehmende Gesellschaft fungiert nicht zufällig die eigene Tochter Bodenseewerk Gerätetechnik GmbH (BGT). Gemeinsam mit dem französischen Unternehmen Sextant Avionique SA übernimmt BGT 75 Prozent des Kapitals. Diehl und Sextant, einer der bedeutendsten französischen Zulieferer in der europäischen Luftfahrtindustrie mit einem Umsatz von 1,7 Milliarden D-Mark, kommen überein, ihren Einfluß bei VDO »gleichberechtigt« auszuüben.

Die VDO Adolf Schindling AG gilt als Pionier auf dem Gebiet der Entwicklung und Fertigung von Automobilinstrumenten, hatte sich aber schon in den dreißiger

Jahren auch mit Fluginstrumenten beschäftigt. Seit der Wiederaufnahme der Fertigung nach dem Zweiten Weltkrieg hat VDO einen Schwerpunkt bei der Wartung und Reparatur von Überwachungsinstrumenten und Navigationssystemen. Beginnend mit einem Großauftrag der Bundeswehr zur Standardisierung von Instrumenten zur Triebwerkssteuerung, ist das Unternehmen, dessen Luftfahrtaktivitäten seit Ende 1965 in der VDO Luftfahrtgerätewerk Adolf Schindling konzentriert sind, schließlich an praktisch allen führenden zivilen und militärischen Luftfahrtprojekten beteiligt. Unter anderem liefert VDO den Display-Management-Computer für die »Airbus«-Familie. Zum Zeitpunkt der Übernahme erwirtschaften 400 Mitarbeiter einen Umsatz von 95 Millionen D-Mark.

Es ist kein Zufall, daß die damit einhergehende auffallende Erweiterung des zivilen Luftfahrtgeschäftes bei Diehl von einem weiteren Abbau im wehrtechnischen Bereich – so bei Mauser – begleitet ist. Mit der Übernahme erweitern die Nürnberger, wie der noch amtierende Vorsitzende der Geschäftsführung Bernhard Schmidt im Sommer 1993 erläutert, das Geschäftsvolumen im zivilen Luftfahrtgeschäft erheblich, und dieser Weg wird konsequent fortgesetzt. Schon im Herbst 1994 gründen VDO und BGT mit zwei Partnern, darunter erneut die Sextant Avionique SA, einen europäischen Verbund für die Luftfahrtausrüstung: Ziel der Euroequipment EEIG ist unter anderem die Entwicklung neuer Technologien für Flugregelsysteme.

Einen vorläufigen Höhepunkt erreicht diese Phase der Restrukturierung zum 1. Januar 2000 mit der Zusammenfassung der beiden Geschäftsbereiche Munition und Luftfahrt zu einem neuen Geschäftsbereich Verteidigungssysteme & Avionik (VA). Gleichzeitig wird die Diehl-Avionik Systeme GmbH operativ tätig. Aus dem BGT-Bereich Regelung und Navigation und der VDO-Luftfahrtgeräte zusammengesetzt, beschäftigt sie bei einem Jahresumsatz von

220 Millionen D-Mark etwa 1 000 Mitarbeiter und bündelt die Ressourcen auf den Gebieten elektronische Flug- und Triebwerksregelungen, digitale Anzeigesysteme, Bordrechner und Sensoren zu Deutschlands größtem Luftfahrtausrüster, um in Zukunft auf dem Avionik-Markt mit den *global players* mitspielen zu können. So ist es eigentlich keine Überraschung, daß man bei dem neuen ambitionierten Projekt der Fluzeugindustrie, dem Großraumflugzeug A 380, mit namhaften Aufträgen mit von der Partie ist – gute Voraussetzungen, um auch beim europäischen Militärtransporter A 400 M dabeizusein.

Selbstverständlich werden die Umstrukturierungsmaßnahmen konsequent von Auftragsakquisitionen und Entwicklungen begleitet: So gelingt es Diehl 1993, einen Auftrag zur Ausrüstung von 380 Boeing-Maschinen des Typs 777 mit Kabinenbeleuchtung zu akquirieren; und 1996 kann neben Airbus und Boeing auch der dritte große Anbieter von Verkehrsflugzeugen als Großkunde gewonnen werden, als Diehl vom damals noch unabhängigen McDonald-Douglas-Konzern den Zuschlag bei der Lieferung für die Kabinenbeleuchtung des neuen Typs MD 95 erhält. Offenbar sind die Auftraggeber mit ihrem Lieferanten zufrieden. Jedenfalls nennt Boeing 1997 in einer aufwendigen Anzeigenkampagne ausdrücklich Diehl als Partner, und im selben Jahr erhält die DLE den »Airbus Award«, weil sie unmittelbar hinter den »Airbus«-Betrieben und vor allen anderen Zulieferern auf Platz 2 rangiert.

Vor allem in einer Hinsicht wird der Wechsel an der Spitze der Diehl-Gruppe alsbald sichtbar. Im Unterschied zu Karl Diehl, wenn auch durchaus dessen späten »Dezentralisations«-Überlegungen entsprechend, setzen die Söhne auf das Kollegialprinzip. So führt das Unternehmen Mitte Juni 1994 erstmals in seiner Geschichte ein Treffen mit 150 Führungskräften aus der gesamten Firmengruppe durch. Damit soll erklärtermaßen die konsequente Verlagerung

Über den Wolken: Diehl ist Zulieferer der großen Flugzeugbauer Boeing (rechts) und Airbus.

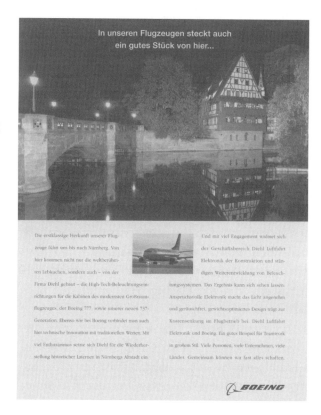

der Verantwortung für das operative Geschäft in die einzelnen Geschäftsbereiche und Unternehmenseinheiten unterstützt werden. Zwar werden strategische Entscheidungen auch in Zukunft nur gemeinsam mit der Geschäftsführung formuliert; doch sollen die einzelnen Geschäftsbereiche bei der Umsetzung des Jahresbudgets ein hohes Maß von Eigenverantwortung tragen.

All das will man mit einer stärkeren optischen Präsenz flankieren. Deshalb erhält 1994 jeder Geschäftsbereich, die Uhren ausgenommen, ein eigenes Diehl-Logo zur Bereichsbezeichnung. Daß diese Gehversuche im Marketingbereich sehr dezent ausfallen, versteht sich von selbst. Auch unter der Regie der dritten Generation ändert sich an der Zurückhaltung des Familienunternehmens bei der Außendarstellung wenig. Das gilt für das Marketing, und es gilt selbstverständlich auch für die Öffentlichkeitsarbeit. Insofern markiert der Eintritt Horst Hauns in den Ruhestand keine Zäsur. Zweiunddreißig Jahre lang hat er – gelegentlich als »graue Eminenz« des Hauses tituliert – geschäftspolitische Strategien konzipiert und durchgesetzt und im übrigen die Verantwortung für die Außendarstellung des Unternehmens getragen.

Sicher, die Außendarstellung der Diehl-Gruppe war stets durch hohe Zurückhaltung geprägt; indessen hätten auch ein offensiveres Marketing und eine Öffentlichkeitsarbeit, die diesen Namen verdient, nichts an den volkswirtschaftlichen und weltwirtschaftlichen Konjunkturschwankungen und an den dramatischen Änderungen der weltpolitischen Großwetterlage ändern können. Gefordert sind tiefgreifende Einschnitte, zu denen auch die Erschließung neuer Produktionsfelder gehört.

In der Erkenntnis, daß der Einbruch in vielen traditionellen Bereichen der Wehrtechnik nicht deren gänzliches Ende bedeuten kann, besinnen sich die Nürnberger auf eine ihrer traditionellen Stärken, analysieren die militärischen Notwendigkeiten unter den Bedingungen der sogenannten neuen Weltordnung und schreiten zur Tat. Das aber heißt nichts anderes, als daß man zunächst die Entwicklung auf eigenes Risiko vorantreiben muß, ohne daß die Serienfertigung garantiert ist. Im Erfolgsfall freilich lohnt sich die Anstrengung: So erhält Junghans Feinwerktechnik 1997 einen Großauftrag der Bundeswehr über die Lieferung des auf eigene Kosten entwickelten Artilleriezünders DM 74; und als die deutschen Streitkräfte in den ausgehenden neunziger Jahren nach einer Waffe für den Orts- und Häuserkampf Ausschau halten, um für die neuen Einsätze unterschiedlicher Art, beispielsweise auf dem Balkan, gerüstet zu sein, fällt die Entscheidung zugunsten der »Bunkerfaust«, mit deren Entwicklung Diehl im Oktober 1993 auf eigenes Risiko begonnen hatte.

Allerdings können solche Aufträge den drastischen Rückgang der Munitionsproduktion allenfalls in Teilen kompensieren. Und so ist der Abbau von Kapazitäten, wie zum Beispiel die Schließung der Kaltumformung in Röthenbach im Juli 1993 und die Konzentration der Munitionsproduktion in Mariahütte zweieinhalb Jahre darauf, unumgänglich. Für einen altindustriell dominierten Raum bedeuten diese Maßnahmen einen herben Rückschlag. Immerhin sind in der Region Nürnberg zwischen 1972 und 1994 insgesamt 65 000 Arbeitsstellen verlorengegangen, viele davon in den klassischen Industrien.

Um so wichtiger ist der Entschluß der Firma Diehl, die allein in ihren Röthenbacher Werken mehr als 3 000 Menschen beschäftigt, sich nicht aus der Region zurückzuziehen, sondern im Gegenteil mit Investitionen auf konjunkturelle Schwächen und Preiseinbrüche zu reagieren. In diesem Sinne wird im April 1998 durch den bayerischen Ministerpräsidenten Edmund Stoiber im Werk Röthenbach eine neue indirekte Strangpresse für die Stangenfertigung in Betrieb genommen. 30 Millionen D-Mark hat

Diehl in die Anlage investiert, mit der eine Austrittsgeschwindigkeit der Stangen von bis zu 10 Metern pro Sekunde erreicht werden kann. Neben Rohren und Stangen werden in Röthenbach vor allem Synchronringe für die Automobilindustrie produziert: 40 Millionen jährlich und für fast alle Marken. Damit ist Diehl auf dem Weltmarkt führend.

Und der ist für Diehl längst so wichtig wie der heimische Markt. Ende der neunziger Jahre liefert beispielsweise das Sundwiger Messingwerk mehr als ein Drittel seiner Bandproduktion an Bauteilehersteller in Fernost; und 60 Prozent der in Röthenbach produzierten dünnwandigen, mehrfach gezogenen Messingrohre gehen in die USA. Um in diesem Wettbewerb bestehen zu können, sind Höchstleistungen gefragt. So werden beispielsweise im Juli 1999 mehr als 1000 Tonnen dieser Rohre hergestellt, was einer durchschnittlichen Tagesproduktion von nicht weniger als 46 Tonnen entspricht. Um solche Höchstleistungen erbringen zu können, bedarf es allerdings nicht nur der Investitionen.

Wenn man davon ausgeht, daß sich die Marktposition eines metallverarbeitenden Betriebes aus der Kombination von Metall- und Veredelungswert ergibt, und wenn man in Rechnung stellt, daß der Metallwert im wesentlichen von der Börse vorgegeben, also ein durchlaufender Posten ist, dann bleibt der Veredelungswert der Metallprodukte das entscheidende Kriterium, und der wiederum hängt aufs engste mit der Intelligenz der Arbeitsabläufe und der Zuverlässigkeit der Mitarbeiter zusammen. Sich für einen Standort zu entscheiden heißt also auch, auf dessen Belegschaft zu setzen, und das wiederum ist leichter gesagt als getan: Als Diehl 1992 in der Stephanstraße ein neues Ausbildungszentrum einweiht, kostet die Ausbildung eines Facharbeiters im Schnitt 106000 D-Mark. Gleichzeitig geht die Zahl der Bewerber für die Ausbildungsplätze in den Metallberufen deutlich zurück. Das ist übrigens einer der Gründe, warum das öffentlichkeitsscheue Unternehmen 1989 erstmals zu einem Tag der offenen Tür in sein Ausbildungszentrum einlädt. 1999 sind allein in der Stephanstraße 216 angehende Fachkräfte in Ausbildung.

Was für die Metallverarbeitung und namentlich für das Halbzeug gilt, trifft auch auf den Geschäftsbereich Controls zu, wie er seit 1993 genannt wird, denn der auf Schalt- und Steuerungssysteme für Haushaltsgeräte konzentrierte Produktionsbereich hat zwar einerseits ebenfalls eine sehr lange Tradition, steht aber auf der anderen Seite im Zuge der allgemeinen Elektronisierung seit jeher unter beachtlichem Veränderungsdruck. Dazu gehört auch ein Engagement auf dem Gebiet der Identifikationssysteme. Um diesen Markt besser erschließen und bedienen zu können, wird zu Jahresbeginn 1995 die Diehl-Ident GmbH ins Leben gerufen, welche die Technologien der Geschäftsbereiche Munition und Controls bündeln soll.

Von entscheidender Bedeutung für die Entwicklung von Controls ist jedoch die bereits zum 1. Januar 1995 erfolgte Übernahme der Mehrheitsbeteiligung an den AKO-Werken in Wangen im Allgäu. Mit 1 900 Mitarbeitern und einem Umsatz von rund 300 Millionen D-Mark zählt AKO in der Hausgerätebranche zu den führenden Unternehmen für Steuerungen von Waschmaschinen, Wäschetrocknern und Geschirrspülern – also zum Produktbereich »Naß«, den Diehl bislang nicht bedient hat.

Mit dem Erwerb von AKO wächst der Bereich Controls bei Diehl auf etwa 2 800 Mitarbeiter und die Zahl der in der Diehl-Gruppe insgesamt beschäftigten Mitarbeiter auf 13 639, wie der Personal- und Sozialbericht für dieses Jahr ausweist. Damit werden aber zugleich die Personalkosten zu einem immer drängenderen Problem: 1995 rechnet der Personalchef des Unternehmens, Helmut Keese, vor, daß allein die Tarifmehrkosten von 4,5 bis 5 Prozent für die Jahre 1995 und 1996 rein rechnerisch 1 000 Arbeitsplätzen entsprächen. Hier liegt einer der Gründe, warum AKO 1997 mit dem polnischen Unternehmen Elmot eine Zusammenarbeit vereinbart. Angesichts der zunehmenden Konkurrenz aus Billiglohnländern sind einige AKO-Produkte, wie beispielsweise Strahlungsbeheizungen, nicht mehr konkurrenzfähig. Allerdings kann auch die polnische Zusammenarbeit diesen Bereich nicht mehr retten, und so wird er Ende 2001 geschlossen.

Die Zusammenarbeit mit einer polnischen Firma trägt einerseits, ähnlich wie zum Beispiel eine im Oktober 1992 angestrebte Kooperation zwischen dem Geschäftsbereich Schaltsysteme und einer ukrainischen Firma, den neuen weltpolitischen Gegebenheiten Rechnung. Andererseits knüpft Diehl auch hier an eine lange Tradition an. Die Suche nach weiteren Exporterfolgen und Produktionsstandorten im Ausland wird selbstverständlich auch nach dem Generationswechsel der Jahre 1992/93 fortgesetzt. So kann beispielsweise Diehl Canada 1993 einen Großauftrag mit den kanadischen Streitkräften im Umfang von 18 Millionen D-Mark akquirieren, und im November 1994 führt die seit 1992 bestehende Kooperation mit einer portugiesischen Firma zur Gründung der Diehl Fapobol Borracha Lda., die auf die Produktion von Gummiformteilen spezialisiert ist und als Zulieferer sowohl für Blankenheim als auch für die Automobilhersteller Ford und VW fungiert.

Vor allem aber hält die Diehl-Gruppe verstärkt nach überseeischen Produktionsstandorten Ausschau, um die dortigen Märkte besser bedienen zu können. So wird im Mai 2000 die seit 1844 in Familienbesitz befindliche The Miller Company übernommen, die im amerikanischen Bundesstaat Connecticut Kupfer- und Kupferlegierungsbänder herstellt; knapp ein Jahr zuvor, im Juni 1999, hatte im chinesischen Shenzhen ein Tochterunternehmen der Diehl-Gruppe für die Maßkonfektion von Metallbändern die Produktion aufgenommen; seit dem Sommer 1998 gibt es auch ein Verbindungsbüro der Diehl-Gruppe für die Golfregion in den Vereinigten Arabischen Emiraten.

Während die Unternehmerfamilie neuen überseeischen Horizonten zustrebt, wird sie zu Hause unvermittelt von ihrer Vergangenheit eingeholt. Der Anlaß ist eher zufällig: Am 16. Juli 1997 wird Karl Diehl auf Vorschlag der Industriegewerkschaft Metall die Ehrenbürgerwürde der Stadt Nürnberg verliehen. Im Text der Urkunde heißt es: »Herr Dipl.-Ing. Karl Diehl, eine der führenden Nürnberger Unternehmerpersönlichkeiten nach dem Zweiten Weltkrieg, hat Herausragendes für den Wirtschaftsstandort Nürnberg geleistet. Als großzügiger Mäzen hat er sich um seine Heimatstadt und insbesondere um den Wiederaufbau der zerstörten Nürnberger Altstadt in hervorragender Weise verdient gemacht.« Tatsächlich ist der Name des Nürnberger Unternehmers aufs engste mit der Restauration und dem Wiederaufbau der Nürnberger Altstadt verbunden. Seit Jahrzehnten spendet Karl Diehl etliche Millionen D-Mark, mit deren Hilfe unter anderem die Hauptportale der Lorenzkirche, der Tratzenzwingerturm, der Grübelbrunnen, die Häuser Obere Krämergasse 16 und Dürerstraße 30, Chörlein, historische Straßenlaternen und vieles andere mehr erneuert, wiederaufgebaut oder restauriert werden.

Anders als dreißig Jahre zuvor, als die Stadt Karl Diehl schon einmal ausgezeichnet und ihm die Ehrenmedaille verliehen hatte, ruft die Verleihung der Ehrenbürgerwürde jetzt zahlreiche Proteste hervor, die sehr unterschiedlich motiviert sind. Einige haben einen parteipolitischen Hintergrund und sind Ausdruck der Enttäuschung darüber, daß nicht auch ein von dieser Seite favorisierter Kandidat zum Ehrenbürger erhoben worden ist, andere Gegner der Auszeichnung haben grundsätzliche Bedenken, einen in der Rüstungsproduktion tätigen Unternehmer die Würde zu verleihen. Vor allem aber hält man

»In hervorragender Weise verdient gemacht«: Verleihung der Ehrenbürgerwürde an Karl Diehl durch den Oberbürgermeister der Stadt Nürnberg, Ludwig Scholz, 16. Juli 1997.

Karl Diehl vor, während des Zweiten Weltkriegs in seinen Betrieben Zwangsarbeiter beschäftigt zu haben.

Die überregionale Presse wie die *Süddeutsche Zeitung* oder der *Spiegel*, die den Vorgang mit lebhaftem Interesse verfolgt, ist bei aller Kritik um ein ausgewogenes Urteil bemüht. So vergißt zum Beispiel der *Spiegel* nicht zu erwähnen, daß Karl Diehl »in der Frankenmetropole seit Ende des Zweiten Weltkriegs zu den herausragenden Persönlichkeiten gehört« habe, ohne dessen »umfängliche Spenden ... allen voran die zerbombte historische Altstadt nicht so perfekt saniert worden« wäre, hält fest, daß die Belegschaft des Unternehmens »auf den Patriarchen« schwöre, und stellt klar, daß »keine Partei« dem »betagten Mann« eine »unmittelbare Täterschaft zur Last« lege. Anders die lokalen Medien. Nachdem zwei lokale Filmemacher, basierend auf Interviews mit Betroffenen, schwere Vorwürfe erhoben haben, brechen in Nürnberg die publizistischen Dämme.

Die Familie Diehl versucht auf ihre Weise, den pauschalen Vorwürfen entgegenzutreten. In einem offenen Brief an den Oberbürgermeister und den Stadtrat weist Karl Diehl jede persönliche Verantwortung für Übergriffe auf Zwangsarbeiter zurück, weil er solche nie geduldet habe, und gibt bei dieser Gelegenheit bekannt, daß er ein wissenschaftliches Gutachten in Auftrag gegeben habe. Knapp zwei Jahre später, im Sommer 1999, legt der Berliner Historiker Wolfgang Benz sein Gutachten vor, in dem er nicht nur dem Thema »Zwangsarbeit« bei Diehl während des Zweiten Weltkriegs, sondern auch diversen Vorwürfen über Aktivitäten Karl Diehls in dieser sowie in der unmittelbaren Nachkriegszeit nachgeht. Das differenziert argumentierende Dossier, dessen Ergebnisse Eingang in die vorliegende Untersuchung gefunden haben, kommt zu dem Schluß, daß Karl Diehl »im landläufigen Verständnis ..., trotz der NSDAP-Mitgliedschaft, kein ›Nazi‹« gewesen sei.

Daß sich die Familie entschließt, nur das zusammenfassende Schlußkapitel des Gutachtens zu veröffentlichen, um zu verhindern, daß die Rechte zahlreicher im Gutachten genannter Personen verletzt werden, trägt ihr in der Stadt erneut schwere Vorwürfe ein. Dabei hatte es Diehl nicht bei der Aufklärung belassen. Im November suchen Werner Diehl und der Leiter des Vorstandsbüros, Herbert Wust, in Israel das Gespräch mit Betroffenen. Am 15. Dezember 1997 beschließt der Familienrat zu handeln und den noch lebenden jüdischen Zwangsarbeitern eine Entschädigung zukommen zu lassen. Im März 1998 stellt das Unternehmen dem Hamburger Rechtsanwalt Daniel Ajzensztejn zunächst drei Millionen D-Mark zur Verfügung. Je nach Dauer der Zwangsarbeit sollen die betroffenen Frauen eine Entschädigung von 10 000 oder 15 000 D-Mark erhalten. Der Fonds wird bis zu seiner Abwicklung Ende 2001 noch mehrmals aufgestockt, so daß der Treuhänder alle berechtigten Ansprüche erfüllen kann.

Damit handelt Diehl, wie die *New York Times* in einer Titelgeschichte vom Juli 1998 registriert und die *Frankfurter Allgemeine Zeitung* zwei Monate darauf formuliert, zu einer Zeit, als die meisten »noch nach außergerichtlichen Lösungen suchen«: Erst ein Jahr darauf, im Februar 1999, wird die »Stiftungsinitiative deutscher Unternehmen: Erinnerung, Verantwortung und Zukunft« ins Leben gerufen, der auch die Nürnberger Firma durch Zahlung eines entsprechenden Betrages beitritt. Und während sich Gerichte, Anwälte und diverse Verbände noch über Rechtssicherheit und von einzelnen zu leistende Einlagen in die Stiftungsinitiative streiten, sind die ehemaligen jüdischen Zwangsarbeiterinnen durch Diehl entschädigt, soweit das überhaupt möglich ist. Dabei hatte das Unternehmen für den Fonds rund das Doppelte dessen aufgewendet, was die Stiftungsinitiative später als angemessenen Beitrag empfiehlt.

Insgesamt haben die Angriffe auf den Patriarchen den Effekt, die Reihen im Unternehmen weiter zu schließen und seine familiären Strukturen zu festigen. So gesehen kommt die geplante Umfirmierung gerade recht: Zum 1. Januar 1998 wird die bisherige Komplementärin der Diehl GmbH & Co., die SMK GmbH, durch die Diehl Stiftung ersetzt. Seither firmiert das Unternehmen als »Diehl Stiftung & Co.«. Erklärtes Ziel dieser Maßnahme ist es, »die Zukunft der Firma unabhängig von Einzelinteressen zukünftiger Gesellschaftergenerationen aus dem Familienkreis sicherzustellen bei gleichzeitiger Wahrung der Selbständigkeit des Unternehmens«. Seither ist die Geschäftsführung als Vorstand und der Verwaltungsrat als Aufsichtsrat tätig. Dieser wiederum bestimmt im März 2002 – anläßlich des bevorstehenden fünfundneunzigjährigen Geburtstags von Karl Diehl und auf dessen Vorschlag hin – Werner Diehl zu seinem neuen Vorsitzenden und Peter Diehl zu dessen Stellvertreter, während der Senior den Ehrenvorsitz des Aufsichtsrats übernimmt.

Die Überführung des Konzerns in eine Stiftung ist für die nationale wie auch für die internationale Presse Anlaß genug, um sich am Beispiel der Nürnberger Unternehmerfamilie mit der Frage zu beschäftigen, ob mittelständische Unternehmen, zumal solche in Familienbesitz, eine Zukunft haben. Vor allem die *Financial Times* nimmt sich wiederholt dieses Themas an und kommt im März 2000 zu dem Ergebnis, daß es Unternehmen wie der Diehl-Gruppe nicht nur darum gehe, Gewinne zu erwirtschaften, sondern daß die Führung eines solchen Unternehmens immer auch eine »emotionale« Dimension habe. Tatsächlich erweist es sich ja als großer Vorteil eines Familienunternehmens gegenüber Aktiengesellschaften, daß Gewinne, von Steuerzahlungen abgesehen, nicht ausgeschüttet oder entnommen werden und Kapitalerhöhungen unter anderem deshalb in der Regel aus eigenen Mitteln bestritten werden können. So überrascht es nicht, daß Thomas Diehl

Die dritte Generation 309

Generationswechsel: Karl Diehl, nunmehr Ehrenvorsitzender des Aufsichtsrats der Diehl Stiftung, im Kreis seiner Söhne Werner, dem neuen Aufsichts-
ratsvorsitzenden, Peter, seinem Stellvertreter, und Thomas, dem Vorstandsvorsitzenden (von rechts), Mai 2002.

einige Monate später in einem Interview mit der *Financial Times* betont, es sei ein Privileg, frei entscheiden und handeln zu können, ohne Rücksicht auf fremde Kapitalgeber nehmen zu müssen. Im übrigen, so der Vorstandschef, gewährleiste gerade der Charakter des Unternehmens als Mischkonzern seine Stabilität.

Ganz in diesem Sinne definiert ein Handbuch zum Thema *Führung und Organisation* im Herbst 2000 die Ziele und Aufgaben der Diehl-Gruppe. Verfasser ist der Leiter des Vorstandsbüros, Herbert Wust, der im sensiblen Geflecht der Konzernstruktur ausgleichend wirkt und gute Aussicht hat, als eine der »grauen Eminenzen« in die Firmengeschichte einzugehen. Neben den grundlegenden Kapiteln über »Führungsverständnis und organisatorische Festlegungen«, »strategische Leitsätze« sowie »Geschäftsordnungen für den Vorstand, die Bereichsvorstände und die Leitungen der Unternehmenseinheiten« findet sich hier ein Anhang, in dem unter anderem »Grundsätze zu Ethik und Legalität« sowie »Leitlinien für die Umweltpolitik« fixiert sind.

Das im Vorwort skizzierte Unternehmensprofil erläutert knapp und anschaulich das Selbstverständnis der Diehl-Gruppe am Vorabend ihres einhundertjährigen Jubiläums: »Die Unternehmensgruppe Diehl ist ein selbständiges und unabhängiges Familienunternehmen. Das Produktprogramm der Gruppe ist sehr weit gespannt; es umfaßt höchst unterschiedliche Geschäftsfelder. Dementsprechend weit ist der Kundenkreis: Bedient werden Endverbraucher ebenso wie industrielle Weiterverarbeiter und öffentliche Auftraggeber. Die erfolgreiche Führung einer solchen Unternehmensgruppe bedarf einer dezentralen, an den Erfordernissen der Märkte ausgerichteten Organisation. Im Spektrum möglicher Holdingformationen hat sich Diehl für das gemeinsame Dach einer strategischen Management-Holding entschieden. Damit werden die Vorteile eines Großunternehmens mit den

Vorteilen sehr marktnah, eigenständig und flexibel operierender kleinerer Geschäftseinheiten verbunden. Auch sollen dabei Synergien und Chancen genutzt werden, die den einzelnen Bereichen für sich allein nicht offenstünden.«

Die dritte Generation, in deren Händen jetzt das Schicksal des Familienunternehmens liegt, weiß, daß die genannten Ziele und mit ihnen die künftige Sicherung des gesamten Unternehmens nur erreichbar sind, wenn zeitgemäße Entscheidungen getroffen werden und die durchgreifende Reorganisation konsequent fortgesetzt wird. Dazu gehört die Einführung eines neuen unternehmensweiten Leitprogramms zur Leistungssteigerung. Unter dem Namen »Diehl Plus« soll es nach der Methode der *Balanced Score-Card* Stärken und Schwächen des Unternehmens sichtbar werden lassen. Im Vordergrund steht das Bemühen, die an der Unternehmensspitze entwickelten Strategien so zu vermitteln, daß sie auf allen Mitarbeiterebenen angemessen und optimal umgesetzt werden können. Bis Ende Mai 2000 investiert Diehl in das neue Optimierungssystem mehr als drei Millionen D-Mark. Publizistisch flankiert wird das Ganze von der Zeitschrift *Pluspunkte*.

Zum 1. Januar 2000 schließlich wird der Umstrukturierungsprozeß der vergangenen Jahre konsequent vorangetrieben: Fortan gliedert sich die Diehl Stiftung zunächst in vier, seit dem 1. Januar 2002 in drei Teilkonzerne: Diehl Metall, Diehl Controls und Diehl VA Systeme. Der Interimsteilkonzern Geräte wird aufgelöst, seine wehrtechnischen Geschäftsfelder werden in den VA-Bereich und die zivil dominierten Gesellschaften in die Gruppe der operativen Beteiligungen eingegliedert. In der Beteiligungsgruppe werden üblicherweise Unternehmen geführt, die einen besonderen Freiraum benötigen, um ihre Marktchancen wahren zu können. Dazu gehört zunächst auch die Junghans Uhren GmbH in Schramberg.

Thomas Diehl hatte schon bei der Vorlage des Geschäftsberichts im Sommer 1998 bestätigt, daß Diehl nach einem »strategischen Partner« für Junghans suche. Dafür gibt es verschiedene Gründe, unter anderem die seit einiger Zeit geäußerte Ansicht von Branchenkennern, daß das Konsumartikelgeschäft immer weniger zum Profil des Wehrtechnik- und Investitionsgüterkonzerns passe. Überdies bleibt das Uhrengeschäft heftigen konjunkturellen Schwankungen ausgesetzt. Im Dezember 1999 kann Junghans zwar den größten Einzelauftrag seiner Firmengeschichte, 200 000 Chipkartenuhren für das U-Bahn-System in Hongkong, ausliefern; insgesamt aber ist das Geschäft tendenziell defizitär.

Der eigentliche Grund für den Verkauf aber ist ein anderer: Nachdem Junghans alle technischen Voraussetzungen geschaffen hatte, um die Funkarmbanduhr auch auf dem amerikanischen Kontinent zuverlässig, also mit ausreichender Empfangssicherheit, betreiben zu können, steht der transatlantische Sprung unmittelbar bevor. Dazu bedarf es allerdings eines Vertriebsnetzes, dessen Aufbau sich für die Nürnberger nicht rechnet. Also entschließt man sich, für Junghans einen strategischen Partner zu suchen, der bereits über ein solches verfügt. Dieser Partner wird in der Egana-Goldpfeil-Gruppe gefunden, die sich zudem bereit erklärt, den Standort Schramberg zu erhalten.

So überrascht es nicht, daß die Diehl Stiftung im November 2000 Junghans an die Egana-Goldpfeil-Gruppe verkauft – mit seinen Töchtern Eurochron und weiteren Gesellschaften in Großbritannien, Hongkong, Italien, Österreich und der Schweiz, aber ohne die Feinwerktechnik GmbH, welche die Zünder herstellt, um derentwillen Karl Diehl 44 Jahre zuvor die Aktienmehrheit an dem Unternehmen erworben hatte. Im übrigen wird Junghans zu einem Zeitpunkt verkauft, als die Firma das Geschäftsjahr mit Aussicht auf schwarze Zahlen abschließen kann.

Der Verkauf von Junghans entlastet die Diehl-Gruppe auf der einen Seite, erhöht aber auf der anderen den Erfolgsdruck. Das gilt auch für den gesamten Bereich der Wehrtechnik, der am Gesamtumsatz rund ein Drittel ausmacht. Wie kein zweiter Bereich von einem einzigen Auftraggeber, nämlich dem Bund, abhängig, hat die Wehrtechnik unter den Haushaltskürzungen zu leiden, zumal die im europäischen Vergleich höchst restriktiven Exportrichtlinien in dieser Richtung keinen Ausgleich zulassen. So hat sich in den letzen Jahren bei sinkendem Gesamtumsatz der Anteil der Bundeswehraufträge an der Remscheider Produktion von vormals zwei Dritteln auf knapp die Hälfte im Jubiläumsjahr verringert. Tendenz weiter sinkend. Kein Wunder, daß Diehl wie die übrigen verbliebenen deutschen Produzenten in diesem Bereich vor einem unumkehrbaren Verlust der technologischen Wettbewerbsfähigkeit warnt und ein Zusammenbruch ganzer Kompetenzzentren nicht mehr ausgeschlossen wird.

Dieser Befund ist das Ergebnis eines komplexen Prozesses, der mit dem Zusammenbruch der überkommenen Strukturen des Kalten Krieges begonnnen hat, nach den letzten Planungen 2006 abgeschlossen sein soll und durch den Regierungswechsel des Jahres 1998 allenfalls beschleunigt worden ist. Im Zentrum steht die in Etappen durchgesetzte radikale Verkleinerung der Streitkräfte von fast einer halben Million auf 280 000 Mann – die Auflösung der Nationalen Volksarmee der DDR nicht mitgerechnet – bei gleichzeitiger Verkürzung der Wehrpflicht auf zuletzt neun Monate und einer vollständigen Umstrukturierung der Bundeswehr zugunsten der inzwischen schon nicht mehr so genannten Krisenreaktionsstreitkräfte mit neuen Fähigkeiten und anderer Ausrüstung, in jedem Falle aber mit einer krassen Unterfinanzierung. Spätere Berufsarmee nicht ausgeschlossen.

Vor diesem Hintergrund verabschieden Ende Oktober 2000 der Bundeskanzler und der Bundesverteidigungsminister einerseits und die führenden Unternehmen auf dem Gebiet der Heerestechnik und des Marineschiffbaus andererseits eine gemeinsame Erklärung. Danach wollen Krauss-Maffei, Rheinmetall und Diehl eine »strategische Allianz« mit dem Ziel bilden, die Spitzenstellung, die Kernkompetenzen und mit ihnen die Systemfähigkeit der deutschen Unternehmen zu erhalten. Natürlich wissen die Nürnberger, daß solche Erklärungen wichtig sind, daß man aber falsch beraten wäre, sich auf sie zu verlassen. Also bleibt es dabei, auf eigenes Risiko nach neuen Produkten und Marktlücken zu suchen: So bietet man beispielsweise im Frühjahr und Sommer 2000 Umrüstungsprogramme für NATO-Munition an, mit deren Hilfe veraltete Gefechtsmunition in moderne Übungsmunition umgewandelt werden kann, entwickelt ein System zur Simulation von Waffeneffekten, schlägt die Leistungssteigerung von Raketen früherer Warschauer-Pakt-Staaten und jetziger NATO-Aspiranten vor und arbeitet bei BGT an einem Konzept zur Ablösung der Flugabwehrrakete »Stinger«.

Führend bleibt Diehl beziehungsweise BGT auch bei der Entwicklung und Produktion von Lenkflugkörpern, nicht zuletzt dokumentiert im multinationalen Projekt der »Advanced Short-Range Air-to-Air Missile« (ASRAAM). Als zukunftsträchtig gilt die im Juni 1999 abgeschlossene Kooperation mit Lockheed Martin Missile & Fire Control auf dem Gebiet des MLRS-Nachfolgers, bei dem Diehl die europäische Lead-Firma ist. Im gleichen Jahr gelingt BGT nach langwierigen Verhandlungen eine Beteiligung an dem aufwendigen Programm zur Verbesserung der Einsatzfähigkeit des HARM-Systems. Partner sind die italienische Alenia Marconi Systems sowie die amerikanische Raytheon Defence Systems, mit der darüber hinaus eine strategische Allianz auf dem Gebiet der Lenkflugkörper vereinbart wird.

Dabei läßt die dritte Generation ein beachtliches Selbstbewußtsein erkennen, so daß der Generationswech-

Stephanstraße 49: Stammsitz des Unternehmens seit 1937.

sel auch in dieser Hinsicht keinen Bruch in der Unternehmensgeschichte darstellt: Mitte Dezember 2000 lehnt Diehl die Zusammenlegung seiner Tochter BGT mit der LFK, einer Tochter des europäischen EADS-Konzerns, ab, über die seit Jahren verhandelt wird. Und Thomas Diehl läßt keinen Zweifel, unter welchen Voraussetzungen das Geschäft – dessen Wirtschaftlichkeit vorausgesetzt – zustande kommen kann: Anteilsmehrheit und »operative Führung« müssen bei Diehl liegen.

Da schwingt nicht nur eine gehörige Portion Selbstbewußtsein mit; hier wird auch greifbar, mit welchen Pfunden ein ungewöhnlich erfolgreiches, in vielen Bereichen technologisch führendes Unternehmen wuchern kann, das sich gerade anschickt, mit dem eigenentwickelten Luft-Luft-Flugkörper kurzer Reichweite »IRIS-T« die Nachfolge des legendären »Sidewinder« anzutreten, den BGT als Generalunternehmer nach amerikanischer Lizenz seit Jahrzehnten für den europäischen Bedarf gebaut hat. Das spricht für die Leistungsfähigkeit eines Familienunternehmens, das auf eine inzwischen einhundertjährige Erfahrung zurückblickt.

Die Karriere des Familienunternehmens von der »kunstgewerblichen Modellwerkstätte« zum modernen Industriekonzern mit Milliardenumsätzen ist aufs engste mit dem Namen Karl Diehls verbunden, schon weil er mehr als ein halbes Jahrhundert an seiner Spitze gestanden hat. Das festzustellen heißt nicht, die Leistung und Verdienste des Vaters oder auch der Söhne zu verkennen, im Gegenteil: Sich aus dem dominanten Schatten eines ungewöhnlich erfolgreichen Patriarchen zu lösen, dem Unternehmen dabei maßvoll eine neue Struktur und eine neue Ausrichtung zu geben und gleichzeitig die Erfolgsgeschichte fortzuschreiben, ist eine beachtliche Leistung, die sich in erster Linie aus der gewachsenen und bewährten Tradition des Hauses erklärt. Ob ein nicht in Familienbesitz befindlicher Mischkonzern dieser Größe den Generationswechsel unbeschadet überstanden hätte, ist schon deshalb fraglich, weil er sich vor dem Hintergrund einer grundlegenden Umwälzung der politischen und wirtschaftlichen Verhältnisse in Deutschland, Europa und der Welt vollzog.

Aber es sind wohl gerade Krisenzeiten wie diese, in denen sich zeigt, ob ein sozialer Verband wie ein Familienunternehmen auf einem stabilen Fundament ruht oder nicht. Bewährt haben sich diese Bande zuletzt, als sich Familie und Firma wegen ihrer Haltung in der Zeit des Dritten Reiches schweren, häufig überzogenen, nicht selten ungerechtfertigten Angriffen ausgesetzt sahen. Im Fall Diehls war der Stafettenwechsel der frühen neunziger Jahre die zweite Belastungsprobe dieser Art. Die erste galt es zu bestehen, als der Firmengründer 1938 unerwartet früh verstarb. Auch Heinrich Diehl hatte das Unternehmen ungewöhnlich lange, mehr als 35 Jahre, geführt und dabei die ersten entscheidenden Schritte vom Handwerks- zum Industriebetrieb getan. Wenn auch die Konjunktur während des Ersten Weltkriegs und erneut seit Mitte der dreißiger Jahre für einen in hohem Maße auf die Produktion von Rüstungsgütern ausrichtbaren Betrieb zunächst jeweils ausgesprochen günstig gewesen ist, bleibt es doch eine Leistung, das Unternehmen sicher durch die turbulenten Zeiten von Krieg, Kriegsende, Revolution und Inflation geführt zu haben.

Ob Heinrich Diehl das ohne seine Frau gelungen wäre, wissen wir nicht. Sicher ist, daß Margarete Diehl einen außerordentlichen Anteil am Aufbau-, Expansions- und wiederholten Konsolidierungsprozeß des Unternehmens hatte. Nicht nur brachte sie das Gründungskapital der Firma mit in die Ehe; es ist wohl auch ihrem Pragmatismus und ihrem Durchhaltewillen zu verdanken, daß der Betrieb jene schwierigen Zeiten überstand, in denen sie die Führung innehatte. Das galt in der Zeit des Ersten Weltkriegs, den Heinrich Diehl als Soldat an der Ostfront verbringen mußte; und es galt erneut für die Jahre 1945 bis 1948, in denen sich Karl Diehl nicht in Nürnberg aufhielt und auch die Geschäftsführung nicht bei ihm lag.

Für diesen Erfolg gibt es Gründe, einige wenige Maximen und Rezepte, welche die Familie seit den Tagen ihrer Gründung durch Heinrich Diehl befolgt und angewandt hat. Dazu zählen ein gesundes finanzielles Fundament, eine möglichst geringe Verschuldung und »genügend Reserven für Not- und Krisenzeiten«, wie Karl Diehl 1952 anläßlich des fünfzigjährigen Firmenjubiläums betonte. Dazu gehört aber auch die Erkenntnis, daß die eigenen Fähigkeiten, Instinkte und Traditionen allein nicht immer ausreichen, um das Unternehmen erfolgreich über die Runden zu bringen. Die Liste der Namen, die Karl Diehl als Berater gewinnen konnte, ist illuster und erlesen.

Ein besonderes Merkmal bildet die Bodenständigkeit von Familie und Firma – in einem doppelten Sinne. So haben sie nie vergessen, wo die Wurzeln des unternehmerischen Erfolges lagen: Das Halbzeug blieb eine stabile, gepflegte Säule des Firmengebäudes. Und dann war schon Heinrich Diehl bodenständig in einem ganz unmittelbaren Sinne. Bei aller nationalen und internationalen Expansion und obgleich Karl Diehl mit der Übernahme des Verwaltungsratsvorsitzes seit den ausgehenden sechziger Jahren seinen Lebensmittelpunkt in der Schweiz und in Frankreich hatte, sind Nürnberg und Franken die angestammte und geschätzte Heimat geblieben. Lange Zeit beruhte das auf Gegenseitigkeit. Stadt und Region wußten, was sie an den erfolgreichen Entrepreneuren und generösen Mäzenen hatten. Daß diese selbst in einer Zeit, als manche Vertreter aus Politik und Publizistik mit einer ordentlichen Portion Selbstgerechtigkeit ihre Kampagne gegen Karl Diehl eröffneten, ihrem Grundsatz treu und ihrer Heimat verbunden geblieben sind, ist bezeichnend.

Diehl wäre nicht das erste Unternehmen gewesen, das in einer solchen Situation Konsequenzen gezogen und der

Region den Rücken gekehrt hätte. Für den altindustriell dominierten Raum Nürnberg mit seiner überdurchschnittlich hohen Arbeitslosigkeit wäre die Konsequenz, der Abbau Tausender Arbeitsplätze, verheerend und kaum zu verkraften gewesen. Neben anderen Grundsätzen hätte ein solcher Schritt aber zweifellos jenen »Aufgaben der Unternehmensführung« widersprochen, die Karl Diehl Mitte der siebziger Jahre, anläßlich des fünfundsiebzigjährigen Jubiläums seiner Betriebe, im Rahmen eines nicht veröffentlichten Interviews zusammengefaßt hat.

Ganz wichtig, so Karl Diehl im September 1977, sei »die Erhaltung der Arbeitsplätze in der heutigen Zeit und das Streben nach Vollbeschäftigung« – nicht zuletzt »im Interesse des Unternehmens«. Hinzu komme die »Verbundenheit mit allen im Betrieb Tätigen und die Achtung vor der Arbeit«. Wenn er bei dieser wie anderen Gelegenheiten feststellte, daß die »Leistung noch mehr in den Vordergrund zu stellen« sei als bisher, dann richtete sich diese Aufforderung nicht nur an die Adresse der Mitarbeiter, sondern vor allem auch an die der »Unternehmensführung« und der »leitenden Herren«.

Herausragende Bedeutung maß Karl Diehl wie schon sein Vater stets dem sozialen Frieden bei. Wenn er Ende der siebziger Jahre festhielt, das unternehmerische Element habe beim Wiederaufbau nach dem Krieg nur »im Rahmen der sozialen Marktwirtschaft und im guten Einvernehmen mit den Gewerkschaften« seine große Rolle spielen können, dann war das kein Lippenbekenntnis. Es gibt ja auch nicht viele Unternehmen in Deutschland, die im fünfundsiebzigsten Jahr ihres Bestehens von sich behaupten konnten, in ihrer Geschichte noch nie einen Streik erlebt zu haben.

Immer wieder hat der introvertierte, nicht gerade eloquente und in der Öffentlichkeit zu grundsätzlichen Reflexionen neigende Unternehmer im Umgang mit seinen Mitarbeitern gezeigt, welche Bedeutung er ihnen zumaß, welche Achtung er ihnen entgegenbrachte. Wohl wissend, daß den Gesten Taten folgen mußten, und weil er in einem heute altmodisch erscheinenden Sinne großherzig war, hat der Nürnberger Unternehmer, dem klassischen Fürsorgeprinzip im besten Sinne des Wortes verpflichtet, hier Beispielhaftes geleistet. Die ungewöhnlich hohe Loyalität und die Verbundenheit der Mitarbeiter, nicht selten über drei, in einigen Fällen sogar über vier Generationen, waren für die Söhne Anlaß genug, an diesen Prinzipien festzuhalten.

Die enge Bindung der Mitarbeiter an den Betrieb, die in dieser Form wohl nur noch in einem Familienunternehmen vorstellbar ist, bildete seit den Anfängen eine entscheidende Voraussetzung für die gedeihliche Entwicklung des Unternehmens. Ohne die wiederum wäre das für alle Generationen der Unternehmerfamilie charakteristische soziale Engagement nicht denkbar: Mit der Errichtung des Heinrich-Diehl-Gedächtnis-Fonds, die Karl Diehl 1952 zum fünfzigjährigen Firmenjubiläum bekanntgab, wurde das Fundament der sozialen Sicherung der Betriebsangehörigen konsequent ausgebaut; die anläßlich seines achtzigsten Geburtstages errichtete Karl-Diehl-Stiftung gewährt seit 1987 Menschen in Nürnberg und seiner Umgebung, die in Not geraten sind, Hilfe – unbürokratisch und ohne Ansehen von Konfession und Nationalität. So gesehen, war und ist Diehl ein Familienunternehmen im doppelten Sinne des Wortes – geführt von einer Familie und selbst eine Familie. Auch deshalb war seine Geschichte während des wechselvollen 20. Jahrhunderts, aufs Ganze gesehen, eine Erfolgsgeschichte.

ANHANG

Zur Quellenlage

Hinweise gibt es nicht. Auch sind einige Hindernisse, wie ein aufmerksamer Werkschutz und eine Reihe verschlossener Türen, zu überwinden, bis man schließlich in den Kellergewölben der Stephanstraße 49 in jene Räume gelangt, in denen Tausende von Dokumenten aller Art aufbewahrt werden. Beim Ort handelt es sich um den heutigen Stammsitz des Unternehmens Diehl, der 1916 errichtet und 1937 von Heinrich Diehl erworben worden ist; bei den Dokumenten handelt es sich in erster Linie um die Ablage des Sekretariats von Karl Diehl.

Sie bildet die wichtigste Grundlage der Darstellung. Bei Beginn der Recherchen waren die Materialien zu großen Teilen nicht geordnet. Die aufwendige Aufnahme und Inventarisierung des Bestandes hatte folglich Priorität. Das so entstandene Karl-Diehl-Archiv (KDA) umfaßt rund 4500 Akten-, Hänge- und Heftordner. Sie beinhalten alle wesentlichen Informationen über Karl Diehl, seine Familie und sein Unternehmen.

Allerdings setzt die Überlieferung des KDA in vollem Umfang erst nach 1945 ein. Ein etwa 100 Aktenordner umfassender, im Zusammenhang mit der Entnazifizierung Karl Diehls und der Demontage der Firma zusammengestellter Sonderbestand erschließt in einigen Bereichen die Zeit des Nationalsozialismus. Dieser stand schon Wolfgang Benz zur Verfügung, als er Ende der neunziger Jahre im Autrag der Firma ein »Gutachten zum Einsatz von Zwangsarbeitern in den Betrieben von Karl Diehl während des Zweiten Weltkrieges« erstellte.

Insgesamt hat sich die Suche nach Beständen, mit deren Hilfe die Entwicklung von Firma und Familie bis 1945 nachgezeichnet werden kann, als schwierig erwiesen. Das gilt nicht nur für das KDA, sondern auch für die meisten öffentlichen und privaten Archive Nürnbergs. Daß das Siemens-Archiv keinen Personalakt mehr über ihren ehemaligen Praktikanten Karl Diehl führt, ist nach 75 Jahren verständlich. Auch die Nachfolger des Anwalts, der Karl Diehl und seine Firma während der Nachkriegszeit und namentlich in den Entnazifizierungsverfahren vertreten hat, sahen keine Veranlassung, Unterlagen zu Vorgängen und Verfahren aufzuheben, die mehr als 50 Jahre zurückliegen.

Bei zahlreichen, vor allem auch den öffentlichen Archiven machten sich die enormen Verluste bemerkbar, die Nürnberg infolge der schweren Bombenschäden des Zweiten Weltkriegs zu verzeichnen hat. Die Kirchenbücher vieler Stadtgemeinden sind ebenso verbrannt wie die Unterlagen der Handwerkskammer Nürnberg. Erhalten und aufschlußreich ist allerdings eine Sammlung der Jahresberichte der mittelfränkischen Handwerkskammer, die einen guten Einblick in die Lage des Handwerks in Nürnberg seit Anfang des Jahrhunderts ermöglicht.

Wenig ergiebig waren die Recherchen im Stadtarchiv Nürnberg. Dessen Firmen- und Wirtschaftsarchiv führt unter dem Stichwort »Diehl« nur einen Uhrenkatalog aus dem Jahre 1952/53. Die Kunstgießerei Brand, die Heinrich Diehl 1906 erworben hat, ist im Register nicht verzeichnet und von der Nürnberger Metall- und Lackierwarenfabrik Bing, deren Gebäude seit 1937 im Besitz von Diehl sind, liegen nur einige Geschäftsberichte, Rechnungen und Plakate vor.

Lediglich die Ausländerpolizeiakten des Stadtarchivs enthalten substantielle Hinweise auf Diehl, und zwar auf die während des Zweiten Weltkriegs beschäftigten Fremd- beziehungsweise Zwangsarbeiter (»Ausländer-Guthaben«). Die von der Firma 1947 an die lokale UNRRA abgegebe- nen Unterlagen sind hingegen nicht mehr in Nürnberg greifbar. Sie wurden, so die Auskunft, an die UNRRA- Zentrale beim bayerischen Innenministerium und von dort an den Internationalen Suchdienst (ISD) nach Bad Arolsen weitergeleitet. Eine entsprechende Anfrage an das bayerische Hauptstaatsarchiv München bestätigte, daß alle Unterlagen des UNRRA-Suchdienstes, auch die des ehe- maligen bayerischen Staatsministeriums des Innern, beim ISD »zentralisiert« seien. Eine Anfrage beim ISD blieb unbeantwortet.

Auch die Bestände des Staatsarchivs Nürnberg sind für die Frühgeschichte des Unternehmens wenig aufschluß- reich. Die Sammlung der Jahresberichte der Schulen Mit- telfrankens und die Berichte der Regierung von Mittel- franken (Kammer des Innern) zur öffentlichen Sicherheit beziehungsweise zum Schul- und Studienwesen erlauben jedoch, einige Stationen der Schullaufbahn Karl Diehls zu beleuchten. Sein Engagement in der Schülerabteilung des Bundes Oberland konnte hingegen nicht nachgewiesen werden. Hilfreich war das Historische Archiv der Techni- schen Universität München, in dem sich ein 54 Blatt um- fassender Akt über Karl Diehl findet. Dessen Studentenle- ben konnte darüber hinaus mit Hilfe des Corps Cisaria nachgezeichnet werden, da ein Corpsbruder ein Paukbuch führte, das die Zeitläufte überstanden hat.

Unergiebig gestaltete sich die Suche nach Hinweisen auf die Mitgliedschaften Karl Diehls in der NSDAP und im NSKK. Der Mischbestand NSDAP im Nürnberger Staats- archiv lieferte allein Hinweise auf die Parteimitgliedschaft Heinrich Diehls, seine Funktion im NSKK und seine Zugehörigkeit zur Nürnberger Druidenloge, die vom Archivar der Deutschen Druiden-Orden bestätigt werden konnte. Auch im *Berlin Document Center*, das inzwischen dem Bundesarchiv angegliedert ist, finden sich keine Hinweise auf Karl Diehl. Daß sein Düsseldorfer Spruchkammerverfahren in Nürnberg wiederaufgenommen wurde, konnte im Nürnberger Staatsarchiv nicht bestätigt werden. Der Bestand »Berufungskammer Nürnberg« verzeichnet jedenfalls kein entsprechendes Verfahren.

Aufschlußreich für die frühe Firmengeschichte sind die Bestände des bayerischen Hauptstaatsarchivs: Die Aufzeichnungen der Königlich Bayerischen Feldzeugmeisterei lieferten entscheidende Hinweise auf die Produktion des Metall-, Guß- und Preßwerks Heinrich Diehl im Ersten Weltkrieg. Allerdings ließen sich die Zulieferungen weder im Historischen Archiv der Firma Krupp noch im Historischen Archiv der MAN AG weiterverfolgen. Hingegen halfen die unveröffentlichten, teilweise in Privatbesitz befindlichen Erinnerungen einiger Mitarbeiter der ersten Stunden, die Anfänge der Firma aus dem Dunkel der Geschichte zu holen: Georg Hutzlers handschriftliche Notizen waren eine ebenso wertvolle Quelle wie die Erinnerungen Richard Spellges und Herbert Kuphals.

Sie konnten für die dreißiger und vierziger Jahre durch das »Kriegstagebuch« des Rüstungskommandos beziehungsweise der Rüstungsinspektion Nürnberg ergänzt werden, die im Bundesarchiv-Militärarchiv überliefert sind. Das Freiburger Archiv ist die erste Adresse für Fragen, die sich sowohl auf die Aufrüstung der Deutschen Wehrmacht wie auf den Aufbau der Bundeswehr und die daran beteiligten deutschen Rüstungsbetriebe beziehen. Für den Zeitraum bis 1945 wurden die Akten des Wehrwirtschafts- und Rüstungsamts (WiRüAmt) im Oberkommando der Wehrmacht durchgesehen. Seine Aufgaben bestanden vornehmlich in der Beschaffung von Waffen und Ausrüstung für die Wehrmacht, aber auch in der Bereitstellung von

Rohstoffen, Arbeitskräften und Transportraum sowie in der Erkundung und Ausnutzung der Wirtschafts- und Rüstungspotentiale in den besetzten Gebieten.

Daneben wurden die Bestände der Rüstungsinspektionen Breslau (VIIIa) und Nürnberg (XIII) nach Informationen über die Firma Diehl durchforstet. Die Rüstungsinspektionen vertraten unter anderem die Belange der Wehrmacht gegenüber allen militärischen und zivilen Dienststellen sowie gegenüber der Wirtschaft innerhalb ihres Verantwortungsbereichs. Schließlich sind in Freiburg beziehungsweise in Paris die Akten der Militärbefehlshaber Dänemark und Frankreich durchgesehen worden. Ihnen oblag die Verwaltung und Kontrolle jener besetzten Gebiete, in denen Diehl während des Zweiten Weltkriegs Produktionsstandorte unterhielt beziehungsweise, im Fall Frankreichs, zu unterhalten schien. Ein entsprechender Hinweis ließ sich allerdings nicht bestätigen.

Insgesamt stellte sich heraus, daß Diehl, verglichen mit anderen Firmen wie Conradty, Dynamit Nobel, MAN oder auch Zündapp, denen offenbar umfangreichere wehrwirtschaftliche Aufgaben und Aufträge erteilt worden sind, in den erhaltenen Akten des Wehrwirtschafts- und Rüstungsamts sowie der Rüstungsinspektionen eine eher dünne und in denen des Militärbefehlshabers Frankreich gar keine Spur hinterlassen hat.

Ergiebiger waren die Akten des Bundesarchivs-Militärchivs für die Jahrzehnte seit Ende des Zweiten Weltkriegs, welche die Anfänge der Bundeswehr und folglich auch ihrer Ausrüstung dokumentieren. Für die Geschichte des Nürnberger Unternehmens sind neben den Akten des Verteidigungsministeriums und der drei Teilstreitkräfte Heer, Marine und Luftwaffe vor allem die Bestände des Bundesamts für Wehrtechnik und Beschaffung (BWB) von Bedeutung. Während bei Diehl im Laufe der Jahrzehnte, nicht zuletzt aus Platzgründen, immer wieder einmal

Akten, Zeichnungen und Dokumentationen – mitunter schon nach Durchführung der Aufträge – aussortiert und zum Teil vernichtet worden sind, finden sich in Freiburg alle Unterlagen, die Diehl im Zuge der Ausschreibungen beim BWB eingereicht hat, also Produktbeschreibungen, Kostenvoranschläge oder auch Terminplanungen.

Der allgemeinen Sperrfrist von 30 Jahren entsprechend, konnten diese Akten bis 1972, also für die im KDA in dieser Hinsicht gelegentlich lückenhaft dokumentierte Zeit, eingesehen werden. Die ergänzende Sichtung einiger Bestände des Historischen Archivs der Firma Rheinmetall hat sich für die Darstellung der Munitionsproduktion, insbesondere aber der Entschädigung ehemaliger Zwangsarbeiter durch einige deutsche Firmen, unter ihnen Diehl, während der sechziger Jahre als hilfreich erwiesen. Für die folgenden drei Jahrzehnte ist die Überlieferung im KDA, auch für die Wehrtechnik, erschöpfend.

Die Akten des KDA beinhalten alle Informationen, die Karl Diehl für die Führung seines Unternehmens benötigte. Das gilt selbstverständlich für Personalunterlagen, in erster Linie zu den Führungskräften des eigenen Hauses, aber auch zu den Mitgliedern des Verwaltungsrats und andere Persönlichkeiten, die in der einen oder anderen Hinsicht in Verbindung zum Hause Diehl standen. Darüber hinaus finden sich Umsatz- und Fertigungsstatistiken, Ergebnisrechnungen und Investitionspläne, Budgetentwürfe und Jahresabschlüsse, Finanz- und Ergebnisberichte, aber auch Aufstellungen des Maschinenparks, Listen der täglichen Aktien-, Devisen oder Metallkurse und anderes mehr. Dieses Material bildete unter anderem die Grundlage für Bereichsleiter-, Geschäftsführer- oder Verwaltungsratssitzungen, deren Protokolle, zum Teil mit handschriftlichen Vermerken Karl Diehls, ebenfalls im KDA aufgehoben sind. Sachakten zu den Unternehmensbereichen, zu Beteiligungen oder zu Großprojekten ergänzen dieses Material.

Auf diese Weise ist zum Beispiel die Produktion einzelner Munitionskaliber, etwa der Typen 20- und 40-Millimeter, mit der bei Diehl die Rüstungsproduktion wiederaufgenommen wurde, sehr gut dokumentiert – von den ersten Planskizzen über den Entwicklungsprozeß, die Verhandlungen mit den sogenannten Bedarfsträgern und die Verträge bis hin zu den Beschuß- und Abnahmeprotokollen. Vergleichbares gilt für die Übernahme neuer Firmen, wie zum Beispiel Backhaus oder Junghans – in diesem Fall vom verdeckten Kauf der ersten Aktienpakete über die Anstrengungen, die Tochter zu Innovationen zu bewegen, bis hin zum Verkauf des Uhrenherstellers.

Aufschlußreich sind in diesem Zusammenhang die Unterlagen zu den Aktivitäten diverser Unternehmensberater, die im Laufe der Jahrzehnte mit der Reorganisation der Diehl-Gruppe beauftragt gewesen sind. Organisations- und Rationalisierungspläne, aber auch Strategiepapiere und Entwürfe von Geschäftsordnungen beleuchten diese Vorgänge. Ausführliche Berichte über die Geschäftsreisen Karl Diehls und leitender Mitarbeiter seiner Firmen dokumentieren die bemerkenswert früh einsetzenden Versuche, ausländische Märkte zu erobern.

Chefsache im engeren Sinne war die Presse- und Öffentlichkeitsarbeit, soweit sich von einer solchen sprechen läßt. Eine umfangreiche Sammlung von Zeitungsausschnitten und Pressenotizen erhellt die Aktivitäten seit den ersten Gehversuchen. Ergänzt wird diese durch Akten mit schriftlich fixierten Frage- und Antwortspielen für anstehende Pressekonferenzen und insbesondere mit den zeitbedingt unterschiedlichen Bemühungen des Unternehmens, sich durch Eigendarstellungen in einer breiteren Öffentlichkeit einen Namen zu machen. Gerade dieser Bestand ist eine herausragende historische Quelle, weil zu bestimmten Anlässen, beispielsweise dem fünfzigjährigen Firmenjubiläum, umfangreiche Materialsammlungen angelegt worden sind, die dann Eingang ins KDA gefunden haben.

Die weitgespannten Verbindungen Karl Diehls finden nicht zuletzt in den aufschlußreichen Spendenunterlagen ihren Niederschlag, die im übrigen auch sein umfangreiches mäzenatisches Engagement dokumentieren. Aufschlußreich sind die Protokolle, die der Unternehmer von Gesprächen mit führenden Vertretern aus Wirtschaft, Politik und Gesellschaft hat anfertigen lassen. Sie geben Auskunft über Motive und Strategien insbesondere der Partner und Konkurrenten Diehls, beispielsweise im Umkreis der Fusion von MBB und Daimler-Benz. Ergänzt werden diese nur in bestimmten Fällen angefertigten und nicht immer erhaltenen Protokolle durch die praktisch lückenlose, außerordentlich umfangreiche Korrespondenz des Chefsekretariats. Sie enthält sowohl die Geschäfts- als auch die Privatkorrespondenz. In den wenigen Fällen, in denen Karl Diehl dabei selbst zur Feder gegriffen hat, wurden im Sekretariat Kopien angefertigt und zu den Akten genommen.

Schließlich findet sich im KDA, von den geschäftlichen Unterlagen nicht immer eindeutig getrennt und trennbar, auch ein umfassender Bestand zur Familie, insbesondere zu den Söhnen Karl Diehls, aber auch zu seinen Hobbys. Einzelne Jagden mit den Abschußlisten, Alpenvereinsaktivitäten oder Besuche von Festspielen und Opernbällen sind ebenso dokumentiert wie Diehls Interesse an Kunst, erlesenen Weinen, schnellen Autos und Flugzeugen. Daß zum Teil auch seine Terminkalender und Notizbücher erhalten sind, ist eher dem Zufall zu danken, aber natürlich kann dieser gelegentlich helfen, die ein oder andere Lücke zu schließen.

Eine Quelle ersten Ranges für die Geschichte des Hauses Diehl ist die nationale und internationale Presse. Für die im übrigen spärlich dokumentierte Frühzeit der Firma erwies sich der regionale *Fränkische Kurier* als willkommene Ergänzung. Hier hat der Jungunternehmer Heinrich

Diehl inseriert und zum Beispiel nach Mitarbeitern mit spezifischen Qualifikationen, aber auch nach Rohstoffen, wie Schrottmetallen, gesucht; hier läßt sich die Entwicklung der Nürnberger Metallindustrie in den Umbruchzeiten von Krieg, Revolution, Inflation oder Weltwirtschaftskrise verfolgen.

Nach dem Zweiten Weltkrieg übernehmen zunächst die *Nürnberger Nachrichten*, mit der rasch einsetzenden nationalen wie internationalen Expansion dann die überregionalen deutschen, später auch die internationalen Presseorgane diese Funktion. Spätestens seit dem überraschenden Kauf von Junghans 1956 verfolgen die Zeitungen die Entwicklung der Diehl-Gruppe bemerkenswert intensiv. Das gilt für die Tagespresse wie das *Handelsblatt*, die *Welt*, die *Süddeutsche Zeitung* und vor allem die *Frankfurter Allgemeine Zeitung*, namentlich deren Wirtschaftsteil; und es gilt für die wöchentlich beziehungsweise monatlich erscheinenden Zeitungen und Magazine wie die *Zeit*, das *Manager-Magazin*, das *Industriemagazin*, den *Stern* und insbesondere den *Spiegel*. Seit den achtziger Jahren kommt die internationale Presse als aufschlußreiche Quelle ergänzend hinzu. Die Frage, wie ein Familienunternehmen die Herausforderung des Zeitalters der Globalisierung meistern könne, und die als vorbildlich eingestufte Entschädigung ehemaliger Zwangsarbeiter haben große Blätter wie die *Financial Times* oder die *New York Times* wiederholt, mitunter sogar als Titelgeschichte, interessiert.

Insgesamt läßt sich die Geschichte des Hauses Diehl seit den fünfziger Jahren durch eine konsequente Auswertung der internationalen und nationalen Presse, namentlich der *Frankfurter Allgemeinen Zeitung* und des *Spiegel*, gewiß nicht lückenlos und nicht immer zuverlässig und korrekt, insgesamt aber doch in ihren Grundzügen erstaunlich solide rekonstruieren. Das ist nicht selbstverständlich und sagt einiges über den Stellenwert des Unternehmens in der Geschichte der Bundesrepublik aus.

Abkürzungen

AEG	Allgemeine Elektricitäts-Gesellschaft
AG	Aktiengesellschaft
AIM	AEG Infrarot-Module GmbH
AJC	American Jewish Committee
AKO	Apparatebau Kolb
ASRAAM	Advanced Short-Range-Air-to-Air Missile
AWACS	Airborne early Warning and Control System
AZ	Aufschlagzünder
BGT	Bodenseewerk Gerätetechnik GmbH
BWB	Bundesamt für Wehrtechnik und Beschaffung
CTM	Computertechnik Müller GmbH
DAF	Deutsche Arbeitsfront
DASA	DaimlerChrysler Aerospace AG
DDS	Diehl Datensysteme GmbH
DLE	Diehl Luftfahrtelektronik
DVG	Deutsche Verpackungsmittelgesellschaft
EADS	European Aeoronautic, Defence and Space Company
EBV	Entsorgungs-Betriebsgesellschaft mbH
EEIG	Euroequipment GmbH
EWS	Europäisches Währungssystem
FFG	Flensburger Fahrzeugbau GmbH
FFT	Fahrzeugbau und Fahrzeugtechnik GmbH
FUG	Fahrzeug- und Umwelttechnik GmbH
GIWS	Gesellschaft für intelligente Wirksysteme
GmbH	Gesellschaft mit beschränkter Haftung
GSRS	General Support Rocket System
HARM	High Speed Anti-Radiation Missile

HS	Hispano-Suiza
INF	Intermediate-Range Nuclear Force
IRIS-T	Infrared Imaging System-Tail
IWKA	Industriewerke Karlsruhe Augsburg
IWS	Industriewerke Saar
KDA	Karl-Diehl-Archiv
KG	Kommanditgesellschaft
KSZE	Konferenz über Sicherheit und Zusammenarbeit in Europa
KWVO	Kriegswirtschaftsverordnung
LFK	Lenkflugkörper
MAN	Maschinenfabrik Augsburg Nürnberg
Manurhin	Manufacture de Machines du Haut-Rhin
Manusaar	Manufacture Méchanique de la Saare
MBB	Messerschmidt-Bölkow-Blohm
MBFR	Mutual and Balanced Force Reductions
MLRS	Multiple Launch Rocket System
MLRS-EPG	MLRS – Europäische Produktionsgesellschaft mbH
MMC	Martin Marietta Corporation
MW 1	Mehrzweckwaffe 1
NASA	National Aeronautics and Space Administration
NATO	North Atlantic Treaty Organisation
NFW	Neubrandenburger Fahrzeugwerke GmbH
OHG	Offene Handelsgesellschaft
OKH	Oberkommando des Heeres
OKW	Oberkommando der Wehrmacht
PGM-Systems Ltd.	Precision Guided Munition-Systems Ltd.
RAM	Rolling Airframe Missile Weapon System
RTG	Raketen Technik Gesellschaft mbH
SALT	Strategic Arms Limitation Talks
SDI	Strategic Defense Initiative
SEL	Sandard Electronic Lorenz AG
SFOR	Stabilisation Force (in Bosnia and Herzegovina)
SIVG	System-Instandsetzungs- und Verwertungs-GmbH
SMArt 155	Suchzünder-Munition für die Artillerie (Kaliber 155 Millimeter)
SMK	Süddeutsches Metall-Kontor GmbH

TGW   Terminal Guidance Warhead
UNRRA   United Nations Relief and Rehabilitation
            Administration
VA   Verteidigungssysteme & Avionik
VDI   Verband Deutscher Ingenieure
VDO   Vereinigte Deutsche Tachometerwerke GmbH –
            Otto Schulz Apparatebaugesellschaft mbH
VKSE   Verhandlungen über Konventionelle Streitkräfte
            in Europa
WVDM   Wirtschaftliche Vereinigung Deutscher Messing-
            werke
WVHA   Wirtschaftsverwaltungshauptamt

Bildnachweis

Stadtarchiv Nürnberg, S. 13; Stadtbibliothek Nürnberg, S. 13; dpa, Frankfurt a. M., S. 213; Foto-Richter, Bernau, S. 222; Wehrtechnikmuseum, Röthenbach, S. 82. Alle übrigen: Karl-Diehl-Stiftung bzw. Diehl Stiftung & Co. Bei einigen Abbildungen konnten die Urheber nicht ermittelt werden. Rechteinhaber mögen sich bitte an den Verlag wenden.

Personenregister

Nicht aufgenommen wurde der Name Karl Diehl. Die kursiv gesetzten Ziffern beziehen sich auf die Abbildungen.

Adenauer, Konrad 132
Ajzensztejn, Daniel 307
Augstein, Rudolf 180 f.
Baader, Andreas 217
Backhaus, Dieter 161
Backhaus, Erwin jun. 161
Backhaus, Erwin sen. 160 f.
Becke, Johann Bernhard von der 155
Bedall, Hans 235
Beisel, Karl 129 f., *143*, 161, 174, 202, 268
Beitz, Berthold 186
Benz, Wolfgang 26, 75, 306, 322
Bierl, Ludwig 105
Billmeier, Johann 75
Bischoff, Anni 74, 76, 105
Bismarck, Otto von 11
Bößenecker, Hermann 178, 180, 216 f.
Brand, Johann 12, 15, 323
Brandenstein, Aloys 160 f., 178, 180 f.
Brandt, Günther 142
Brandt, Willy 199, 225, 290
Braun, Justus Christian 17, 19
Brüning, Heinrich 44
Buback, Siegfried 217
Caesar, Otto 197
Carter, Jimmy 253 f.

Chruschtschow, Nikita 167
Churchill, Winston S. 85
Dentel, Paul 205
Dieckhoff, Hans Heinrich 59
Diehl, Ferdinand 11, 322
Diehl, Heinrich 9–12, 14 f., 17, *18*, 19 f., *21*, 22 ff., 27 f., 30 f., 38, 43, 45–48, 50, 53 f., 58–62, 64, *67*, 68–70, 122, 142, 144, 146, 151, 159, 183, 290, 295, 316–320, 322 ff., 329 f.
Diehl, Irmgard (geb. Schoedel) 115–118, 131, 135, *143*, 163, *190*, 322, 329
Diehl, Katharina 11, 322, 329
Diehl, Margarete (geb. Schmidt) 14 f., 17, *18*, 28, 38, 45, 47, 60, *67*, 68 f., 74, 89, 109, *113*, 114, 117 f., 142, *143*, 151, 317, 322, 329
Diehl, Peter 7, 116, 131, 163, 166, 175, 185 f., 189, *190*, 191 f., 203, 212, 214 f., 248, 250, 256, 258, 265 f., 268 f., 276, 290, 292–295, 297, 306 ff., *309*, 316 ff., 320, 322, 329
Diehl, Thomas 7, 115 f., 135, 163, 166, 175, 185 f., 189, *190*, 192, 203, 214 f., 250, 256, 258, 265 f., 267, 268 f., 276, 290, 292–295, 297, 306 ff., *309*, 310, 312, 316 ff., 320, 322, 329
Diehl, Werner 7, 116, 118, 131, 163, 166, 175, 185 f., 189, *190*, 192, 203, 214 f., 248, 250, 256, 258 f., 265 f.,

268 ff., 276, 290, 292–295, 297, 306 ff., *309*, 316 ff., 320, 322, 329
Dorscht, Peter 148 f., 162
Dräger, Heinrich 62, 65
Drexel, Joseph E. 26
Dyck, Elisabeth von 218
Ebelseder, Sepp *182*
Edmeier, Josef 27 f.
Eichmann, Adolf 198
Eigenhüller, Karl 50, 54, 60, 80
Eilers, Wilhelm 51, 157
Ensslin, Gudrun 217
Erhard, Ludwig 132, 138, *139*, 145, 270
Erhard, Luise *139*
Fischer, Hans 202, 268, 318
Frankenfeld, Peter 236, 237
Franz Ferdinand 10
Frick, Wilhelm 45
Friedrich, Otmar 76
Gassner, Gerd Rudolf 235 f., 248, 254
Giscard d'Estaing, Valéry 238
Goebbels, Joseph 45
Gombrich, Julius 28, 30 f.
Gombrich, Max 28, 30 f.
Gorbatschow, Michail S. 281
Göring, Hermann 45, 57, 64, 71, 93
Grossner, Claus 199 f.
Grundig, Max 222, 270
Haig, Alexander 222
Hassel, Kai-Uwe von 172, 197
Haun, Horst 248, 299
Haussmann, Helmut 266, 275 f.
Herrhausen, Alfred 265
Heydenreich, Bernhard 51, 53, 137
Himmler, Heinrich 102
Hindenburg, Paul von 19, 45
Hitler, Adolf 25 f., 44 f., 50, 70, 75, 78, 85 f., 103, 120
Hohlmeier, Monika *273*

Honecker, Erich 281
Hopf, Volkmar 169
Horn, Gyula 280
Horten, Helmut 152
Hussein, Saddam 278
Hutzler, Georg 22 f., 28, 40, 48, 51, *184*, 325
Jaeckel, Hertha 162 f., *164*, 272
Joffre, Joseph 9
Johnson, Lyndon B. 199
Junghans, Erhard 150
Junghans, Helmut 149 f.
Keese, Helmut 248, 302
Kennedy, John F. 167, 198
Khomeini 239
Kohl, Helmut 225 f., 290
Kopper, Hilmar 265 f., 267, 268 f., 291 f., 318
Krupp von Bohlen und Halbach, Alfried 152, 191 f.
Kunisch, Karl 129 f.
Kuphal, Herbert 234 f., 248, 325
Leeb, Emil 137
Ley, Robert 72
Liebel, Willy 46
Lorentz, Bernhard 65
Ludendorff, Erich 25 f.
Ludwig III. 9
Maar, Werner 176
Marshall, George 123
Martin, Benno 75
Materne, Gerd 218 f.
Mauser, Paul 220
Mauser, Wilhelm 220
Mayr, Karl S. 134
McNamara, Robert 172, 197
Meinhoff, Ulrike 217
Meyer, Jakob 76
Mock, Alois 280
Müller, Bernhard 120
Müller, Josef 69, 271
Müller, Hermann 43
Müller, Walter 75

Nau, Alfred 133
Niefer, Werner 249, 256, 266, 267, 268, 290, 292, 318
Ostertag, Heinz Ludwig 135
Pahlewi, Resa 239, 253
Papen, Franz von 44 f.
Peres, Shimon 169, 171
Pleven, René 136
Ponto, Jürgen 217
Pontzen, Herbert 116 f., 130, 149
Popp, Ingeborg 115, 163, *164*, 166
Reagan, Ronald 234, 254, 281
Reindler, Ernst 31, 54, 55
Reuter, Edzard 274
Roosevelt, Franklin D. 85
Rösinger, Heinz 76, 112, *113*, 114, 124, 130
Sauckel, Fritz 93, 102
Schabowski, Günter 281
Scharping, Rudolf 313
Schickedanz, Gustav 270
Schindling, Adolf 295 f.
Schleicher, Kurt von 44
Schleyer, Hanns Martin 217
Schmidt, Bernhard 249, 294, 296
Schmidt, Helmut 199, 225 f., 238, 254
Schmidt, Johann Friedrich 14
Schmidt, Karl 14, 17, 22, 116
Schmidt, Karl Heinz 152
Schmidt, Marie *113*, *143*
Schmidt, Willy *113*
Schnellinger, Friedrich 59
Schoedel, Else 116, 237
Schoedel, Friedrich 115
Scholz, Ludwig *305*
Schöppel, Friedrich 59, 114, 136, 175
Schröder, Gerhard 313
Schröder, Johannes 186–189, 191 f., 202 f., 208, 268, 318
Schumm, Georg 163

Seidel, Hanns 180
Seidel, Herbert 78
Speer, Albert 84, 93
Spellge, Richard 59, 176, 325
Spengler, Paul 145
Spoerer, Mark 106
Stalin, Josef 70, 85
Stehle, Peter 248 f.
Steingrobe, Werner 248
Stoesser, Walter 155
Stoiber, Edmund 300
Strauß, Franz Josef 134, 157, 160–162, 169, 171, 174, 180 f., 256, 270 ff., 273, 274 f.
Strauß, Marianne 160, 180, 271
Strauß, Max 271
Streibl, Max 272, 274
Streicher, Julius 47
Stresemann, Gustav 39
Strobel, Käte *213*, 214
Tandler, Gerold 274
Thiel, Reinhold 78, 80
Thomas, Georg 62
Thorwart, Karl 120, 323
Tümena, Hans-Willibald 129
Vogelsang, Günter *237*, 268 f., 290, 292 ff., 318
Weber, Friedrich 25
Weber, Walter 84 f.
Weers, Gerd E. 222
Weinberger, Caspar 279
Wenck, Walther 174, 186, 217, 237, 318
Wilhelm II. 9, 12, 290
Wilson, Woodrow 24
Wörner, Manfred 279
Wormser, Karl 166
Wust, Herbert 307, 310
Zabel, Peter 210, 212, 248
Zeller-Tobler, Jacob 150
Zimmermann, Hans 72
Zimmermann, Karl 138, 146, 157
Zwarg, Paul-Ernst 151 f., 166, 171